이찬 시전집

李燦詩全集

저자 · 이찬(李燦)

1910년 함남 북청 출생
북청 공립보통학교, 경성 제2고보를 거쳐 와세다 대학과 연희전문에서 수학. 〈코프(KOPF)조선협의회〉 기초위원, 〈카프〉 중앙위원으로 참여. 1932년 신고송 등과 함께 '별나라' 사건으로 피검. 시집 『대망(待望)』(1937) · 『분향(焚香)』(1938) · 『망양(茫洋)』(1940) 간행. 해방 후 〈북조선 문학예술총동맹〉 서기장으로 피선. 이후 북에서 시집 『화원』(1946) · 『승리의 기록』(1947) · 『리찬시선집』(1958) 발행. 1974년 1월 6일 사망.
1981년 북한에서 '혁명시인' 칭호 받음. 1982년 추모시선집 『태양의 노래』가 간행됨.

편자 · 이동순(李東洵)

1950년 경북 김천 출생
경북대학교 국어국문학과 및 동 대학원 졸업
『동아일보』 신춘문예(1973) 시 당선, 『동아일보』 신춘문예(1989) 문학평론 당선
문학박사, 문학평론가
현재 영남대학교 문과대 한국학부 교수
주요 저서로 『민족시의 정신사』 · 『시정신을 찾아서』 · 『한국인의 세대별 문학의식』 · 『시와 시인 이야기』 · 『시가 있는 미국기행』 등이 있으며, 시집으로 『개밥풀』 · 『물의 노래』 · 『철조망 조국』 · 『봄의 설법』 · 『가시연꽃』 · 『아름다운 순간』 등 10권을 발간하였고, 편저로 『백석시전집』 · 『권환시전집』 · 『조명암시전집』 · 『조벽암시전집』이 있다. 신동엽창작기금, 난고문학상 등을 수상함.

편자 · 박승희(朴勝熙)

1966년 경남 창녕 출생
영남대학교 국어국문학과 및 동 대학원 졸업
문학박사. 『사람의 문학』 시 추천(2001)
현재 영남대학교 '20세기 민중생활사' 연구단 연구교수
논문으로 「이찬시 연구」 · 「북한문학의 시원(始原) 연구」 등이 있으며, 저서로 『한국시와 근대풍경』이 있음.

이찬 시전집

1판 1쇄 인쇄 2003년 9월 1일
1판 1쇄 발행 2003년 9월 10일

엮은이 / 이동순 · 박승희
펴낸이 / 박성모
펴낸곳 / 소명출판
출판고문 / 김호영
등록 / 제13-522호
주소 / 137-878 서울시 서초구 서초동 1621-18 (란빌딩 1층)
대표전화 / (02) 585-7840
팩시밀리 / (02) 585-7848
somyong@korea.com

ⓒ 2003, 이동순 외

값 28,000원

ISBN 89-5626-049-4 03810

▲ 시집 『망양(茫洋)』(1940)에 실린 시인 이찬의 모습

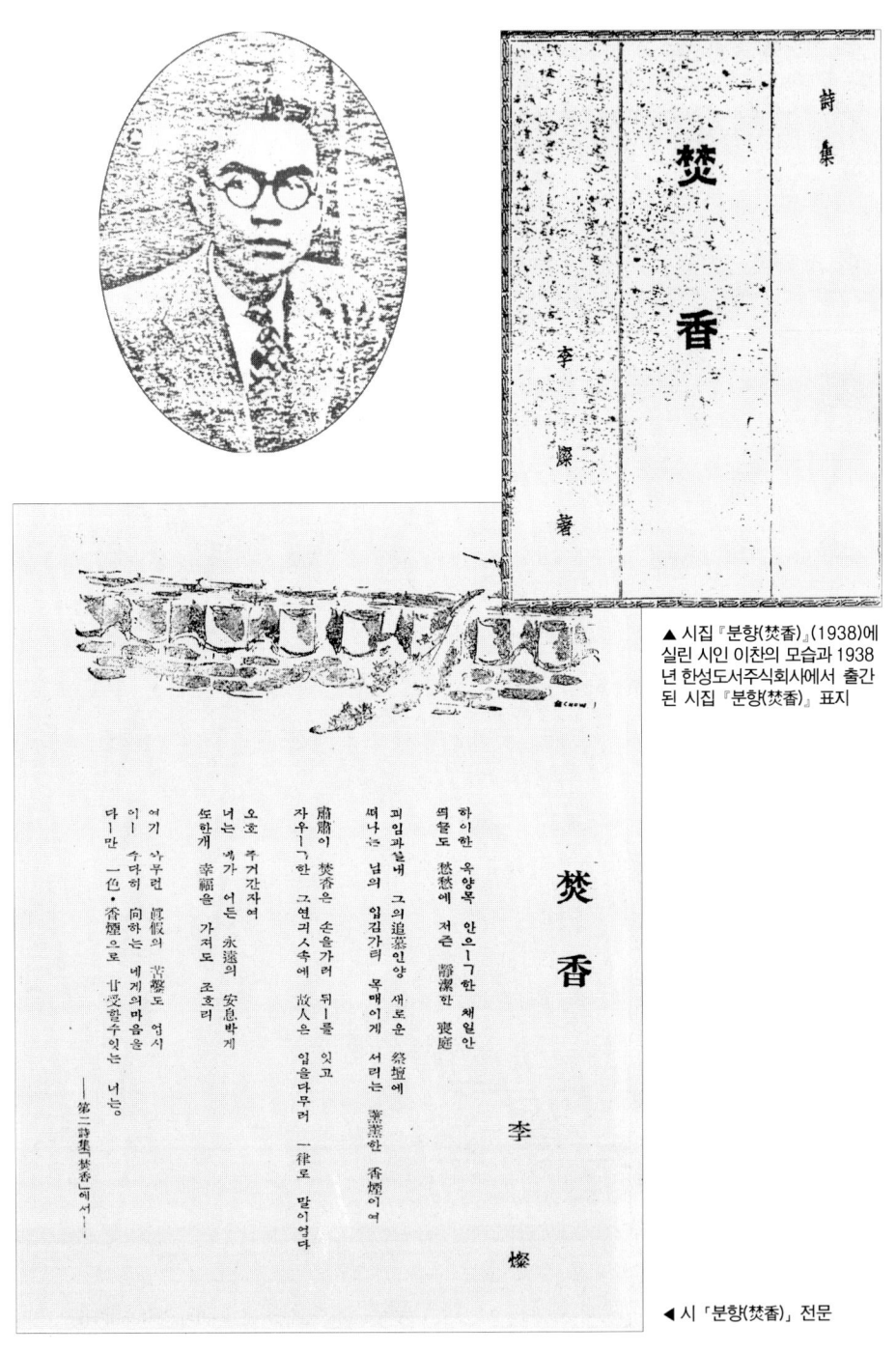

▲ 시집 『분향(焚香)』(1938)에
실린 시인 이찬의 모습과 1938
년 한성도서주식회사에서 출간
된 시집 『분향(焚香)』 표지

焚 香

李 燦

하이한 옥양목 안으ㅣㄱ한 채일안
띄을도 慈愛에 저즌 靜潔한 喪庭

괴임과갈내 그의追慕인양 새로운 祭壇에
써나는 님의 입김가리 목매이게 서리는 薔薔한 香煙이여

脈脈이 焚香은 손을가려 뒤ㅣ를 잇고
자우ㅣㄱ한 그연괴ㅅ속에 故人은 입을다무러 一律로 말이엿다

오호 주거간자여
너는 색가어든 永遠의 安息박게
또한개 幸福을 가져도 조흐리

여기 나무런 眞假의 苦蘗도 업서
이ㅣ수다히 向하는 네게의마음을
다ㅣ만 一色 · 香煙으로 甘受할수잇는 너는.

── 第二詩集「焚香」에서──

◀시 「분향(焚香)」 전문

▶ 시집 『대망(待望)』(1937)의 판권기(版權記)

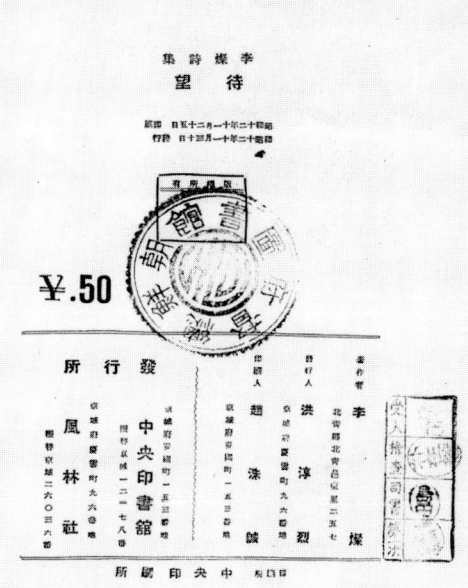

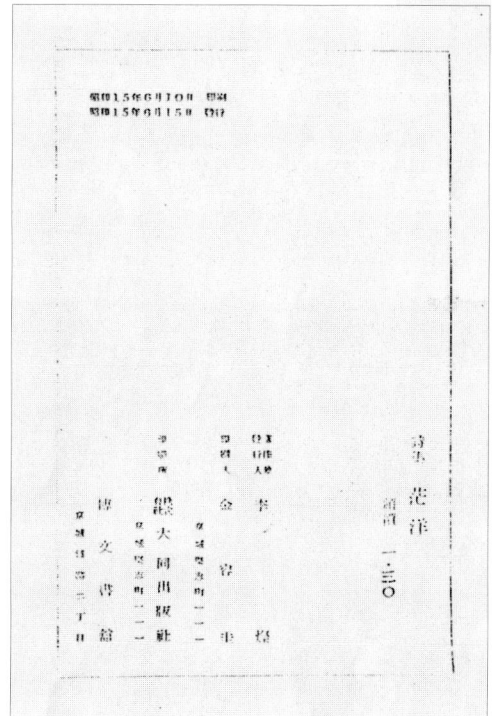

◀ 시집 『망양(茫洋)』(1940)의 판권기(版權記)

▲ 『리찬시선집』(1958)에 실린 이찬의 모습
◀ 1958년 북한에서 간행된 『리찬시선집』의 표지
▼ 『신여성』지 1932년 11월호에 실린 시 「잠안오는밤」

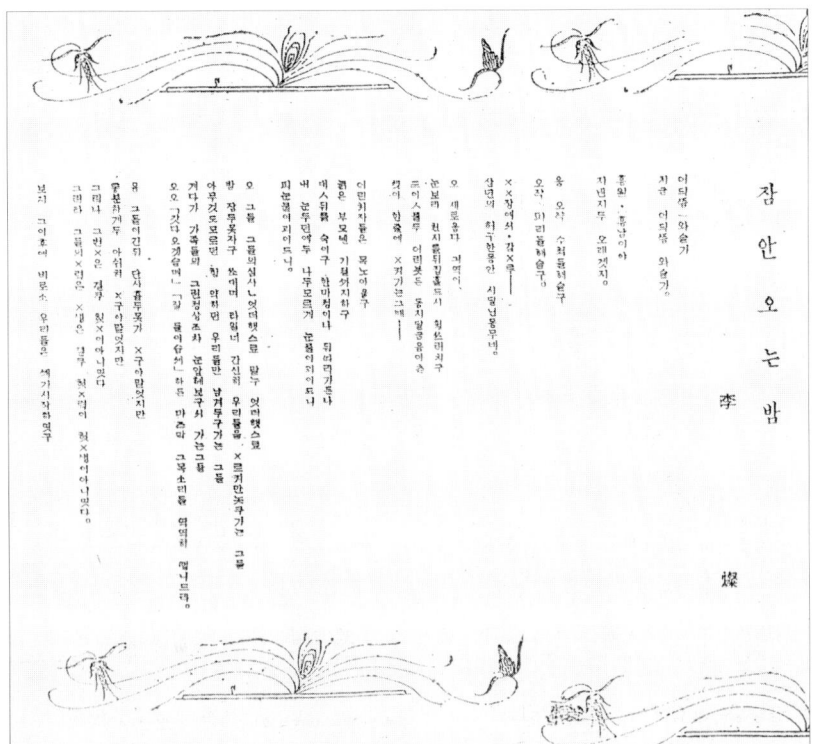

잠 안 오 는 밤

李 燦

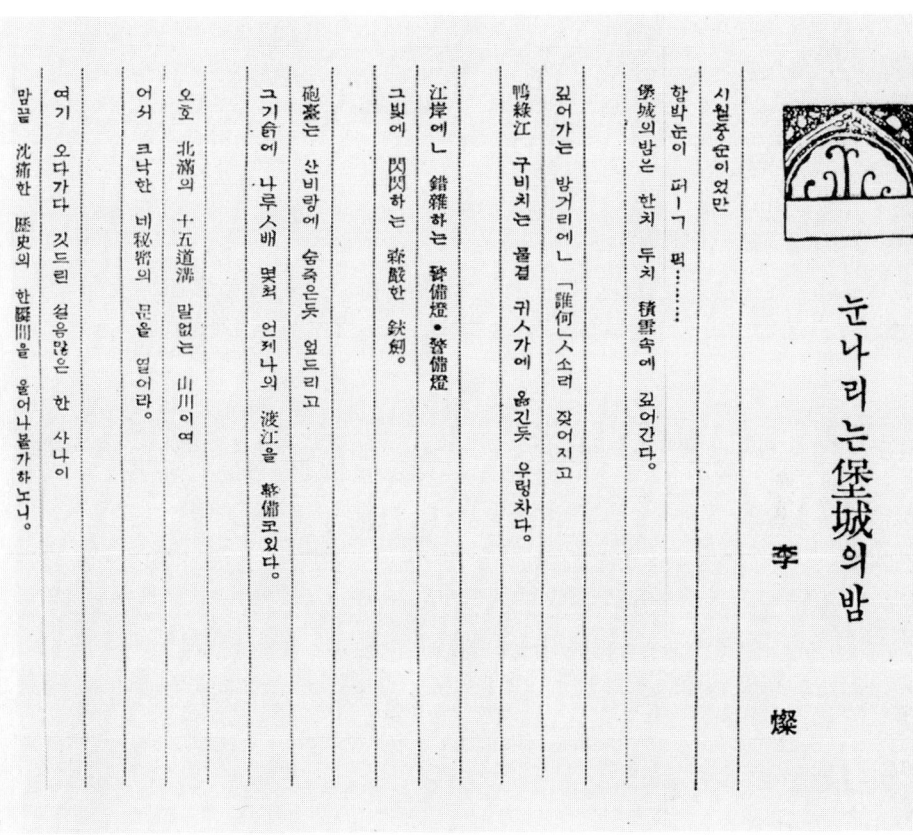

눈나리는 堡城의 밤

李　燦

시월중순이 었만
함박눈이 퍼―ㅇ 펑……
堡城의 밤은 한치 두치 積雪속에 깊어간다.

깊어가는 밤거리에 「誰何」ㅅ소리 잦어지고

鴨綠江 구비치는 물결 귀ㅅ가에 웅긴듯 우렁차다.

江岸에ㄴ 錯雜하는 警備燈·警備燈

그빛에 閃閃하는 森殿한 鐵釼.

砲臺는 산비탈에 숨죽은듯 엎드리고

그기슭에 나루ㅅ배 몇척 언제나의 渡江을 警備코있다.

오호 北滿의 十五道溝 말없는 山川이여

어서 크낙한 비秘密의 문을 열어라.

여긔 오다가다 깃드린 설음많은 한 사나이

밤끝 沈痛한 歷史의 한 空間을 울어나볼가 하노니.

▲ 1937년 『조선문학』 11호에 실린 시 「눈나리는 堡城의 밤」

詩 厚峙嶺

北國千里旅客愁中其一

李　燦

▲ 1935년 10월 22일 『중앙일보』에 실린 시 「후치령(厚峙嶺)」

▲ 시인 이찬이 1924년에 입학한 경성제2고보 학적부

이찬 시전집
李燦詩全集

이동순(李東洵)·박승희(朴勝熙) 편

소명출판

일러두기

1. 이 시전집은 『대망(待望)』(중앙서관, 1937), 『분향(焚香)』(한성도서주식회사, 1938), 『망양(茫洋)』(박문서관, 1940), 『승리의 기록』(문화전선사, 1947), 『리찬시선집』(조선작사동맹 출판사, 1958), 『태양의 노래』(문예출판사, 1982) 등과 당시의 신문·잡지에 발표된 이찬의 모든 시를 수록하였다.
2. 시전집의 구성은 『대망』 이전의 작품을 1부로 엮고, 『대망』은 2부에 『분향』은 3부, 4부는 『망양』으로 하였다. 그리고 북한에서 창작된 작품은 5부에 실었다.
3. 신문·잡지·시집 등에 중복 수록된 경우는 시집·신문·잡지의 순으로 정리하였다.
4. 표기법은 주로 현대어 맞춤법에 따랐다. 외래어 표기도 이에 준한다. 다만, 방언이나 특별한 의미의 시어들, 그리고 북한에서 나온 시편들은 현장감을 살리기 위해 그대로 두었다.
5. 원문에서 평범한 어휘의 한자어는 모두 국문으로 바꾸었다. 문맥의 흐름상 꼭 필요한 경우는 괄호 안에 넣었다. 북한 시편들은 원문 그대로를 살렸다.
6. ×부호는 당시 검열과정에서 삭제된 표시이고, 해독 불가능한 부분은 ○로 표시한다.
7. 부록으로 몇 편의 산문을 싣고 작가·작품연보, 참고문헌, 상세한 낱말풀이를 수록하였다.

책머리에

　'매몰'이란 말은 붕괴 끝에 빚어진 참사를 뜻한다. 그런데 우리 문학사에는 안타깝게도 이런 말을 붙여서 설명되는 이름들이 적지 않다. 분단이라는 엄청난 역사적 사태야말로 우리의 각종 문화유산을 무참히 매몰시킨 붕괴가 아니었던가 한다. 이후 수십 년 세월이 강물처럼 흘러가도록 매몰 현장에서는 정리와 복원을 위한 적극적인 노력을 보이지 않았다. 모름지기 제대로 된 민족문학사를 만들어 가려면 남과 북의 양쪽 지역 문학사를 어떻게든 하나로 통합시키고 살아있는 유기체로 만들어가기 위해 제각기 힘을 기울여야만 마땅하건만, 지금까지의 수수방관은 너무도 안타까운 일이라 아니할 수 없다.

　문학사 복원 작업은 민족 통일을 위한 중요한 예비 단계의 하나이다. 분단이라는 산사태에 매몰된 시인들을 발굴하여 문학사의 제자리에 다시 세워놓는 일이야말로 현재의 우리 문학인에게 맡겨진 막중한 과업이다. 이 매몰시인 가운데 한 사람인 이찬(李燦) 시인은 일제강점기를 배경으로 고향인 함경도 북청 지역에 거주하면서, 한반도의 남쪽에서 머나먼 북방으로 피눈물을 머금고 유랑 길을 떠나던 겨레의 비참한 정경을 무수히 보았다. 하지만 그는 단지 바라보기만 한 것이 아니라 그것을 눈물겨운 감동의 세계로 시작품 속에 담아내었다. 그러한 측면에서 시인 이찬은 문학으로 자신의 시대를 충실하게 반영하고 증언했던 훌륭한 시인이다. 그럼에도 불구하고 분단 수십 년 동안 그의 시작품은 남쪽의 문학사에 거의 알려지지 않았다. 이제 뒤늦게나마 우리는 그의 작품을 폐허의 흙더미 속에서 찾아내어 문학사의 제 자리에 갖다 놓으려 한다. 얼마나 감축할 만한 일인가? 명색이 시전집이므로 그야말로 이름에 값하는 책을 만들어야겠다는 생각을 하였고, 시인 이찬의 생애 전체를 통하여 발표된 모든 작품을 담아야 한다는 생각을 하였다. 이 때문에 북한에서 발표된 작품들까지 모두 망라해서 수록하려는 뜻을 갖게 되었다.

『이찬 시전집』의 발간은 이처럼 문학사 바로쓰기를 위하여 매우 뜻 있는 일이라 하겠다. 하지만 그간의 사정은 험난하였다. 전집 발간에 뜻을 두고 가랑잎처럼 흩어진 작품을 하나 둘 찾아 모으기 어언 십 년 세월, 원고 뭉치는 차츰 두툼하게 불어나 있었지만 전집 발간에 대한 출판계의 관심은 비정하고 냉담하였다. 처량한 심정으로 원고 뭉치를 안고 여러 곳을 헤매 다니던 시간들은 풍찬노숙의 기억처럼 쓸쓸하기만 하다. 그런데 뜻밖에도 소명출판의 박성모 사장은 우리가 엮은 원고를 검토하고 선뜻 출판을 맡아주었다. 이것은 결코 쉬운 일이 아니다. 우리는 박 사장의 용단에 대하여 몹시 감격하였고, 더불어 한 출판인의 돈독한 뜻과 높은 안목을 이 지면을 빌어서 세상에 널리 알리고자 한다.

한 편의 작품이라도 더 수집하기 위하여 우리는 하버드대학·시카고대학·버클리대학 등 미국의 여러 곳을 두루 다녔었고, 중국과 일본에 수소문하였으며 국내의 여러 지역을 뒤지고 다녔다. 많은 분들이 따뜻한 마음으로 도움을 주었다. 특히 귀중한 소장 자료를 기꺼이 베풀어주신 윤영천 교수와 김재용 교수의 배려에 깊은 감사를 드리고 싶다. 또한 멀리 중국

연길의 권철 선생께도 심심한 감사를 드리고자 한다. 이 책이 비록 전집의 체제를 갖추고 있으나 아직도 원전을 구하지 못해 끝내 반영하지 못한 자료가 적지 않다. 그것은 이찬의 시집 『화원』과 『쏘련시초』 등이다. 아마도 해방 시기 북한에서 발간된 것으로 추정되는데 이 책을 보았다는 사람을 아직 만나지 못하였다. 그러나 작품의 일부가 시집 『승리의 기록』과 『리찬시선집』에 재수록 되어 있어 그 면모를 확인할 수 있었다. 북한의 신문 등 각종 간행물에 발표된 시작품 일부와 일본 유학 시절에 발표한 일문 시도 입수하지 못하였다. 그런 점에서 이번에 발간하는 전집은 우선 첫 단계로서의 의미를 지닌다. 부족하고 미비한 부분들은 다른 연구가들에 의해 계속 보정이 되어가야만 할 것이다. 아무쪼록 이 시전집의 발간을 기점으로 하여 문학사 복원 작업이 활발히 전개되어가기를 바라는 마음 간절하다.

2003년 7월
李東洵・朴勝熙

차례

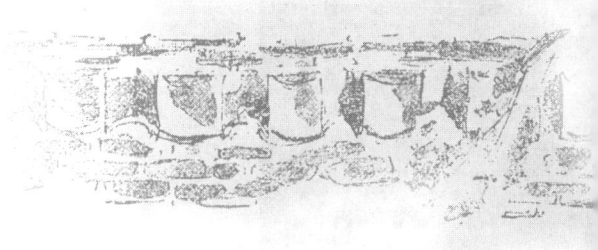

제2부 대망(待望)

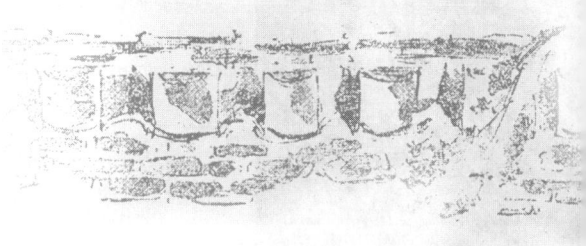

제4부 망양(茫洋)

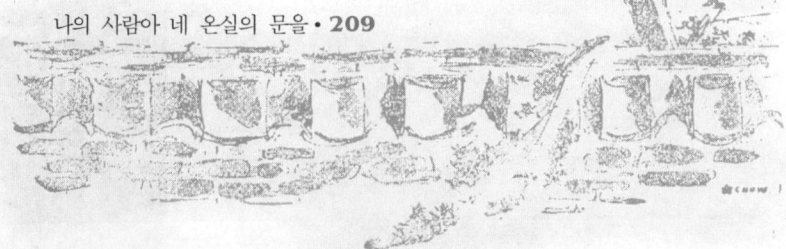

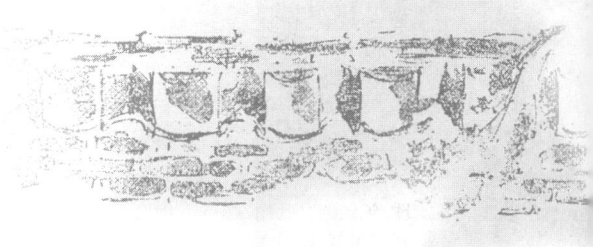

제5부 북한 시편

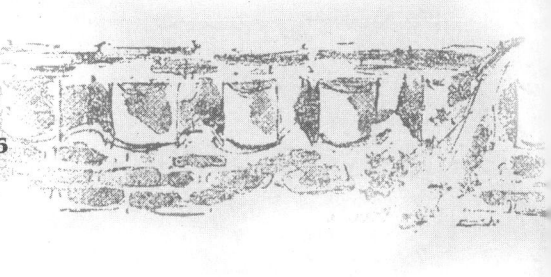

1부

일꾼의 노래

나팔

나팔이 운다
나팔이 또 또— 운다

억지로라도 옛일을 잊으랴건만
그래도 애끊는 이 회고(回顧) 들었으랴
여음이 길이 길이 옛 왕성 안에 빙그를 돌 때
갈가마귀조차 울고 가는구나
오 저 나팔 소리!
육조(六曹) 앞에 눈물을 긁어내는 저 나팔 소리!

이러진 화원(花園)

북쪽 나라― 눈바람 불어치는 거치른 벌판에
외로이 모여 선 산향나무의
남국을 그리우는 쓰린 마음을
뉘라서 알아주리!
두견 우는 비애의 호젓한 미지를
초생달의 엷은 빛만
입을 씻고 흘러라
말갛고― 노랗고― 또― 하얗고― 빨간―
채색의 풀꽃이 무르녹던 화원도
눈 나리기 전 그 옛날의 환상이어니
지금은 어둔 컴컴한 빛속에 파묻쳤어라
그렇다고 그대여! 내 마음은 막지 말어라
이 몸은 열두번 죽어 두더지가 되여서라도
손발톱이 다 닳도록 눈벌판을 헤매여서
기어히 이러진 화원을 찾아보고야 말려노라

봄은 간다

봄은 간다!
보─얀 하날 노나릿한 햇볕이 내려쬐이고
풀나무에 꽃 피던 그 봄은 확실히 간다
오래인 날 봄빛에 주린 몸이라
붙들면 놓잖을까 두려워함인지
않지도 않고 감이언만 기별도 없이
꽃송이만 뜯어 쥐고 가버리노라

봄아! 가는 봄아!
네야 가거나 말거나
내게 무슨 상관이 있으랴!
네가 왔다 해도
나라는 꽃은 피지도 않고
네가 간다 해도
내 가슴의 설움은 안 가져 가거늘……

그러나 봄이여!
너는 올해엔 이만 가도 다음에 또 오리니
그 때엔 ─ 풀과 나무만 찾지를 말고
몇번이나 헛수작에 속아넘고도
너를 그리워 우는 이 마음을 가엾다 하거든
세 마리 소등에 꽃 한 짐만 짊어 갖고
기어이 시들어진 이 마음도 찾아와 달라!

동모여

동모여! 나아오라…… 우리의 일터로……
까닭모를 한숨과 앓는 소리를
서투른 흉내와 값싼 눈물을
헌신짝 같이 내던지고 나아오라
동모여! 그리고 무서워 말라!
담 있는 병사는 칼을 쓸 줄 아나니
오직 큰 바다 물결의 밀려옴 같이
네 힘을 놓아주라! 그리고 힘을 다하라……
동모여! 그때에 너는 춤추면서
네 넋이 꿈 속에 들어가 노래하며
퍼지며 — 돋아나며! 피연 자라며! 열며
천년의 외줄을 타며 전에 없던 등을 불켜리라

병상통정(病床痛情)

얄미른 병마에 붓잿기어
골방 속에 햇빛 못본 지
한 달이고 또 열흘
물 한술만 삼키어도
헷바닥을 박차고 뛰어나오니
아 ― 아마도 이만 죽으려는가
나 같은 하루에 세묶음 죽은들
무삼 애달픔이야 되랴만
그래도 ― 하자든 일 열에 하나
다못한 내 마음 저리고나

이것 저것 ― 다 모르고
눈보라 아우성치는 낯선 거리에서
행여나 무슨 일 한가지 해주는가
기다리는 동모

아 ― 그 동모의 마음이 너무나 가엾어서
엉성한 북쪽 하늘로 외기러기 울고 가도
꿈속에라도 그 동모의 벼잿겟에
애끓이는 내 가슴 속 전해줄가고
두 무릎을 조즈꿀고 빌어보는 내 심사여

황혼 비낀 대관정(大觀亭)에서

늦은 황혼의 붉은 빛 나하정(羅荷亭) 벌에 무르녹아
이웃 봉(峯) 벼랑 끝에 나릿히 깃숨는데
홀로 앉은 영덕산(靈德山) 대관정(大觀亭) 들보 우에
외갈마귀 와 갸갸 울어 ―
왜이리 이 때 이 자리 내 애를 끊는가!
아아 멀리 뵈는 세모래 하이얀 방천 우에
너울너울 넘노는 남대천(南大川)의 검푸른 물결
물가에 옹게옹게 붙은 가난한 지붕의 ―
호젓한 굴뚝, 굴뚝의 연기
묏가득 우거진 숲에선 이슬 고요히 내려
잎잎이 파득이어 우는 벌레 설겁은 그 울음 소리
아아 황혼은, 이른 가을의 황혼은
더욱이 그이의 끌려간 뒤 홀로 맞는 이 자리의 황혼은
그이의 두 주먹에 바르르 떨든 쇠사슬처럼
쌍고동 남기고 검은 줄 끄을며
하염없이 굽이돌아 떠나든 호송차처럼 ―
억울타 하랴!
애닯다 하랴!
아아 저 ― 주막집 추녀 끝에 깜박이는 등불이여!
차등(車燈)이여!
그 언제 둘이서 눈물에 젖어 듣든
"어이어……" 길게 뽑는 농부군(軍)의 선소리여!
장탄가여!
아아 메마른 내 가슴에 피눈물 괴이누나!

이를 악물고 두 주먹을 불끈 쥐고
머리를 번쩍 들고 두팔 벌려 가슴을 헤치고
동편 하늘을 향하야 부르르 떨 때
하늘도 땅도 눈앞에 깨여져 허물어질 듯
……
아아 언제나 그날이 오나!

일꾼의 노래

일꾼이여! 나아오라!
공장에서, 학교에서, 저자에서, 포구에서 ―
그대들이 작일(昨日)의 전아에 패배한 피투성의 기록과
쌀쌀한 계집에게 채임받은 연연(戀戀)의 쓰라림이
오늘엔 동전 한푼의 값이 없나니 씀이 없나니
햇빛 못보는 음울한 토굴 속에서
광명의 새 세기를 찾으려거든
허물어진 그대들의 화원에 새로운 봄을 맞이하려거든
사벨을 펜을 뿔꽉을 꼭괭이를 가지고서
이곳으로 그대들의 일터로 줄달음질하야 나아오라!
그러나 미적지근한 일꾼이거든
차라리 나오지 말라!
백에 하나라도 천에 단 하나라도
이글이글 타오르는 태양같은 힘찬 열정과
하늘 땅마저 무너져도 무서움 없는 굳센 용력(勇力)을 가지고서 나아
오라!
그러고 일꾼이여!
그대는 주린 배를 허리띠로 졸라매고서라도
사랑스런 아내의 입술을 물리쳐버리고서라도
동으로 천리 북으로 삼천리 하염없이 쏘아다니며 뜻같은 동무를 찾아
서 ―
그들과 손을 잡고 일하라! 밤낮을 헤아림 없이 죽을 힘을 다하여 일
하라!
만일 불행히도 그대가 중도에서 거꾸러지더라도

백사장에 물든 그대의 새빨간 피가
가두(街頭)에 남은 그대의 거치른 발자취가
울고만 있는 어리석은 무리들의 가슴을 터지게 하리니
그리고 그대의 뒤를 따라 일어나게 하리니
그때 — 오래인 날 그대들의 눈앞에 자랑하든 무리
윽살리든 무리 너덜대든 무리 모두 꼬리를 감추고서
미구에 어둠을 뚫고 광명의 세찬 북소리 요란히 들려오리니……

해질녁의 내 감정
감각파(感覺派)의 수법(手法)을 본받아서

빛바랜 서(西)컨 미닫이 틈을 새여
나릿한 잔여(殘餘)의 햇발이 기여드는 시각
내 심장의 고동은 벽과 천정(天井)에 반향하고
그리고 기괴한 한장 엽서의 환상(幻想)으로 화(化)하여
××의 지붕으로 날아간다!
깨어진 심장이다! 썩어진 심장이다!
윽살려진 날카로운 청각이다!
— 우편배달이 삼전(錢)의 소비(消費)를 고(告)한다
— 주인이 뛰여나온다
— 서류(書留)가 아닙니다
— 큰일났구려 저녁쌀이 없는데
— 월사금도 못내서 쫓겨날 지경인데!
대화가 끝났다 구슬땀이 흐른다
내 청각은 오늘도 주인 마누라의 식가(食價)의 독촉이다
검푸른 소리 시들어진 심장의 쪼드는 소리
그리고 애수와 저주의 감당 못할 채무를 짊어진 몸이다
아아 태양의 광맥이 백열(白熱)하였다!
대지의 회전이 정지하였다!
거리 위에 하늘이 한없는 허위와 권태로 도포(塗布)되었다!
착각적인 여름 거리의 저녁노을을 멍하니 바라다보며
오오 나는 어떻게 하면 살어갈까!
군(君)아! 매일 삼전의 소비는 부르주아 신사 숙녀들이
콘크리트 베-부멘트에 늘어놓는 —

그림자같이도 값이 없다
빵 한조각이 위장의 주름살을 펴치는 것이
이렇게 흐린 하늘 밑에서는 무엇보다 생산적이다!
'명일결석가치후야(名日缺席可致候也)'
한장 엽서의 환상 가운데 위태한 오늘 하루가 무사하였던 나다!
그러나 군아!
해질녁의 내 감정은—
언제나 ××의 싸움을 준비하고
그리고 여름 하늘 푸른 그늘 밑에
덧없이 떨어진 떡갈나무 잎새같이 홀로만 떨고 있다

고향에 돌아와서

사흘래 궂은비 철철 내리는 이월의 그믐밤
"누마부구로(沼袋)" 다 낡은 "셋집" 오수수한 "다다미" 방에서
아침 걱정은 고사하고 꽁달담배조차 돌려 피우는 처지로들
푼푼이 푼전닙 털어모아 열어준 조그만 송별회——
"……결코 락망은 말게나으—" 다정한 말씨로 번갈아 위로하며
아구니 아픈 "딱딱한 과자"나마 더 먹기 권하든 그대들
오 그 기억이 봄이라선가 달밤이라선가 왜이리 선잠깬 듯
내 가슴 속에 머리 쳐들고 발버둥하노——

생각하면 "더 배우자 그리고 힘찬 일꾼 되자"고 이 고향 떠날 때 가진 포부야 크기도 하였건만
한해도 못지나 바랭 다시 짊어 메고 아쉬이도 돌아온다
첫날 밤 "애비도 없는 너를 기어이 공부시키잿드니 씨값 집세 그리구 네가 쓴 빚이……" 하며 목메어 끝도 못맺는 어머님 말씀에
억지로도 도로 가리라 은근히 하던 속궁리는 스르르 요새 얼음장같이 사라지고
도리어 얼마나 애타시랴 그 마음 헤아려서 왁— 목놓고 울고 말아……
이런 후로 설은 듯 쓰린 듯 지나온 지 어느덧 한달이고 또 열흘이로세

오호 지금의 내 심사 뒷산등에 바라올라 열 손가락 다 닳도록 오갈로 풀잔디를 뜯고 싶으나
차라리 술이라도 홈빡 켜고 하염없이 거리를 비틀치며 쏘대고 싶으나
게다가 어디라 다르리 말로 뒤따르는 그 그림자 성이 가시구나

으레히 만나면 "왜 안가우" 아는 이의 실없는 물음도 짜증남이나
그래도 나이 스물에 하나이어서 철이라고 든지라 더욱
이것저것 모조리 참고 이 악물어 참고 간다 ×××회관으로——
이제 머지않은 우리 기념날의 차림하기 위하여

기계같은 사나이

공장의 시커먼 돌담 기슭에
저도 몰리 부딪치든 입술이었다
메마른 두개의 해어린 심장이
날콩 볶듯 후둑이여 고동만 뛰든
애끊이는 눈물어린 사랑이었다
어둔 밤
자욱도 없이 숨어든
순회의 검푸른 등 ―
사나이는
거듭 채여 개굴창에 엎으러졌다
그리고
얄궂은 윽살림과 달래임 수에
마침내 깨문 입술 바르르 떨며
굽히어진 그림자
전등빛 어스름한 지하실로 끌려갔다
그 아침 ――
공장의 기적은 울어
비구름 흩날리며 갈 하늘을 뒤흔들고
삐두둑 강철의 굉월(宏越)한 문은
시뻘건 그 아구니를 벌렸다
그곳에는
피, 감정, 생각, 기억조차 잃은
뼈만 남은 한 사나이
부글부글 증열(蒸熱)의 화염을 토하는 용광로 앞에서

들었다 놓았다 굽혔다 폈다
앙상한 기계같이 움직이고 있었다!

가구야 말려느냐

가구야 말려느냐
순(順)아
너는 참 정말 가구야 말려느냐

산길로 삼백리 물길로 육십리
저 낯선 마을 낯선 거리 실뽑는 공장으로
가구야 가구야 말려느냐

응— 가난한 네 집을 위해서거든
가난한 네 집 살림을 위해서거든
칠순에 풍나 누은 네 아버지와
육순에두 품팔이하는 네 어머니를 위해서거든

내 아무리 이리두 서러운들
내 아무리 이리두 안타까운들
오 어찌 너를 막을 수 있겠니 걷잡을 수 있겠니

내 만일에 고용살이하는 신세가 아니었든들
고용살이로 삼사 명 식솔을 기르는 신세가 아니었든들

허드라두 허드라두
네가 가려는 그 곳이
네가 가려는 그 공장이
그의 말같이 그 모집원의 말같이

"일 헐하구 돈 많이 나고 대우야 아주 좋구——" 하다 하면야 했으면야

순아 그런 데가 단 하나인들
지금의 이(略) 어느 곳에 있다구 하디(五行略)

그렇다 하루 이틀 지나는 동안
한달 두달 지나는 동안
네 가슴에 네 가슴 속에
봄동산의 새움같이 솟아오를
불평과 불만

오 그때 너는
눈물짓기 일삼시 말구
한숨짓기 일삼지 말구
(五行略)
너희들의 힘을(略) 힘을 써다우(略)

그래야 참으로 내 사랑이다
그래야 참으로 내 순이다

오오 샛별같은 네 눈초리
붉은 네 볼—— 조그만 네 손길
일후 일후 만나두 다시 볼 수 없겠구나 찾아볼 수 없겠구나
오 오 가구야 말려느냐
순아 순아
너는 너는 참 정말 가구야 말려느냐

사과(謝過)

용서해다우
동무들

그대들이 일하마 했다문
×긴인음대루 일하마 했다문
×락간부 그 년석들의 데마인 것을
우리들 사이에 이간을 붙이구
그래서 우리들의 ×결을 풀리게 하여
이 ×움을 패북으로 차×으려는 데마인 것을

하루나마 비록 단 하루나마
×반자들이라구 그대들에게 가진 욕설을 다 퍼붓구
심지어 그대들의 몇몇을 두드려 패기까지 하구
잘못했다
참말 잘못했다

그런데 왜 우리들은
그대들의 변명을 들어두 보기 전에
사실의 진상을 알어두 보기 전에
당장 곧 그런 짓을 하였든가
우리들은 그것을 생각해야 하구 알아야 한다
허기야 우리들이 경솔했던 탓이었다면 그만이겠지만
실은 평소부터 그대들에게 좋지 못한 감정을 품구 있었든 까닭이었으
리라

일종의 증오적 이심까지 품구 있었던 까닭이었으리라
그것이 터져나온 때문이었으리라
그것이 이성을 흐리게 한 때문이었으리라

그대들이 ××사람이므로
그렇다 그대들이 ××사람이므로
게다가 때루 그대들이 '요보' '요보' 하구 우리들을 경멸하는 언행을
하였으므로

오 이 얼마나 유감스런 일이었나
통탄스런 일이었나
우리들은 그리두 어리석었든가
미련했든가

버리자 ××사람이니 '요보'니
그런 관념을 그 따위 관념을
단연 버리자
지금까지처럼 입으루만이 아니구
충심으루 진심으루

그래야만 동무들
비로소 우리들은 ×길 수 있을 게 아니냐 이번 이 ××에
오 이 훗날의 ××두

아내의 죽음을 듣고

정말이냐
정말이냐

옥순아 옥순아
네가 죽다니
오 이게 참 정말이냐

가슴이 터지는 것 같구
뼈가 바스러지는 것 같구
하염없는 눈물은 흘러 옷깃을 적신다

오 의원 하나 바루 못 뵈어보구
약두 몇첩 못 먹어보구
병두 모진 '운독'에 한달 열흘이나 시달리다가
옥순아 너는 쓸쓸히두 죽어갔느냐

오 다 쓰러진 초가집 좁다란 그 겻간방에서
늙으신 어머님의 메마른 손길을 부여잡구
불러두 대답없는 이 녀석의 이름을
부르면서 부르면서

오오 옥순아
너는 참으로 불쌍한 계집애였다
너는 참으로 가엾은 계집애였다.

오 가난에서 나서 가난에서 자라
열넷의 늦은 봄에 두 어버이 다 여의구
행길가 주막집의 머슴이 되어
음탕한 속[혹]들의 조롱과 건드림에
숫처녀의 볼짝을 부끄럼에 태우면서
사년의 기나긴 동안 뼛살이 늘어나게
불리우든 너

오 시집이라구 잔치두 없이 온 뒤룬들
네게 며칠이나 편한 날이 있었더냐
와서 한달두 못가 파업으로 공장을 쫓겨난 나
그후 주의자라구 다시 일자리엔 붙지 못했더니
오 봄엔 나물·배추 녀름엔 외·참외 가을엔 밤·엿 겨울엔 팥죽장사로
왼 집안의 목숨을 호올로 둘러메구
허덕여온 너

허나 옥순아 이런 가운데서두
너는 나를 극진히 사랑해주어
그럼으로써 원망 한마디 없이 쓴 골 한 번 짓지 않구
늘 여윈 네 얼굴에 웃음만 띠어 보였지

오 그러구
잠자리에서 해들리는 이야기나마
언제나 귀여겨 듣고 잘 생각하군 해서
희미하나마 차차 세상 일을 알기 시작하구
언문으로부터 틈틈이 가르킨 글이
반밤에두 일어나 하는 가긍한 열성에
겨우나마 '팜프렛' 한권까지 뜯어보게 되었었지

실상 나는 아내만으로의 네에게 만족치 못하여
은근히 너를 동무로
그렇다 한 사람의 동무로 맨들려 했구
이 훗날 너는 그리되기에 어김이 없었다.

오오 이리두 이내 가슴에
애처론 기억을 남기구서
애닯은 기억을 남기구서
게다가 꽃이라면 바야흐로 핀 갓 스물의 청춘을 안구서
오 옥순아 너는 내일 재넘소새 어느 구석 파묻히려 하느냐

오 지지난 달 초하룻날 아침
궂은비 철철 내리는 북청 역두에서
'일년 육개월'을 짊어지구 떠나는 나를 바리우며
연분홍 치마자락으로 눈을 가리고 흑흑 느끼여 울든 네 영자
"집 걱정은 말구서 부디 탈없이 다녀옵쇼" 하든 네 목소리

아직도 눈앞에 암암하거던
아직도 귓가에 쟁쟁하거던

오오
정말이냐
정말이냐

옥순아 옥순아
네가 죽다니
오 이게 참 정말이냐

가슴이 터지는 것 같구
뼈가 바스러지는 것 같구
하염없이 눈물이 흘러 옷깃을 적신다.

잠 안오는 밤

어디쯤 왔을까
지금 어디쯤 왔을까

홍원 · 홍남이야
지난 지두 오래겠지

응 오죽 수척들 했을까
오죽 파리들 했을까

××장에서 · 감×루——
삼년의 허구한 동안 시달린 동무네

오 새로웁다 기억이
눈보라 천지를 뒤집을 듯이 휩쓸어치구
동잇물두 얼어붙은 동지달 그믐 아침
셋이 한 줄에 ×여가는 그때——

어린 처자들은 목놓아 울구
늙은 부모넨 기절까지 하구
대 뒤를 숙이구 한 마정이나 뒤따라가든 나
내 눈두던에두 나두 모르게 눈물이 괴이드니
피눈물이 괴이드니

오 그들 그들의 심산 어떠했으료 말누 어떠했으료

밤잠두 못자구 쏘대며 타일러 간신히 우리들을 ×르켜만 놓구 가는 그들
아무 것도 모르던 힘 약하던 우리들만 남겨두구 가는 그들
게다가 가족들의 그런 정상조차 눈앞에 보구서 가는 그들
오오 "갔다 오겠슴메" "잘들 있습세" 하든 마지막 그 목소리들 역력
히 떨리더라

응 그들이 간 뒤 단 사흘두 못가 ×구야 말았지만
통분하게두 아쉬히 ×구야 말았지만
그러나 그 번×은 결쿠 헛×이 아니였다
그렇다 그들의 ×력은 ×생은 결쿠 헛×력이 헛×생이 아니였다

보지 그 이후에 비로소 우리들은 깨기 시작하였구
조합(組合)을 ×든 지두 이무 일년이구 또 석달
이 가을엔 두번 다시 ×나려구까지
×러나서 기어이 그 번의 ××를 하려구까지 서두르면서 있잖으냐 ×
미면서 있잖으냐

오오 오늘 아침 여섯시
중천에 펄럭이는 진홍빗 '○○농민조합' 깃발과
남녀노소·팔십여명 우리들의 환호 속에 맞을 제 열광 속에 맞을 제
오 그들의 기쁨―
덩실 덩실 춤이라두 추구 싶겄지
참말 어이허 디여 노래라두 부르구 싶겄지

―이리 생각해 올수록
'○○역'에 가 모일 시간이 가까워올수록

머리는 점점 더 해맑아지구

눈은 점점 더 말똥해지구

오호 도시 헤아리지 못할 흥분에
여영 잠 안오든 이 밤이여

지구야 말다니!

지구야 말다니!
지구야 말다니!

우리들의 요구를 들어줄 때까지는
요구의 전부를 들어줄 때까지는
×기까지 ××자구

……의 한사람까지 ××자구
그렇게두 맹서하구 일어났든 우리들이 아니었느냐
그렇게두 약속하구 일어났든 우리들이 아니었느냐

오·일어나서 보름을 하루같이
주림과 이 된추위를 무릅쓰면서
공장……으루·가두××루
이 악물구 ××온 우리들이 아니었느냐
철없는 아들 자식·딸년들까지
짚신짝·광주리를 행상시키며
××온 ××온 우리들이 아니었느냐

그! ××한 ××의 ××에두
말누 그 ××한 ××의 ××에두
털끝만치두 굽절지 않구서
꿈속의 단 한때두 굽절지 않구서

그런데·그런데 우리가 지구야 말다니!

오·오오—
녀석들 땜에
그 녀×들 땜에
탁……부!
××자!
그 녀×들 땜에
지구야·지구야 말었구나!

참—
우리두 어리석었다 미련하였다
왜 타……부 그 녀×들을 믿구·일을 맽기구
왜·××자 그…석들을 그냥 두었든가!
그저 두었든가!

지금·우리들은 이리두 원통해 해두
지금·우리들은 이리두 통분해 해두
녀×들은 그 ×석들
그×으루 우리들의 ××을 ×라먹은 그 ×으루
어디서 좋아라·즐거워라 너덜대구 있을게로구나

응……
으응—
허드라두 허드라두
기우 이리 된 바에
기우 이리 되구야만 바에
언제까지나 이렇게만 하구 있을게 아니다

언제까지나 이렇게 생각하구만 있을게 아니다
우리들의 가슴 끓는 ×가 식지 않구
우리들에게 또 젊은 앞날이 있지를 않느냐
자! 동무들!
먼저 내쫓아버리자꾸나 쫓아내버리자꾸나
타××부 그 ×석들을 내쫓아내버리자꾸나
××자 그 ×석들을 쫓아내버리자꾸나

그리구 ××하자꾸나!
더구나 굳세히 열곱 스물곱 굳세히
××하자꾸나!
두번 다시 ××나기 위하야
××나서 기어이 이기기 위하야
오오·지구야만 이…의 ××을 하기 위하야……

양춘(陽春)
우음육장(偶吟六章)

1

사월도 중순이라 풀나무에 꽃잎 피고 벌나비 춤추고……
북국 변지(邊地) 이 곳에도 봄은 무르녹었건만
들에 한번 나갔으랴 산에 한번 올랐으랴
오늘도 왼하루를 일에 부대끼다가
아아 솜처럼 피로하야 외로이 잠든 거리 터벅여 오는 내 심사여
울고 조차 싶으다

2

잊으랴 해도 잊어야만 한다 해도 잊어라곤 지지 않는
어여쁘고 얌전한 계집아이 다방(茶房) 시바라꾸의 사요꼬야
이 봄엔 비조산(飛鳥山) 스미다 천변(川邊) 도요시마엥(豊島園) 에노시마
(江乃島)로
아아 누굴 짝지어 다니느뇨 누굴 짝지어 다니느뇨

3

그해 이 때엔 동경 대판에서……
그해 이 때엔 해란강가 북만주벌에서……

결심 후의 한순간을 담배 한대 피어물고 고요히 추억에 잠기노니
아아 크나큰 희망과 열정에 날뛰든 어리든 그 시절 그리웁기도 하다

4

내 나이 아직 젊다 해도 처지가 처진지라
애욕이여 명예욕이여 그밖의 모든 욕망이여 눈물 머금고
내 너희를 맘속에 잠재운 지 오래건만
아아 봄이라선가 달밤이라선가 왜 이리들 소스라쳐 깨어 심야
삼경까지 가뜩이나 격무에 곤한 몸을 잠못 이루게 설레느뇨

5

하로의 고역에 지친 몸이언만 이 봄 달밤 하도 좋아 내 여기를 찾았
느냐
실실이 늘어진 수양버들 속 행복스럽던 옛날의 정들은 잔디밭이여
아아 너는 그때나 이제나 변함이란 없건만 인생의 무상함이여
새삼스리 눈두던이 뜨거워진다

6

봄은 약동의 시절이라 약동의 시절이라건만
말로 이슬 맞은 풀잎새처럼 쪼드러만지는 내 마음
봄은 웃음의 시절이라 웃음의 시절이라건만
아아 지아비 갓여윈 시악씨처럼 울고만 싶어지는 내 마음이여

월야(月夜)

새로 두시도 넘었으리라
멀리 뵈는 '동정수'가 '옥루정'에서 와글대든 무리들도 사라진 지 이
슥하고
성내(城內) 술집에서 어렴풋이 들려오든 노랫소리 장구소리도 이제는
그쳤다

저기 실실이 늘어진 수양버들 숲속에서 쿵덩쿵덩 쿵덩이는 물방아와
그 옆을 철철 감도라 흐르는 냇물소리 뿐

구름 한점 없는 서천에 또렷이 걸린 열아흐레 달은 닦아논 듯이 더
밝아지고
달빛 아래 망망히 뻗은 옛 냇터 모래벌도 씻어논 듯이 더 희어졌다

이 모래벌을 자성녘부터 외로 우로 가로 세로 여태 취한듯이 비틀거
리며 지향없이 헤매는 나
집에 간들 잠이 오랴 졸음인들 오랴

아아 대스롭잖은 속아리 샐녘부터 고되어 이 봄도 채우기 어렵다건만
그 몸으로도 불 오자 기어 일어나 여전히 술장사 갈비팔이로 허덕이
시는 어머니(略)
저 불쌍한 어머니를 저 어지신 어머니를
저렇게까지 괴롭히다 보내나 약까지 맘대로 못 대접하다 보내나

아아 갓서른의 봄 삼월에 홀과수 되어

여자 한창 그 시절을 눈물 한숨으로 보내신 어머니

내 공부 끝까지 시켜 기어이 성공케 한다고
오십 노래에 국수장사 개정장사로 드디어 이 노릇마저 시작하신 어
머니

아 내 그만 삼년이나 세상 밖에 신세져, 그간 주는 손 느는 빚에 이리
나날의 호구조차 어렵게 되었거니
한없는 내 걱정 근심에 쪼들대로 쪼들고 비길 데 없는 낙망 헤아릴
수 없는 고생에 말대로
여지없이 메말라오시는 어머니

오오 비웃는가 욕하는가 거울같은 딜이여 구슬같은 모래여 대낮같은
밤이여

귀향

아 어디나 왔는가
퍽이나 밤이 깊었나 보다
비는 쫘악 창대처럼 쏟아지는데 —

연해 속이 치밀어 웃배를 부여안고
그래도 내 걱정할까봐 잔웃음 지으며
밤낮 내 걱정·근심에 눈물·한숨으로 지내던 이야기
술장사·갈비팔이로 말못할 그 고생하던 이야기
이 이야기 저 이야기 연달어 하던 어머니도 이제는 지쳐 잠이 들고
건너편 자리에서 달래어도 윽살려도 째는 듯한 울음 안 그치던 계집
아기도
귀여운 젊은 색시의 포근한 젓가슴 속에 숨죽인 듯이 파묻혔다

빗소리
바람소리
차바퀴 구르는 소리
그리고 어디로서인가 가느다랗게 들려오는 코고는 소리뿐
손 적은 차안은 저으기 고요하다

팔뚝바지를 베고 두 다리 뻗고
땅땅한 자리 우에 물풀처럼 기력없이 해잡버 누운 나
천장에 반쪽만 켜진 등의 희미한 불빛을 멀뚱 멀뚱 바라다보며
붙었다 껐다 하는 마코가 벌써 네·다섯대

눈을 감고 가슴에 손을 얹고 두세 번 애써봐도 잠은 안오고
마치 가을날의 샘물처럼 해밝아지는 머리여
머릿속에 떠올라 엉클어지는 가지가지 생각이여

오오 허구한 세월 삼년의 낮과 밤
그리도 그리던 서울 사랑하는 그 친구들
몇번이나 꿈에 보고 또 그리나마 보기를 원하던 그들
오 오늘 단 하나 그들의 그림잔들 찾어볼 길 있었던고

허드라도 몸 성한 그들은 언제이고 만나질 때 있으려니와
오오 폐병·장결핵 병에도 그 몹쓸 병에 보채이여
우중에 집에도 못있고 저 쓸쓸한 객지에서 사선을 헤맨다는 친구

오 그 고생사리 속에서도 몸 성해 있을 적엔
옷이며 책이며 음식 차입까지 온갖 앨 다 써주던 그
오오 나의 가장 정다운 림(林)이여
나는 그를 다시 다시 보지 못할 것 같구나

무엇으로 참말 무엇으로 맘껏 치론들 해보리
산길 천리 들길 천리 저 먼 곳이 아니라면 찾어라도 가련마는……
오오 그리고 덩굴풀 우거지고 뭇벌레
움췄을 계월(桂月)의 무덤이여 정해(貞海)의 묘여
저당에 띄워 남의 손에 갔어도 잉금·배·복숭아 늦고 붉게 익은 과
수원 속에
예같이 서 있을 북문 안집이여
오오 나의 스물 세 해를 길러준 요란의 터여

얼굴이 달아오르고 날콩 볶듯 심장은 후둑이고

홈쪽이 여윈 어머님의 핼쑥한 얼굴을 찬찬이 건너다보니
아아 끝내 왕 울고조차 싶어진다.

뿔뚝 일어나 커텐을 여니
날은 이미 훤히 밝아
비 개인 뒤 상양한 대기를 찢어 흐트리며
누런 조이·벼 가로·세로 흐느적이는 벌을 지나

높은 산 낮은 언덕을 구비구비 감돌아
검푸른 물결이 추울렁·출렁거리는 ××을 건너
오오 기차는 닫는다
북으로·북으로……

독소(獨嘯)

잠들었구나
월아 너는 어느새 그만 잠들었구나

보채는 순옥이 재우려 끼고 눕더니
아이는 아직 저리 젖 빨아먹으며
연해 이저리 굼틀치는데 ——

왼편 팔을 괴워 베고 오른편을 아이 허리에 걸놓고
두 다리 같이 붙이고 반만 감은 눈에 비스듬히 입 벌리고
드르릉 드르릉 코마저 골아대며서……

오오 얼마나 지쳤으랴! 얼마나 곤하랴!
샐녘에야 입은 채 누었다가 불가기 전 이른 아침에 일어나
때 갖추느라 아이 보느라 거드매 하느라
어머님의 술장사, 갈비팔이 시중 돕느라
아홉시도 반 넘는 여태까지 저녁 한술 못먹고
말대로 눈코도 뜰 새 없이 허덕인 너

생각하면 ——
너는 참으로 불쌍한 아내다!
너는 참으로 가엾은 아내다!

오 열여덟의 봄 삼월에 시집이라고 온 뒤
갓서른의 겨울도 거중 가는 오늘까지

월아 네게 며칠이나 즐거운 날이 있었느냐!

와서 한달도 못되어 시아비 돌아가고 뒤따라 시할미마저 가고
단 한분 시어미 시하에서 네 얼마나 쓸쓸했으랴!
보다도 열셋도 못찬 어린 내 사내 구실 못했거니
처녀 한창 그 시절에 네 오죽이나 안타까웠으랴!

오 철 차려서 차차 너도 소박하기 시작한 나
이래 서울로, 동경으로 공부한다 쏘대며
해에 한두 달 와 있어도 흔히 잠자리마저 갈랐거니
허구한 세월 칠팔 년 동안
쓰린 한숨 리론 눈물 네 몇 천번이나 지었으랴!

오 내 입감 이후 만 삼 년째 이리 된살림 이 고생사리에
게다가 어쩌다가 설녀놓고 간 저 순옥이조차 나아서 기르느라
있는 집에 태여나 귀히 자란 섬약한 몸으로
네 여북이나 괴롭진들하랴!

오 이번 내 출옥하야 내려온 지도 이미 두달이언만
내 네게 건낸 말 합쳐 몇마디 안되고
하룻밤 남편으로서의 수작도 없거니 네 심사 어떠랴!

오 이런 가운데서도 이런 가운데서도
원망 한마디 없고 쓴 골 한번 짓지 않고
단 한번 간다 온다 말도 없이
말누 십여년을 하루같이 묵묵히만 지내오는 너

오오 모든 것을 팔자라 단념함으로썬가

나같은 것도 사랑함으로썬가
어느 때이고 내 마음 돌아설 때 있으리라 믿음으로썬가
저 아이를 염려함으로썬가

오 나는 너를 무한히 동정한다!
나는 너에게 한없는 연민을 느낀다!

그러나 그러나 월아 이연히
조금도 너에게 애정은 가지를 않는구나
오오 앞으로도 앞으로도……
종순(從順) 종순 이외에 아무 것도 주지 못하는 너
그렇다 이해도 위안도 단지 여자로서의 만족조차 주지 못하는 너

그리하야 내 가슴에 사무치는 불만
오오 이런 순간 이 한순간에나마 사라지지 않는 말 못할 불만이여!

딱하다!
난처하다!

네 정상도 정상이려니와
낸들 아이를 걱정하지 않으랴
어머님의 비탄인들 헤아리지 않으랴
차마 차마 너더러 "가다오" 못할 나!

오오 그러면 그러면 ──
이렇게 울울하고 쌀쌀한 생활 속에서
오오호 월아 너 나의 청춘은 마저 늙어가야 할 것인가!

국경일절(國境一折)

태백의 드높은 눈두던 아래
일말(一抹) 검은 자원 양 기슭진 마을

의붓어미 등쌀에 집 못드는 아이같이
택(澤)은 조마하니 동구 앞에 웅크리고

비적이 쳐든단 기별있는 이 마을엔
잔칫집 상객같이 조심가는 손(客)이 많다
그대는 산나무가 많아 걱정이란 주민을 들은 일이 있는가
그렇다고 여기 불 안때고 살 수 있는 기적이 숨쉬고 있는 것도 아니다

그 녀석들은 무성한 잎을 따먹고 사는 인종인가봐
봄 겨울엔 찾아야 코끝도 바라볼 수 없고……

몇번 낯선 손을 봉별(逢別)한 내 호주머니는
드디어 츄—잉껌 사들이기로 작정했다

이런 지대에 ——
어른의 표정은 금물이란다.

후치령(厚峙嶺)

북관천리주간(北關千里周看) 시(詩) 중(中) 기일(其一)

차(自動車)는 지금 허덕이며 올라간다 연해 이저리 몸을 저으며

아아(峨峨)한 준령(峻嶺)을 굽이 돌아
우로 발판 넓이 비탈지고 쬐악돌 깔린 길을

외론 가도 가도 늘어선 이깔
장(壯)! 세차게 뻗어 아득히 창공을 찌르는 용자(勇姿)여!

그 기슭에 우거진 황철·짜잭이……
거기 군데 군데 몇 포기씩 피어 흐느적이는 이름모를 꽃들
아 연자줏빛 초록빛 티끌 모르는 청초한 자태 사랑스럽기도 하다

우로는 갈수록 깊어지는 골째기 낮아지는 군소 산맥
골째기를 꾸을렁 꾸을렁 기어가는 한줄기 백사 같은 계류(溪流)의 흐름이여
오르락 나리락한 산맥의 기복(起伏)들은 마치 격랑(激浪)·연파(漣波)……

사위는 적적!!
우는 벌레·지저귀는 새소리도 드물다
이십 분·삼십 분……

얼마를 왔느뇨
또 얼마를 가야느뇨

아아 여기가 후치령(厚峙嶺)
해발로 오천 척
이수(里數)로 오십 리
아 후치령 후치령!
감개가 무량타 후치령!

묻노니 너는 그 어느 해 어느 날 어느 때부터
몇천·몇만의 고향 산천 이별에 눈물 젖은 보따리를
저 멀리 얄누 넘어 호지(胡地) 광막한 북만주벌로 마저 보내었느뇨

오 허구헌 세월 기나긴 동안
게서도 발 못붙이고 밀려오는 한숨어린 무거운 발길을
또 몇백·몇천이나 의지 거처 없는 이, 삼지사방으로 맞아들이었느뇨

오호 앞으로도 몇천·몇만을……
앞으로도 몇백·몇천을……

너는 말이 없다
너는 대답이 없다

오 후치령!
너 한개 비장한 이 땅 역사의 묵묵한 반려(伴侶)여
그러나 너는 알고 있으리라
네 네 손을 들어 흔들며 가슴 아픈 그 송영(送迎)에 영결(永訣)을 지을
날이 언제일 것을

슬프다 우매한 인간! 그도 저도 정처 알 바 없거니
오 이 여인(旅人)의 가슴은 날콩 볶듯

후득이고 스르르 뜨거워지는 눈두덩을 금할 길 없구나

오오 후치령! 후치령!

차는 여태 허덕이며 올라간다
연해 이저리 몸을 저으며
아직도 아아(峨峨)한 준령을 굽이 돌아 우로 우로
발판 넓이 비탈지고 쬐악돌 깔린 길을……

북관천리(北關千里)

태양동(太陽洞)을 떠나 한마장

도도한 장진강(長津江) 나루를 일엽편주로 건너 삼덕(三德)에로의 팔십이 길 외로이 들어섰다

좌우에 둘러선 거악(巨嶽) 고봉(高峰)

그 우에 잘린 숲, 물샐 틈도 없는—

아 북국 설풍(雪風)이 얼마나 추웁기 저렇게 모두 자라지 못했을까

골째기를 꾸을렁 꾸을렁 흘러내리는 일조(一條)의 계류(溪流)

양안(兩岸)에 참버들 자욱이 늘어서고

거기 군데군데 뻗어 엉클어진 오미자·새열기·이슬아치……

조굴조굴 매여달린 불그레한 송이·송이 애기의 볼다구니같이 귀엽기도 하다

사위는 적적!

다만 우는 벌레 지저귀는 새소리 뿐

지팽이를 끌어 삼십 분·사십 분……

간혹 나타나는 조그만 촌락들

촌락마다 몇뙈기 밭·논

밭의 귀일·조이는 황 가버리고

논의 벼라고도 추석 밑 얼굼에 손을 털었다

오제죽·쑥떡으로 겪어온 삼년

올해도 그거로나 연명될 것인가

동구 앞 냇가에 일없이 턱 고이고 선 벌거숭이 박달방아여

멍하니 허공을 바라다보는 늙은 네 얼굴 우울키도 하구나

내를 건너고 또 건너고

굽이를 돌고 또 돌고

아 가도 가도 심심 산곡
끊임없는 산천 경개(景槪) 유려키도 하나
오호 이에 아롱진 가슴 아픈 정경이여 오랜 여로에
피로한 나그네 걸음 더욱 무겁게 하누나

2부

대망(待望)

눈 나리는 堡城의 밤

李燦

시월중순이 외란

함박눈이 퍼ー 펄……
堡城의 밤은 한치 두치 積雪속에 깊어간다.

깊어가는 밤거리여니
「誰何ㅅ소리」 잦어지고

鴨綠江 구비치는 물결 귀ㅅ가에 울긴듯 우렁차다.

江岸에는 鵠儀燈·鵠儀燈
그믿어 閃閃하는 蒼鞍한 鐵路

鐵路는 산비탈여 숨숨은듯 엎드리고
그기슭어 나루ㅅ배 멫멫
인저나의 渡江을 待僕로있다.

오호 北滿의 十五道溝 말없는 山川이여
어서 크낙한 네怨恨의 진을 열어라.

여기 오다가다 깃그든 설음많은 한 사나이
암울 乾坤에 떠도는 뜻없이를 울어나볼가하노라.

어화(漁火)

씻은 듯이 해맑은 하늘
하늘엔 별이 총총

총총한 별빛 아래
물결은 잔잔……

오 잔잔한 바다에
점점(點點)한 어화(漁火)여

청·황·적·백
백·황·청·적

만획(滿獲)의 기를 날리며 돌오는 밴가
만획의 꿈을 실고 나가는 밴가

오는 듯·가는 듯
가는 듯·오는 듯

오든지 가든지 제속엔 뱃사람들
잦은 하품 깨물며 무슨 생각에 젖었을꼬

고대할 님 여윈 님 그 님의 생각인가
잡은 기쁨 잡을 궁리 그것 뿐인가

오호 동해의 어획은 예년에 곱가도
뱃사람의 호주머닌 여전히 하루사리

하건만 오늘 밤도 어화는 점점
망망한 한바다에 어화는 점점

출범

물새도 한잠자는 이르나 이른 새벽
망망한 동해 바다 배 떠나간다

그물 싣고 뱃줄 감고 돛을 올리고
어슬렁 어슬렁 노저어 배 떠나간다

오 떠나는 뱃사공들의 잔교(棧橋)에 던지는 침통한 일별(一瞥)이여
묵묵히 이를 받는 저 여인들은 어미넨가 아내들인가
해풍에 턴 검누른 얼굴들에 그윽히 떠도는 일말(一抹)의 애수여

오 어제 낮 폭풍에 간신히 생환한 저들
게다가 아직도 십여 척 묘연한 뱃소식에 공포 감도는 이 바다
오 떠나구픈 이 누구리 보내구픈 이 누구리

눈물겨웁다 제 배 가진 사공은 모두 쉰다는 오늘
오호 고용사리 저네들의 가슴아픈 정경이여

등대

칠야(漆夜) · 삼경(三更)

꺼졌다 · 밝았다
밝았다 · 꺼졌다……

오 대해일두(大海一頭)에 외로이 서
끊임없이 쉬임없이 명멸(明滅)하는 등대여

오늘 밤도 너로 하야 키 바로 돌린 배 몇척이뇨
오늘 밤도 너로 하야 암초(暗礁) 피한 배 몇척이뇨

오오 등대! 네 공적은 크다
실로 너는 존경에 치(値)한다
그러나 등대여 너는 언제 한번
네 스스로 네 위대함에 취해본 적이 없다

그렇다 네겐 방만도 존대도……
그러므로 꿈속의 한때도 남다른 후대를 요구치 않는다

너는 오즉 네 의무에 충실할 뿐이다
일년이 하루 십년이 하루같이 네 의무에만 충실할 뿐이다

오 등대여 우리는 충심으로 이해한다
때로 엄습하는 네 고독을 네 우울을 ─ 네겐 아무런 위안도 없다

네겐 말못할 폭풍·폭우가……
그리고 이 괴로운 네 사업의 앞날은 길다

그러나 등대여
너는 언제 한번 이에 구니(拘泥)한 배 있었든가

오 앞으론들 있을겐가 앞으론들 있을겐가

오오 무수한 선박의 생명을 생명삼고
오직 그들의 일로(一路) 순항에 생의 진의를 찾는

장하다 등대여
너는 지도자!

참다운 참다운 암해(暗海)의 지도자

불안

내 아무런 잘못함이 없거든
내 누구에게 욕볼 이 만무하건만
어인 일가 이리도 이내 맘 속깊이 편치 못함은

내 비록 가난하나 굶진 않거든
내 이 일자리 하루 이틀에 뗄 리도 만무하건만
어인 일가 이리도 이내 맘 속깊이 안정치 못함은

오 꼼꼼이 생각하면 스르르 주먹이 쥐어지나
아쉬이 쥔 주먹에 선땀만 괴었다 사라지고

술 계집으로 달래어도 다못 한때
모든 것을 잊자 해도 그때 그때 뿐
오오 스스로 비웃어도 꾸짖어봐도
어이하랴 내 맘은 샛바람 휩쓸어치는 음산한 허공에
지향없이 오락이는 한개의 고무풍선

우울타
시대의 담천(曇天)이여
쾌청은 언제뇨!

대망(待望)

함경도 동녘바다 조그만 어촌
어촌의 늦은 가을 시월 중순 밤

중천에 뚜렷이 걸린 명랑한 달
달빛 아래 망망히 뻗은 하이얀 백사장

백사장가에 기어드는 잔잔한 파도
파도 가까이 충천하는 검붉은 우둥불

우둥불 뒤에 옹기종기 모여 앉은 사람들
늙은이 젊은이 안악네 어린이 애기품은 시악씨……

누구 하나 말도 않고 까딱도 않고
멍 하니 바라다만 보는 머언 수평선

수평선엔 한들거리는 금파·은파뿐
아아 수평선에 난들거리는 금파·은파뿐

한 시간 두 시간…… 밤이 깊어 달이 기울고
문득 우렁차게 울려오는 남행차 고동

고동 소리에 놀랜 듯이 외치는 한 시악씨
"애구 오늘 밤에두 아니 오는겠슴메"

뒤받아 "죽었다니까 죽어 그 바람에 어찌 사니" 하고
엎드러져 와앙 우는 이웃 아낙네

아낙네따라 그 시악씨 울고…… 마침내 모두들 운다
목놓아 "○○야―……" "○○아바!" "난 어쩌람메―" "이 아아딜 어
쩌겠슴메―" ……부르짖기도 하며

그리면서도 간간히 두 눈을 부비고 바라다들 보는 머언 수평선 사흘
래 바라다들 보는 머언

수평선엔 난들거리는 금파·은파뿐
아아 수평선엔 난들거리는 금파·은파뿐

국경(國境)의 밤

준령을 넘고 또 넘어
북으로 칠백리

여기는 압록강
강안(江岸)의 일(一) 소촌(小村)

동지(冬至)도 못됐건만 이미 적설이 척여(尺餘)
오늘도 휩쓸어치는 눈보라에 영하로 삼십여 도

강은 첩첩히 평지인 양 얼어붙고
일대에 밤은 깊어 오가는 행인의 삐꺽이는 자욱 소리도 그치었다

강가에 한개 비뚜로 선 장명등
희미한 등빛 아래 간혹 나타나는 무장 삼엄한 순경들
오늘 밤은 몇이나 마적떼가 쳐든다 하느냐

오오 저 강 건너 아득히 휘연한 북만(北滿) 광야
이름모를 촌촌(村村)에 어렴풋이 꿈벅이는 점점(點點)한 등화(燈火)여
순아 여읜 지 삼년 너는 오죽이나 컸겠니
오늘 밤은 몇 번이나 우리 고향 오리강변
꿈에 소스라쳐 깨느냐

오 어디서 울려오는가 애련한 호궁(胡弓) 소리
산란한 내 마음 더욱이나 산란쿠나

따라라 이 컵에 또 한 잔을

루주 어여쁜 입을 가진 짱꼬로 시악씨야
오호 나는 이 한밤을 마시며 새이련다

폭풍 후일담(后日譚)

몹시 거세인 폭풍이었다

입입이 중얼대되
난생 첨 보는 변이라 하였다

가가호호 꽃같은 아가씨들마저 휩쓸려가고
밤낮없이 떠도는 오읍(嗚泣)·비명에
갓난 강아지들조차 옹조그라졌다

　　폭풍 일과(一過) 후(后) ―

마을엔
한개 위대한 각성이 깃들였다
정히 금후의 행방은 ○생의 일로(一路)에 있다는 ―

급작히 거리·거리엔 서투른 장사가 늘었다
신빼이―셀 뽀오이·숍껄 관공이(官公吏) 나으리들도……

뿐인가 교회엔 경건한 새 신자들
오 여기서 연달아 흘러 나오는 웨딩 마치의 달큼한 음률이여

이러구로 세월은 흘러……

오늘도

해는 떴다 졌다
이른바
극히 평온 무사한 가운데 ―

결빙기(結氷期)

소묘 얄누장안(岸)

십일월 하순

끊이락 이으락 분분한 백설 속에
얄누장 팔백리 얼음이 맺어
인마(人馬)의 통행도 금명(今明)에 다가왔다

도도한 물결소리
유장한 뗏노래와 함께 씻은 듯 사라지고
대륙의 침울한 하늘 밑에 강변은 적적(寂寂)
때로 북만의 거센 나희 성난 듯 놀랜 듯 휩쓸어칠 뿐
오 적적한 강안(江岸)에 즐비한 포대(砲臺)여
누구니 어리석게 손을 꼽아 그것을 헤이려는 자

내일의 그 수는 오늘의 수와 같지 않나니
실로 요소·요소에 늘어가는 철조망과 아울러
일대의 경비진은 삼엄에 채질한다

연변(沿邊)의 농가 점점(點點)한 오막사리엔
수심 겨운 아낙네들의 수군거림 높아가고
가가호호 보채는 어린이 타일러 가로대
'그러믄 ○○당이 온단다'

여저기 몇개의 조그만 도시엔

오가는 행인들의 그림자도 드물고
다못 늘어가는 호상(豪商)들의 비장한 이삿짐과
원래(遠來)한 응원대의 매서운 자욱소리 뿐

이러구로 해가 기울어
연렴(延廉)·태백(太白)의 준령을 넘어 어둠이 깃들면
별없는 대지엔 경비등이 장사(長蛇)를 그리고
호궁소리도 못듣는 외로운 여창(旅窓)이
몇번이나 쏘는 듯한 수하(誰何) 소리에 소스라쳐 경련한다

오호 진통을 앞둔 시악씨 맘같이
얄누장안(岸) 팔백리 불안한 지역이여

바리우는 이 없는 정거장

나는 지금 매바삐 오르내리든 주판알을 멈추고
으스름히 황혼 비낀 쇼윈도에
멀리 정거장 한구석 외로이 웅크리고 앉았을 너를 그린다

오 바리우는 이조차 하나 없는 너의 이번 길
네 심사 오죽이나 서글프겠니!

역력하다 삼년 전
네 처음 다녀가든 그때 기억
비록 눈을 꺼려 손들어 짓진 못해도
은근히들 던지는 다정한 눈짓 속에
떠나는 네 얼굴엔 화려한 미소가 서렸었다

오 묵은 지 두낮 두밤
누구하나 네 여창을 두드리기나 하였드냐?
꺼리다 못해 찾아든 북적이는 사무상 앞
어색히 내미는 손길에 네 입술이 떨렸었다

오오 미안하다!
또다시 되풀이하노니 이 한마디로
김아 알아다우!
이 년석 오늘을 부끄러워 하는 인간인 줄이나

대안(對岸)의 일야(一夜)

눈은 퍼다붓는 듯
바람을 쥐었다 휘갈기는 듯
그나마 밤마저 이슥히 깊어
오오 듣든 바 북한(北寒) 영하 삼십여 도

첩첩히 닫혀진 가가, 가가
가가 추녀끝에 어렴풋이 껌벅이는 점점(點點)한 장명등
도구(道溝)의 거리 거리엔 한잠이 깃들였다

오 헤매어서 얼마인가 지향도 없이
얼근히 취한 호주 거지반 깨여오고
외로 옹기종기 들앉은 포잡(包雜) 주포(酒鋪)
그 새에 띄엄띄엄 삼등 기방들

오 기방에서 떨려오는 호궁소리여
그리고 이름 모를 노래의 애련한 선율이여
무엇인가 이렇게 내 가슴을 후비며
호소하는 듯 느껴우는 듯 몸부림하는 듯

오호 들어가자 네 침대로 이국의 기집애야
이 한밤 한없는 원한 타오르는 따스한 네 품속에 포근히 녹여다우
이 괴로운 에드란제의 설움찬 몸을……

눈나리는 보성(堡城)의 밤

시월 중순이언만
함박눈이 퍼억 퍽……
보성의 밤은 한치 두치 적설 속에 깊어간다

깊어가는 밤거리엔 '수하(誰何)' 소리 잦아가고

압록강 굽이치는 물결 귓가에 옮긴 듯 우렁차다

강안(江岸)엔 착잡(錯雜)한 경비능·경비능
그 빛에 섬섬(閃閃)하는 삼엄한 총검

포대는 산비랑에 숨죽은 듯 엎드리고
그 기슭에 나룻배 몇척 언제 나의 도강을 정비코 있나

오호 북만의 십오 도구(道溝) 말없는 산천이여
어서 크나큰 네 비밀의 문을 열어라

여기 오다가다 깃들인 설움 많은 한 사나이
맘껏 침통한 역사의 한 순간을 울어나 볼까 하노니

눈밤의 기억

국경의 조그만 마을 으슥한 주점
주점의 샐녘 호젓한 뒷방
끄므럭이는 소남포 으스름한 등빛 아래 연달아 넘는 잔을 들고 또 들고
즐거워야 할 남은 밤도 한숨으로 지새든 애처롭은 기억의 그 여인이여

생이별한 그 녀석은 꿈에 가두려워도 아홉살 난 중대가리 그 아이 생각
이렇게 눈 나리고 스산한 밤에엔
의붓어미 등쌀에 웅크리고 덜덜 떨며 잠 못드는 상 싶어
잊으려도 잊으려도 미칠듯 싶다 미칠듯 싶다……

오 북국의 밤은 오늘도 눈이 나리고
게다가 샛바람마저 이잉 잉 휩쓸어치고……
눈물겨웁다 국경에 시드는 한떨기 꽃이여
오늘 밤도 오다가다 깃들인 어느 여인의 품에
보람없을 설움의 향기를 풍기느뇨

녹음방초(綠陰芳草)

날세 하도 포양하야 일터를 쉬어버리고
쫓기는 듯 쫓는 듯 내 여기 왔네

민머리 노—타이 노—스데키로
옛성 밑 오솔길을 굽이굽이 감돌아
수양버들 실실이 늘어진 냇둑을 지나……

지금 가쁜 숨을 가다듬어 담배 한대 피어물고
빗두넌에 올라 앉아 사년을 살피노니
아아 아아 —
만야(滿野) 만야에 무르녹은 녹음이여! 방초여!

오 싫소 청신한 자태!
오 싫소 상냥한 향기!
삼사월의 꽃이여 머리를 숙이라
구시월의 단풍도 머리를 숙이라

여겐 철없는 향락이 없고
여겐 값싼 절망이 없고
오 오직 보다 더 성장하려는 열성
그리고 아름다운 열매 맺으려는 의기만이 불타고 있나니

오오 청춘! 기절의 청춘!
그렇다 나는 참된 인생의 청춘을 여기서 본다

메마른 내 가슴에 생기가 돌고
잠자든 일만가지 욕망이 꼬리치고 일어나노나

오오 사랑스럽다 사랑스럽다
녹음방초여!

우후(雨後)

밤내 나리든 비 무엇을 느낀 듯 걸음을 멈추고
쓸리는 듯 희검은 운무(雲霧) 사방으로 흩어지며
빙긋이 오월의 다양한 햇볕 웃음 띠고 나타나
누리의 사양한 허리를 자지러지게 얼싸안았다

무슨 속삭임인가 살랑이는 실바람
바람결에 나부끼는 입김 구수한 향기 길섶 애기풀도 기꺼움에 몸 비
꼬고
추녀끝 지저귀는 새소리조차 한길이나 연염(戀艶)하다

덜그럭 무거운 마구의 빗장이 빠지며 더벅머리 총각들의 연찾은 기지개
묏두던 밭이랑에 나물광이 든 애기네의 미끈한 종아리 아롱지자
터져나오는 년석들의 이리여디여 밭갈이 소리 구성도 지다

희유— 곁눈에도 즐거운 이 한낮에 한숨짓는 인 누구이뇨
초라한 오막사리 양지바른 툇마루에 턱 고이고 앉은 늙은이
아쉬이 흘러간 젊은이 시절의 멋쩍은 탄식은 아니리
아하 그대는 사랑스런 자녀들의
오늘에 안타까운 가을을 보는구나

소묘 · 북국어항(北國漁港)

북국의 일(一) 어항(漁港)
오리(五里) 백사장

사장(砂場)가에 출렁이는 물결
창망(滄茫)한 동해
오 해상을 드나는 범선 증기선
붉은 기 누른 기의 말대로 무수한—

몇이냐 통대로 얽어 세운 이깔 잔교(棧橋)는
그 끝마다 산적한 정어리떼
그것은 쉼없이 일조(一條)의 말구루마 길을 달려
공장으로 공장으로

실로 사장(砂場) 일면(一面)에 즐비한 곤유(鯤油)공장
공장마다 수십의 증어부(蒸魚釜)여 십유대(十油臺)여
거기 기계처럼 매바빠 움직이는 기름투성이들
걸검은 옷 검누른 얼굴들에 눈알만 반짝

오 반짝이는 눈알들은 무엇을 생각는고
이무 폐장 가까웠건만 올해도 겨울살이 못할 회겐가
일금 몇십 전 밤대거리에 오늘 밤도 잠 안자고 뻐테볼 궁린가

오오 그네야 무엇을 생각든 말든
금년은 호성적(好成績) 예년의 수배

바락 — 사무실 앞마다 유통(油桶)·박표(粕俵)의 거악(巨嶽)

트럭은 끊임없이 그것을 시내로……
간간이 나타나는 신사 제씨(諸氏) 장주(場主)인가 매주(買主)인가
자못 유장한 거름씨에 내뿜는 연기도 한가롭다

이로부터 한마장씩 떨어져 수일경(數日耕) 논·밭에 열지어 널린 가마
스·가마스
그 위에 뭉테기 유박(油粕)·유박
그것을 곰뱅이로 까는 여공
오 울긋불긋 단장도 가애로운 십오·십육칠의 낭자군(娘子軍)이여

오가는 행인에 낯 부끄러운 듯 고개 숙이고
그래도 가슴속 서린 회포 못이기는 듯 연달아 종알대며
때로 목놓아 쌍쌍이 노래들 하는 애련한 가조(歌調)여
그새를 미친 강아지같이 쏘대며 잔소리 짖어대는 감독 나으리들

오 이러구러 날은 저물어
동해 서산에 해가 기울고
오리 사장에 황혼이 깃드려도
이른바 모범 어항 평온 무사
오늘도 아무런 이상은 없었다

갈망

다람쥐
다람쥐
대아지 둥아리 속
조그만 다람쥐

다람쥐는 오늘도 달린다
돌기만 하는 쳇바퀴
달리고 달리고 또 달려도
돌기만 하는 쳇바퀴

오호 쳇바퀴도 이지러진 일년의 날이여

그러나 다람쥐
안타까운 네 눈동자엔
아즉도 뜨을에의 갈망이 사라지지 않았구나

면회

줍다란 비둘기통 어둠컴컴한 속에
용수삿갓을 벗어들고 쭈쿠리고 서서
이젠가 저젠가 하며 차례 오기를 기다리는 나

곁에선 두셋패 한창들 들썩이나
열오른 머릿속에 열에 한마디 안들리고
심장의 고동만 날콩 볶듯 후둑인다

오 누가 왔을까 어째 왔을까
두세 가지 바깥 걱정에 사로잡혀 있는 요즘
혹시…… 혹시…… 하는 생각에 한없이 불안한 마음이여

문득
선칼로 끊은 듯이 잠묵해지고
삐걱이는 문소리
갈아드나는 자욱 소리 들리자
드르륵…… 턱앞을 치받듯 올라가는 시커먼 널들창

순간
내 눈앞에
목책 건너
오오 꾸기어진 고이에 다 낡은 고무신 신고
하마 하마 엎어질듯이 구부리고 선 어머니

"오 어머니 언제 오셨수" 나도 모르게 떨려 나가는 목소리여
"응 오늘 아침에…… 그새 병이나……" 하며 끝도 못맺고
뚫어질듯이 내 얼굴을 들여다 보는 그
그의 얼굴을 내어다 보는 나

오오 북관 수천리 길을 터벅여왔음으론가
밤낮 내 걱정 근심에 눈물 한숨으로 지냈음으론가
국수장사 갈비팔이로 말못할 그 고생했음으론가

움푹 들어간 눈
홀쭉 깍인 볼
핼쑥해진 낯빛……

그의 눈에 눈물이 돌고
내 가슴은 터지는 듯 뼈개지는 듯
더 말도 없이
까딱도 않고

오오 침묵 비통한 침묵 속에 보내는 한참 동안이여

"그만 그만 나가요" 하며
얄미운 털보 ××창 닫히려니
목멘 소리로 "공판까지 있겠다 또 오마" 하고
치맛자락을 휘어당겨 눈을 씻으며
맥없이 발꿈치를 돌려 내걷는 어머니

오 돌오는 길 돌층대를 오르다가
두세 번 걸치어 넘어졌다

눈물이 앞을 가려서……

오오 예 와서 삼년 철잡는 오늘까지
괴로워도 기막혀도 서러워도 아퍼도
도시 한번도 나본 적 없는 눈물이……

해후(邂逅)

저게 누구냐
저게 누구여
건넌방 북켠 벽살에 웅크리고 붙어 앉아
갓들어온 나를 바라다보는 저 여자가!

아아 쏘냐 쏘냐……

쏘—냐야 어찌 알았으랴
내 여기서 너를 만날 줄!

기억도 새롭다

그때는 겨울……

눈보라로 밝고 눈보라로 어둡는 북국
북국에도 보기 드문 눈보라치는 밤이었다

거기 · '밀나야' — 해란강가 방갈로형(型) 아라사 바 —
으스름한 자줏빛 살롱에서 우연히 사귄 우리

너는 열여덟의 얌전한 웨이트리스
나는 스물 하나의 우울한 방랑객
숭숭 끓는 사모왈 · 활활 타는 페치카 앞에서
하염없이 주고 받는 얘기로 새는 줄 모르든 그 밤이여!

아아 말루 사년하고 얼마만에
내 여기서 너를 만날 줄 어찌 알았으랴!

그러나 반가움고 놀라움은 한순간
쏘냐야 지금 내 가슴은 가여운 너 생각에 터지는 것 같다

"저 여자가 왜 왔답데까" 누구에게라 없이 물으니
옆 친구가 "모모야마에서 달아났다 붙잡혔다우" 라고

아아 어찌 그 짓을 당했단 말이냐
얼마나 괴로웠으면 이리 될 일을 했단 말이냐

움푹 들어간 눈 홀쭉 깎인 볼…… 영 못보게 됐구나
억지로 들린 몇잔 워드카에 불그스레해진 네 얼굴 곱기도 하드니

도시 어떤 녀석의 꾀에 걸렸드냐 어떤 녀석의 꾀에—
고국 산천이 그리워도 "돈 모으기 전에는 안가겠어요" 하든 너
그 노릇도 "싫여서 못견디겠어요" 하든 너

네 스스로 이곳에 왔을 리 그 구렁에 발을 넣었을 리 만무하거니 새
삼스리 저주롭다 그 부류의 인간이!

아 말대루 암담쿠나 너의 장래도
며칠 있다 몇마디 주의나 받고 도로 가질 게어니
네 아무리 빈 주먹으로 빠져나려 애쓴대도 보람없을 게어니

아 열셋의 이른 봄에 고향 서산에서 어머님 여의고
뒤이어 말못하게 된 살림에 그곳으로 간 지 사년 철잡는 늦은 가을

이웃의 수많은 장정들과 함께 아버님마저 여의고
유산도 없는 천애의 외로운 몸이 하는 수 없이
그 집에 고용된 지 반해 된다는 너

아아 너는 참으로 박행한 여자다!

이제야 알아봤는가 재빨리 창살 가까이 기어 나와 눈짓하며 손짓하며
말 못건내는 안타까움에 입술 깨무는 쏘냐야

이내 소식에 울고부실 오십 노래에 병드신 어머님 근심
그리고 앞으로 닥쳐올 가진 고난의 걱정도 사라지고
말루 말루 가여운 네 생각에 가슴이 터지는 것 같다

아아 쏘냐! 쏘냐!

북만주로 가는 월(月)이

가구야 말려느냐 가구야 말어
너는 너는 참 정말 가구야 말려느냐

이민이라 낼 아침 첫차에 실려
이역 천리 저 북만주 가구야 말려느냐

아 잡아보자 네 손길 이게 마지막이냐
이리도 살뜰한 널 내 어이 여의는가

야속하다 하늘도 물은 왜 그리 지워
너희네 부치든 논밭뙈기 다 빼낸단 말이냐

허드라도 행랑살이 내집 살림 절박치 않다면
내 너를 보내랴만 꿈속엔들 보내랴만

아아 다없고 황막한 그 땅 네 얼마나 쓸쓸하랴
철철 추위 혹독한 그 땅 네 얼마나 괴로우랴

사시장장 가여운 네 생각 내 어찌 견디리
자나깨나 그리운 네 생각 내 어찌 배기리

언제랴 내 일자리 얻어 집 형편 좀 피울 날
누가 믿으랴 여자 귀한 그 곳에서 널 그때까지 두마는 말

아아 안겨다우 내 품에 이게 마지막이냐
이리도 살뜰한 널 내 어이 여의는가

우지 말아라 우지 말아라 나도 따라 울어를지니
어허이구 월(月)아 너는 참말 가구야 말려느냐

만기(滿期)

얼마나 기다렸든고
실로 얼마나 기다렸든고

오늘이 오기를
오오 오늘이 오기를

오늘을 생각할 때 내 가슴은 날콩 볶듯 후둑이고
오늘을 그리는 내 애는 모닥불에 찌타는 듯하였다

반밤에도 잠만 깨면 손꼽아 헤어보고
사오일 앞에 닥쳐왔어도 새삼스리 쳐보고

마치 맘 다해 사랑하는 님
삼사년 머언 타향 있다 그의 돌오는 날과도 같은
오늘이여 오늘 만기(滿期)날이여

오오 허구한 세월 삼년의 낮과 밤

그리도 쌓이고 뭉친 권태여 우울이여 다 어디로 갔나
웃음으로 맞아 콧노래로 보내여
삼추 같은 하루가 오늘은 어느새 벌써 밤도 깊었다

철창을 휘어때리는 비바람 소리
인왕산 산절에서 또드락이는 목탁소리

그리고 이따금 낭하를 삐걱이는 야근(夜勤)의 자욱소리 뿐
기결(旣決) 북켠 사동(四棟)은 숨죽은 듯이 고요하다

때저른 목침을 세워 베고
퍼렁 이불을 목녘까지 당겨 덮고
두다리 뻗고 벵끼(便器)앞 남쪽 벽살에 다가 붙어 누은 나

오오 잠이 오랴
졸음인들 오랴

샐녘부터 와 기다리다 떨리는 목소리 눈물젖은 얼굴로 맞어주실 어머니여
씩씩한 자태 억센 손으로 달려들어 두 팔목을 걸어잡아줄 친구들이여

오오 그리고 양껏 먹고싶은 담배여 맛난 음식이여
마음껏 거닐고픈 정든 거리여 골목이여 잔디밭 숲 새여 맑은 강 모래
벌이여

이 생각 저 생각이 마치 선잠이나 깨인 듯이
내 가슴 속에 머리 쳐들고 아우성들 친다

눈은 점점 더 말뚱해만 지고⋯⋯
머리는 점점 더 해맑아만 오고⋯⋯

아 저 북행 막찬가
우렁차게 울려오는 기적 소리⋯⋯

이젠 몇 시간 밖에 안남았구나
오오 오늘 천구백삼십사년 구월 사일이여

고달픈 여로(旅路)

바람도 잠자는 포양한 하늘 밑
창망(蒼茫) 조망(眺望)을 가로막는 아무것도 없고
기변(磯邊)에 드나는 금파 은파의
귓전을 간질이는 단조로운 속삭임 뿐

적요(寂寥)에 지친 사장(砂場) 창백한 이마를 어루만지며
외로운 나그네 마음이 갈매기를 부르나
허공엔 한줄기 비긴 구름도 볼 수 없고
손끝에 스며드느니 물보래의 싸늘한 촉감이여

Bo……
머언 수평선 까마득히
향수를 울며 울며 어드메로 가는 밴고
아 언제나 끝나리 낯선 포구에서 포구의 고달픈 여로(旅路)
구슬피 서리는 기나긴 여음에 내 마음도 우는구나 흐느껴 우는구나

가라지의 설움

꼽아보면 십삼년 전 그해 이 철엔
급을 지고 유경 가는 홍안의 소년
달리는 차창을 향수의 달큼한 눈물로 흐리우며
눈물 속에도 이 악물어 결심을 가지든 가애로운 미래의 성공자였다

이러구러 육년 후 또다시 이 철에
거지반 빈주먹으로 현해탄을 건너는 키다리 청년
몰려드는 해풍을 결별의 비장한 한숨으로 흩날리며
한숨 속에도 주먹 쥐어 맹세를 새롭히는 거룩한 내일의 일꾼이었다

오호 이리하야 내 청춘은 반나마 늙었건만
행락도 사랑도 모르는 채 반나마 늙었건만
오 모든 것은 지나간 세월과 함께 자춰도 없는 꿈이든가
어이없다 기가차다 내 오늘날 한개의 가라지 신세될 줄이야

참으로 참으로 나는 한개의 가라지
죽도 밥도 못되는 한개의 가라지
아아 어느 날 어느 때 꺾어져도 쪼드러져도
누구 하나 원통해할 이도 없는 아까워할 이도 없는

유폐(幽閉)

호젓한 산모롱의 조그만 호수
잡초 엉키고 이끼 앉은 조그만 호수

오 어찌도 이리 됐느뇨 가엾은 호수여
허구한 유폐의 날에 네 심사 어떠료

저리 희망의 창해(滄海)는 호활(浩闊)히 너울치고
모든 이웃은 흐르고 흘러 닿고 또 닿으려건만

눈물겨웁다 날에 날마다 도는 굽이 오늘도 돌며
오호 내달을 길 없는 그대의 애처론 정상이여

조춘(早春)

매바삐 오르내리든 주판알을 멈추고
우연히 눈을 들어 창밖을 내다보니
파아란히 물오른 가로수의 가는 가지
스치는 바람결에 한—들 한들

봄!
잊었든 기절 삼월의 날이여
무어랄가 이렇게 슬며시 스며들어
불현듯 건드리는 듯 뼛살이 짜릿

눈을 감다

아 보이얀 안개 나부끼는 요도가와 하안엔
재바른 개나리 벗꽃 피어서 흐느대리
하늘 맑은 북만주 아득한 벌
이리여디여 밭갈이 소리 구성도 지리

아아 그리웁다 그 시절 흘러간 이 때여
참말 얼마나 즐거운 그 시절이든고
만리 이역 게다가 헐벗고 굶주려도
내 맘은 불타는 정열 속에 괴로움이란 몰랐었다

참으로 침 뱉어버리고 싶다 오늘의 이 생활을
그리고 또다시 내닫고 싶다 트렁크도 없는 그 길을

그러나 어이하랴 어이하랴
아쉬이 주먹만 쥐었다 폈다……

기원

네 소연(騷然)한 상가의 한개 종복이 되어
이러구러 맞고 보낸 나날이 어언간 일년유여(有餘)

제법 혀끝에 기름 발라 뭇얼굴 핥고
손길로 남북(南北)을 더듬어 이저 주머니 갈구질함이 익숙해졌도다

이리하야 지금 급은 올라 가족이 기뻐하고
무리 또한 미더웁다 웃음지어 가까이 하나

오오 마음 마음
너는 오늘 밤도 삼경 지나 이윽토록
연잦은 한숨으로 뼛살을 여미노나

실로 이날이 첫날같은 자조여 자멸이여
말 못할 형언 못할 자조여 자멸이여
그리고 너는 뜬소경 같이
온갖 괘념(掛念)을 무찌르고 타산(打算)을 짓밟으며
굳이 굳이 지나간 그 시절을 고집만 하노니

오— 마음이여
차라리 여영 없을 화합이어든 서로 갈러나지자
그도 그도 못되리라면 서슴없이 내 염통에 칼을 꽂아라

오— 피도 못하고 쓰러지는 이십 청춘의 원한이

그래도 오늘의 이 괴로움보단 몇 곱이나 몇 곱이나 나을가 하노니……

아편처(處)

음침한 방
캐다분한 내음새

걸터누운 널침대도
땟국이 더덕잡고

벽에 걸린 일엽지편(一葉紙片)
글인가 그림인가

밖엔 북만의 거센 나희
끊이락 이으락

때마다 누구집 풍경인가
다알랑 달랑

담배는 먹음직히 살진 쨍꼬로 가시나 손끝에
알맹이졌다 늘어났다 늘어났다 알맹이졌다……

이윽고 한개비 성냥불 끝에
꾸루룩 꾸루룩 길다란 설대의 괴이한 음향이여

받어 물고 일분 이분
숨도 못돌리고 일분 이분

오 몽몽한 연기 속에
희미해가는 감각을 어루만지며

나는 비로소 알았노라
세상에 죽음을 원하는 이들의 그윽한 그 마음을

노변(爐邊)의 휴일

달에 한번 노는 날을 두다리 뻗고
호올로 방 한구석 청동 화로 끼고 앉아
부질없이 타는 숯 이리 뒤적 저리 뒤적

끊이락 이으락 샛바람은 휘몰려와 앞창을 후닥이고
때마다 툇마루 우 갓기르는 강아지 한마리 깽깽거릴 뿐
때는 자정을 넘어 고요히도 흐른다.

아아 한없는 고적이여 어느새에 스며들어
어떻다고 이리 잠들인 생각 흔들어대느뇨
깰세라 손젓는 내 마음 꺼림도 없이

아 생각은 소스라쳐 깨여 눈자위에 맺는 이슬
아하 아쉬이도 흘려보낸 일년의 날이여
아쉬이도 흘려보낼 가없는 앞날이여

어이없다 말로
고된 일 아니꼰 꼴 없는 이 하루나마 편히 쉬쟀드니
아 괴로운 날 못잊는 옛 그이의 고혼이든가

3부

분향(焚香)

焚香

李 錫

바이한 우상욱 안으一ㄱ한 책일안
외철도 꿈꿈에 거른 滲漠란 窓房
쩌나ㄴ 님의 입김가려 목메이게 서리ㅇ
紅鸞이 焚香속 손을가려 뒤一을 잇고
자우一ㄱ만 그열피 久속에 故人으 입을다무려

오호 주거간자여
너는 먹가 어든 永遠의 愛慕박게
회랑개 송醴을 가져요
어기 나무런 貢體도 언시

우수(憂愁)

우수 안개처럼 서리는 밤
먼 - 마을 호롱불도 흐늑여 울고
시름없이 흘러예는 개울물 소리
굽이굽이 내 가슴에 여울을 이뤄 ―

신록 · 오월 수양버들 하늘한 아지는
무엇 찾아 이 바닥에 손길을 담그느뇨
싸늘한 물모래만 밀치듯 쓰쳐……
보드런 미꾸라지 등 하나 만져볼 길 없나니

아하 이 밤을 남아 지키는 꽃향기가 없다면
무덤 파는 두더쥐 마음 누가 막으리
드난 자욱 어즈러운 두갈래 길섶에
초라한 무덤 한개 떨고 있었다.

분향(焚香)

하이얀 옥양목 아늑한 차일 안
띠끌도 수수(愁愁)에 젖은 청결한 상정(喪庭)

괴임 과일내 그의 추모인 양 새로운 제단에
떠나는 님의 입김같이 목메이게 서리는 훈훈한 향연(香烟)이여

소소(蕭蕭)히 분향(焚香)은 손을 가려 뒤를 잇고
자욱한 그 연기 속에 고인은 입을 다물어 일율(一律)로 말이 없다

오호 죽어간 자여
너는 네가 얻은 영원의 안식밖에
또 한개 행복을 가져도 좋으리

여기 아무런 진가의 고착(苦鑿)도 없이
이 수다히 향하는 네게의 마음을
다―만 일색(一色)·향연으로 감수할 수 있는 너는―

묘비

파리 감히 콧등에 자웅(雌雄)하는 실예론 시절
묘지에 우거선 풀·나무 더욱 경건(敬虔)을 읽었다.

뜨을새도 경원(敬遠)하는 삼복·염천 아래
비석이여 우울히 선 채 무슨 우수에 잠기었느뇨

부질없는 세월이 비뚤어진 네 갓모를
소리 없이 흐를 제
때로 네 가슴에 스미는 아늑한 추모의 향연(香煙)조차
슬며—시 자취를 감추었나니

아하 네— 이제야 상념하는가 무한한 공막(空漠) 속에
갈온 인세(人世)의 그— 아수한 정을—

한개의 시사(示唆)

여기 홀연 지구의 종언을 보는 듯
깎아지른 거령(巨嶺) 까마득한 절벽이여

가장자리에 울울한 수림 너무 위엄이 지나쳐
재롱둥이 실바람도 밀어(密語)를 걸우고

얄누 장강(長江) 희검은 구렁인 양 엎드려
무료히 태고의 신비를 반추하고 있는 곳

불현듯 발기슭을 걷어차 내 사념을 깨우며
표연(飄然)히 나래펴 떨어지는 한 작은 새여

눈을 꿈벅여 다시 찾으나 허공에 일말 흑선(黑線)도 없고
아하 다만 한개 처연한 시사(示唆)가
쏜살같이 내 가슴 한바닥에 꽂아지도다

포플라

저로도 무슨 영문인지 모르게
키 큰 포플라—

키가 커서 포플라는
아래로 모든 겨레의 영락(榮落)을 보고
멀리 이웃의 무상(無常)조차 제것으로 하나니

마침내 그의 심신에 좀이 친 벌레
"생이란 무엇이냐"—

이로 인해 포플라는
그렇게 말라괭이가 되었단다.

소꿉놀이

소꿉놀이 즐김은
타고난 여자의 천성인가봐

자라서도 못잊는
그 실없는 장난

여기에도 갖고 놀다 아―무렇지도 않게 버리고 간
한개 손때 묻은 질그릇의 파편이 있다

빠―상하이

흐늑이는 네온에 봄비 더욱 다한(多恨)한 밤

빠―샹하이 ―

시마이 가까운 으스므레한 홀은
젊은 홀어미 미수(眉愁)같이 어설프구나

피로로운 웨―드여
폭신한 암췌어 위에 이 한밤 고양이의
오수(午睡)를 경원(敬遠)하자

테―불이 대리석 싸―늘해 좋고
진·글라스에 서리는 눈초리 차가워 차가워 더욱 좋다

이러한 기분에 스미는 온미(溫味)는
흔히 막을 수 없는 눈물의 누두(漏斗)이어니

오호 이 우수꽝스러운 키다리 녀석에겐
뺨맞은 목내이(木乃伊)의 설움이 있단다

알면서도 못 떠나는 생활의 길섶에서
이 봄날에도 처얼썩 뺨맞은 목내이의 설움이 ――

추모

외로운 해변에 기두려서 몇해
등대는 오늘밤도 추모에 젖어
피로로운 그 눈동자 조으름도 잊고
창망한 바다 위에 어설피 서리노니

잠든 갈매기의 말못한 가슴 위에
흩어진 그 시절의 꿈조각을 모으고

늦떠나는 원양 항로 마지막 돛끝에도
까—마득한 그 소식의 부탁이 간절컨만

아하 오는 배 가는 배 헛고동만 전할 제
등대여 때로 해포(海泡)에 몸 맡기는 네 심정을 나는 아노라

병실

계절이 무색하여 외면한 병실
등불도 알아차려 베일을 뒤어썼다

오늘도 부쳤던 편지는 찌 붙어 돌아오고
안타까운 붓끝이 다시 젊은 아들의 손끝에 떨려……

그러나 누구 하나 그 주소에 단념하는 이가 없다
여기엔 아즉도 '신의 섭리'라는 태고적 신념이 숨쉬고 있노니

시간이 벽과 함께 벙어린 양 함구한 밤
아 조으름들은 눈두던에 나서 가망없는 새아침의 회답을 고대한다

Tearoom · Elise

쏟칠 데 없는 울분이
연기가 되여

미도리 · 코코아
연기가 되여

Tearoom · Elise ──

너는 오늘 밤도
갓 화장한 시악시 이마같이 뽀얗구나

빛잃은 샹들리에
그렇다고 너는 별로 우울할 게 없다

우리 사랑스런 시인의 머리는 무거워 무거워
황홀하니 치여다보던 그 버릇을 잃은 지 오래나니

다만 손때 번지르르한 테─불 커버가 얄밉구나
왜 그리 부질없게 초조로히 그의 세월을 되비치고 있는게뇨

오호 어여쁜 웨이트리스여
이런 밤엔 자장가가 좋잖으냐

그 달고 간즈러운 음율이

그 나릿하고 포근한 여음이

차라리 잠을 부르게
잠을 부르게 ──

밖은 십이월 갈 길도 먼데
우리 시인은 추위가 제일 싫단다.

희망

희망은 입입이 하―늘타는
잠자리 나래

하―늘해도 몸을 들어 창공에 솟구는
잠자리 나래

갈 길 잃은 어둔 밤 고달픈 꿈속에도
펴고 못걷우는 잠자리 나래

아하 거미줄의 그 수난에 생은 잃어도
편채 남기고 가는 잠자리 나래

그러기에
잠자리 나래는 곱다.

밤차

밤차는 가까이 뵈는 내 고향 어귀
들어서면 까닭없이 가슴이 설레고

밤차는 익살맞은 손재주꾼
익히 살피면 잔웃음이 저절로 나고

밤차는 으스므레한 전설의 그림
한낱 조망이 신비롭기만 하야

밤차는 멀거니
새날이면 응당 찾을 시름의 봇짐을 잃는다

밤차엔
흔히 이러한 사건이 있다.

애연송(愛戀頌)

애연(愛戀)이란 으스름 봄밤 소리도 없는 가랑비인가
오란 배 없음이언만 실실이 내려
내리는 줄도 모르는 새 흠뻑이 젖는
으스름 봄밤 소리도 없는 가랑비인가
하마 애연이란 한여름 행길섶 무르녹는 녹음인가
먼 여로 살포시 기약없는 오수(午睡)에 안겨
밀치면서 한손으론 더 껴안고 싶게 살뜰한
한여름 행길섶 무르녹는 녹음인가

때로 애연이란 낙엽지는 늦가을 황혼 비낀 뜨을인가
우수 부질없이 잎잎을 울어
울고나도 또 울고파 핑계를 찾는
낙엽지는 늦가을 황혼 비낀 뜨을인가

아하 애연이란 한겨울 골방 속 무료히 씹는 츄잉껌인가
씹고 씹어 단물 마른 배앝을 무렵
뱉으려다 또다시 씹어 뱉기 아까운
한겨울 골방 속 무료히 씹는 츄―잉껌인가

탐혹

꺾으라 핀 꽃이야 있겠느냐만
따라 맺은 열매야 있겠느냐만

벌나비도 못견디어 조석을 잊고
까막까치도 못참아 나래펴 들거든

향기도 한창인 열에도 열여덟
익어서 볼그레한 이 계집애야

내 손을 막지 마라
내 손을 막지 마라.

강

강은 우울한 산악과 더불어 논의하기를 즐기지 않고
항상 명랑한 뜨을과 어울려 뛰놀기를 좋아하며

강은 단연 오수(午睡)의 무의미를 통감하야
빙설의 무료한 날 누워도 아직 한번 코곤 바 없고

강은 몇번 팔뚝총에도 주저앉을 줄 몰라
언제나 새 용기와 꺼지지 않는 정열을 안고 그의 뒤를 따르노니

아하 아는가
그대!

강의 그 늙음없는 청춘과
바다와의 즐거운 그날의 비밀이 오직 이에 있음을

여름밤의 애상

개골 우는 한여름 해기울 무렵
내 마음 각적(角笛) 부는 서러운 목동
시름의 어린 양들 꼬리를 이어
소소(蕭蕭)히 내 두리에 몰려드나니

하나하나 이마 만져 제 굴로 보내려
손길은 깊어오는 어둠에 조바심이 잦으나
낯익다 그 입술들 얼크러져 되핥기만 되핥기만……
마침내 주서앉아 몸재 낱기고픈 이내 심사여

팔월·창공에 애기별의 고운 춤 무르녹고
늘어진 수양버들 속 나찬 잔디벌 안타까이 향기를 보내나
내 젊음이여 한곳에 못박혀 시름의 양떼 속
아하 시름의 양떼 속에 이 한밤도 지새려나

자욱

하이한 모래불에 흘려놓은 목화인 양
떠나간 그이의 아련한 자욱

자욱마다 스미인 그윽한 향기
자욱마다 어리인 고운 그 영자
물결이 안타까워 껴안을 듯 드나고
갈매기 한나절을 떠날줄 몰라 오르며 내리며……

아하 내 마음 모래불 올리는 NOSTALGIA
버리어진 조개껍질의 NOSTALGIA.

하늘과 산악

하늘이 뽀오이얀 운무의 장막을 치고
오늘 보아 잘 알리라 믿는 산악들을 불러 지상의 구제(救濟)를 토의한다

한줄금 하늘의 장광설 취우(驟雨)가 끝난 후
기다리나 산악들은 묵연(默然)히 응대가 없고

굼굼겨워 보내는 연잦은 샛바람의 그 재촉에도
산악들은 설레설레 머리털만 흔들어……

오 기분 상해 낮 찌푸린 하늘이여
잠시 내게 귀를 빌리렴

모르는가 그대!

산악, 그들도 만유(萬有)와 더불어
남모르게 제 고뇌를 앓고 있는 자의 하나인 것을——

돌팔매

운명이여 하루아침
네 무슨 심술궂은 장난으로
삭막한 내 청춘 황혼 비긴 호면(湖面)에
사랑의 돌팔매를 던지었더뇨

수지에 스미는 물감인 양 파랑(波浪)은 펴져
막을 수 없이 걷잡을 수 없이 파랑은 펴져
오래인 성신(星辰)아래 길러길러 덮었든
아득한 고료(孤蓼)의 초태(草苔)는 갈갈이 찢기고 말았나니

이제 무심헌 돌팔매 걸음을 거둔 후
불러야 다시 올 파랑도 없고
찾어야 쉬이 얻을 초태도 없고
아하 태허공간(太虛空間)에 선잠 깬 아이같이 달래어도 달래어도 발버
둥치는 이 마음이여.

그가짓 것

여러 벗 모인 자리에
표연히 날아온 그의 거혼(擧婚) 청첩
말없이 묻는 그 얼굴들에
나는 단 한마디 '그가짓 것'하고 대답했노라

벗 여의고 돌아오는 외로운 거리
숨어 뒤따른 듯 슬며—시 다가서며
은근히 다시 묻는 낯모를 그 얼굴에
나는 또 단 한마디 '그가짓 것'하고 대답했노라

신록·오월 개골 우는 밤 깊은 뜨을
지향없는 걸음 부질없이 돌부리 걷어찰 제
나는 흔들어야 대답없는 내 마음 부여잡고
아하 연달아 "그가짓 것에 왜 우느냐 왜 우느냐" 되물었노라

진정(眞情)

몰랐든들 이 밤이 이처럼 괴로웠겠소
괴롭잖을게면 이 밤을 굳이 알렸겠소

알고 우는 이 밤에도 미움 못보내는 이 마음
알리고 웃을 그 얼굴에도 뉘우침 못보내는 이 마음

숙(淑)이
아마도 사랑이란
'진정'의 이웃에 사는 이들만의 할 일인가 보오——

창

라일락 향기 스며드는 봄 아침에
어린애인 양 들떠 휘파람 날리면
어느새 하이얀 창을 들여다 웃는 자 있어
금시 입술은 등쩔린 자치같이 움츠려들고

장마비 주렴 엮는 여름나절에
홀어민 양 수심겨워 한숨 뽑으면
어느새 하이얀 창을 들여다 흉보는 자 있어
금시 목구멍은 매연 서린 굴속같이 막막해지고

잎잎이 낙엽지는 가을 겨녁에
풀벌렌 양 구슬퍼 눈물 지으면
어느새 하이얀 창을 들여다 꾸짖는 자 있어
금시 눈알은 햇빛받은 부엉이같이 꺼벅만 치나니

오호 휘파람도 한숨도 한방울 눈물도
내 생은 가지지 못할 한겨울 눈보라길
오로지 눈 가리우고 자갈물린 당나귀같이
안타까웁다 이 보람없는 인고의 걸음 채질받는 마음이여.

일년

아지아지 꽃잎피고 벌나비 춤춰도
잎잎이 낙엽지고 풀벌레 몸부림해도
나는 오직 소경인 양 걸었습니다

가까히 벗들이 손을 들어 불러도
멀리 젊음이 목을 놓아 외치어도
나는 오직 귀머거린 양 걸었습니다
오호 소경인 양 귀머거린 양 걷고 걸은 먹이의 오솔길이여
고요히 돌아보매 무어라 할 일년의 나날이었소이까

．．．．．．．．．．．．．．．．．．．．．．．．．．．．．．．
．．．．．．．．．．．．．．．．．．．．．．．．．．．．．．．

눈두던이 젖어오고
날콩 볶듯 가슴이 후득이고

아하 저 은은히 울려오는
제야의 종소리……

북방의 길

영(嶺)이 영(嶺)을 불러 밀어를 주받는 곳
길이 눈꼴 틀려 비꼬기만 하고

차는 갓 시집온 새악시같이
그 서슬에 옮겨놓는 자욱도 조심겨워……

북으로 칠백리 나른한 여로에
시름은 조름인 양 살포시 안겨드노니

아하 가도가도 무거운 눈두던 거들어주는 청신(淸新)한 풍경도 없고
가도가도 막막한 가슴 열어주는 호활(浩活)한 전야(田野)도 없고

울고 싶다 이 울울히 '먹이 쫓는 북방의 길'이여
그러나 차륜(車輪)은 아무렇지도 않은 듯 제 의무를 반복하는구나

춘소읍(春宵泣)

개나리 진달래 향긋한 꽃잎 으스름 달빛에 조을고
실개천 하늘한 흐름 위에 수양버들 잔재롱이 어리어
삼월이라 양춘 삼월 부엉이 우는 저녁뜨을은 아늑한 품을 열어 봄꿈
을 부르건만
걸음이여 연달아 돌부리 걷어차며 지향없는 네 마음을 뉘라서 알리

스미여 옷깃에 드는 바람이라면 여미여 막을 수 있는 바람이라면
스스로 비웃는 마음 위에 진저리나는 생각이 무어리
휘저어도 휘감겨드는 밤안개같이 소리도 없이 자욱도 없이
아하 그대여 얼크러지는 그대 영자 남모르는 이 밤의 내 오열을 듣는가

흠잡아 미워하자 닭 울린 밤 그 몇번
곳을 바꿔 잊으련가 천리 길 더듬은 때도 있었거니
아하 삭막한 내 청춘의 황혼에 달은 몇번이나 이지러졌다 둥글어도
세월이여 내 부질없이 만능(萬能)한 그대의 단 한개 무력(無力)을 알았
을 뿐이노라

임자모를 버들피리 따라 기울어지는 달 그림자 한포기 가느단 풀꽃에
서리어
새로웁다 가슴아픈 흐느낌에 젖어 하마 쓰러질 듯 비틀치며 떠나던
가냘픈 그대 영자
아하 꺾여야 웃어못질 처지라건만 손은 내달아 안타까이 잡고 못놓고
분별이여 차라리 — 내게 어리던 그 시절의 맹목을 주려무나

실제(失題)

심야·삼경(三更)
거울을 보면
이 무슨 남부끄런 기행(奇行)인게뇨

허나 이렇게
하―도 내생의 모두가
가식(假飾)만 같을 때

냉냉힌 경면(鏡面)에
진실로히 침통한 내 표정을
발견하는 순간은 행복하다

어느 묘비명

어둠컴컴한 바위틈에
외로이 피었던
한떨기 이름없는 꽃

지나간 밤 얄궂은 바람살에
애달피도 쪼들려 떨어지고라

아하 겨을은
버얼나비도

사용중·렌토겐실

'개방 엄금'의 후둔한 문이
오월 녹양(綠陽)을 차단한 방
조그만 들창들의 후줄근한 흑의(黑衣)
고담(古談) 속 흉가같이 음산하고나

천정에 충혈한 외눈알 등
그 무시무시한 광파(光波) 속
이제 음미할 새 살덩이의 치받는 정열로
괴이한 기체(機體)들의 흥분에 단 얼굴이여

스위치!
동맥에 찌른 사액(射液)인 양 전신을 치닫는 외마디 호령
금시 만유(萬有)는 떨어져 나락의 심연으로……
다만 선잠 깬듯 소스라쳐 각(刻)을 쫓는 시계추 소리

째―각
째각

무기미(無氣味)한 암흑 속에 ―
째―각
째각

그 새를 지친 환자의 무거운 신음
늙은 지렁이같이 밑모를 전율을 파고들고

오 질식할 분위기!
누구의 못견디어 내쏘는 비명인가
이윽고 암막(暗幕)을 째는 타임 · 업의 링 소리여
"자— 옷을 벗구……"

오호 순간……

나는 비로소
무딘 내 입술에 미소를 보았노라

닥터—×여!
이 생의 모든 고민를 먹는 태허(泰虛) 속에
일로 포말(泡沫)의 조석(朝夕)을 완롱(玩弄)할 수 있는 그대는 행복하다

연민

여기에 한개의 가엾은 무식에
죄없는 연민의 웃음을 보내자

여인이여!

그대들이 자령(自憐)하는 미모도 교태도
실은 어느 심술궂은 신의 까닭모를 중벌의 현형(現形)인 것을

아하 진동과 규방의 그 고통과 모욕노
오히려 그대들의 자각을 부르기엔 부족타 하는가

눈 못감고 떠나간 수많은 남령(男靈)들의
하하하하…… 큰입 벌려 홍소(哄笑)하는 때도
흔히 — 이러한 기회이니라

여자는 굳센 것(戱詩)

순(順)에게 보내노라

여기 한개의 사랑이 있었나니

세속을 비웃어 피차 과거와 현재를 묻지 않는다 하고
궂은 비 내리는 황혼의 이별을 애절한 눈물로 지어
이러구러 쏜살같은 몇달이 예의 달콤한 연서(戀書) 속에 흘러갔었다

피었던 꽃이 지고 파릇한 잎이 녹음을 이루고
다정한 세월이 하루아침 사나이께
고대하던 재회를 가져왔을 때

아하 누가 여자를 약하다 하였느뇨

그는 끝까지 세속을 비웃어
맹세도 무엇도 헌신짝같이 버리고
표표히 이웃의 새시악시에게로 날러가 버렸었다

여자는 굳센 것

참말 여자는 굳세다!

낙화

하루아침 샛바람에
이지러져 떨어진
한떨기 낙화

표표히
이리 날리고 저리 날리고……

가꾸어주던 손길인들 아랑곳 하는가
싱찬(賞讚)하던 발길도 밟고 오고 밟고 가고

아아 낙화!

차라리 심산유곡
남 모르게 피었다 남 모르게 지는 이름없는 꽃이였던들
푸대접없는 영락(零落)의 서러움이 이다지는 않았을걸

결실의 아름다움 꿈도 한때의 물거품
지금엔 부란(腐爛)의 개울창만이 쪼들어진 그대 넋을 기다리고 있는가

아하 낙화 낙화
눈물겨운 낙오자여!

창망(滄茫)

바람도 잠자는 포양한 하늘밑
창망 조망(眺望)을 가로막는 아무 것도 없고
기변(磯邊)에 드나는 금파·은파의
귓전을 간질이는 잔조로운 속삭임 뿐

적요(寂寥)에 지친 사장(砂場) 창백한 이마를 어루만지며
외로운 나그네 마음이 갈매기를 부르나
허공엔 한줄기 비낀 구름도 볼 수 없고
손끝에 스며드느니 물모래의 싸늘한 촉감이여

BO……
머언 수평선 까―마득히
향수를 울며 울며 어드메로 가는 밴고
아하 언제나 끝나리 낯선 포구에서 포구의 고달픈 여로
구슬피 서리는 기나긴 여음(餘音)에 내 마음도 우는구나 흐느껴 우는
구나

그리운 지역

내 마음 울울할 땐
휘파람 불며 불며 더듬어 가고 싶다
멀리 적도의 중심 열대의 그 나라로

바람도 잠자는 오렌지빛 하늘밑
늘어진 야자수 조으는 그늘 속에
가림없는 알몸뚱일 거림낌없이 내던지고
빠나나·코코아·올리브·파인애플의 훈훈한 향기에 쌓여
그윽한 무아(無我)의 꿈을 맺어보고 싶다

아 퍼플색 황색이 창백한 달밤을 가져오면
다한(多恨)한 슬라이·기-타 미끄러지는 음율에 젖어
깜둥이 계집아이의 뜨거운 헷바닥을 핥으며
자지러지는 포옹과 미칠듯한 춤으로
맘껏 내 청춘을 불태워보고 싶다

아하 내 마음 울울할 때
휘파람 불며 불며 더듬어 가고픈 곳
머언 열대의 나라
그리운 그리운 지역이여

삶에의 경고

삶의 찬가에 여생을 기울이는 어느 T·B의 시인을 위하야

삶이여!

너는 얼마나 아름다운 것이기에
죽음의 문앞에서도 너를 껴안고
신기할 데 없는 쓰디-쓴 베-제
그도 또한 한구절 찬가로 읊기에 족하다 하는가

오 사랑스런 것이여
박행(薄幸)한 한 시인의 그러나 지성한 애정 앞에
잠시 네 경박한 저들과의 약혼을 유예하라

잃는 자만이 오직 잃는 것의 가치를 아노니
진가를 아는 자만이 또한 진실로 그것을 사랑할 줄 아노니
깨달아라 그의 남기는 너의 완미(完美)한 보표(譜表)!
그 참된 애창자(愛唱者)의 따로이 있음을—

백산령상부감도(白山嶺上俯瞰圖)

여기는 백산령 영(嶺)에도 영상(嶺上)
속칭 하늘이 두길 반의 아아(峨峨)한 영상

영상의 한개 바위
바위에 기대어 서
눈을 놓아 사방을 굽어보노니

아아 만목일도(滿目一圖)
높고 낮은 봉악(峯嶽)이여 싶고 옅은 계곡이여

봉악에 누른 잎 든 단풍은 애기의 색저고리감
계곡을 꾸을렁 꾸을렁 기어내리는 낸 백사(白蛇)와도 같구나

여저기 산비탈 산기슭에 노존작같이 점점(點點)한 밭
밭의 거드맨 이미 끝나고
다못 검누른 밭이랑에 낫극만 앙상히 줄쳐있을 뿐

그 둘레에 띄엄 띄엄 통이깔 오막살이
지붕마다 널어 말리는 통고추는 소담들 하나
울안 바자굽에 쌓여 올린 낟가리들 서글프기도 하구나

오호 겨죽 쑥떡으로 연명해 온 삼년이여
올해 또한 황·얼굼에 손털어버렸는가

게다가 신탄(薪炭)조차 있어도 없는
눈물의 지대 삼수일원(三水一圓)의 면모여

수백리 이향(異鄕) 가을 깊은 영상에
외로이 선 내 마음같이 쓸쓸키도 하구나

떠나는 마을

수전(水電)으로 떠난다는
마을이 있었다

안수(安水)·안산(安山)·웅이(熊耳) 등
가는 곳마다 ―

몇대나 물렸던가 물리랬던가
이끼 앉은 동기와 통이깔 기둥들

"헐벗고 굶주려도
떠나자니 서러웁소
그나마 그 값으로야
어느 타곳 가 산단 말유"

― 아하 어디서 들었던가
임자 모를 그 탄식!

잠 못드는 반밤에
연인같이 생각키는 ―

고우(古友)

육년 만에 만난 벗아
생각하니 더 애절타

잡고도 못잡은 듯
그립구나 네 손길이 —

오 어디를 가자느냐 말도 없이 이 눈밤을
노래 잃은 옛 거리엔 발길만 차가울걸

벗아 차라리 등을 내려 네 얼굴을 밝혀다우
아하 나는 너조차 타인인 양 어설퍼지는구나

쓰르래미

늦여름 한 여사(旅舍)
양지바른 들창 앞에
매달린 쓰르래미 —

비뚤어진 둥아리 속
몇포기 호박꽃도 쪼들대로 쪼들어
이저리 쓰러진 양 죽은 줄만 알았더니

이따금
귀 안여겨도 울려오는
찌익 찍 쓰르르
찌익 찍 쓰르르

아하 그대로 울지 말았으면
버림이나 받을걸

쓰르래미 쓰르래미
너는 목숨보다도
절개를 절개를……

손길의 탄식

따쓰한 햇볕

산들한 바람

고드름은 녹아내려
초올랑 촐랑……

풍겨드는 이른 봄
그윽한 향기여

며칠 병에 지친 몸 툇마루에 걸터앉아
무료히 거치른 손톱 닦음질하다

문득 무엇인가 이렇게
내 가슴 한바닥서 솟아오르는 듯
눈을 감다

아하 추억!

추억은 삼년 전 봄도 이즈음
요도가와 하안에 재빠른 벚꽃 필 때
이슬비 내리는 이윽한 밤 미끄러지는 골목 골목
연달아 두둑한 레인 코-트 품을 드나며
처음 흥분에 가냘피 떨리던 이 손길이여

그 후로 얼마나 정다운 악수에 흔들렸든고
그 후로 얼마나 굳센 맹세에 부르쥐어졌든고

나는 이슬 달린 눈을 드리워
손길을 보다

아하 손길!

참말 몰랐더라
네— 아쉬히 내 뜻을 등지고
오로지 주판알 튕김에 여념이 없을 줄은—

썰매

님 따르는 풋시악시 두갈래 없는 마음같이
썰매는 치닫는다 첨첨설원(疊疊雪原) 외줄기 길을

호이 호이 흥건나히 휘파람 불며 뒤섰다 앞섰다
맷전 살얼음이 내 시름인 양 부서져 날고 부서져 날고

사위가 망막하여 부끄럴 데 없으니 더욱 좋다
내 무슨 장한 자이기에 연송 어깨를 으쓱대는고

여보 마부 손 시린데
그 고삐를 던져 당나귀께 맡기구려

당나귀 ―
그도 서러운 종족이라
즐겨 사념 많은 만보(漫步)는 가지지 않을 게니

주색

마셔서 모든 시름 잊을 수 있다면
때도 잊고 몸도 잊고 들지 않으리

얻어서 참행복 느낄 수 있다면
집도 잊고 부끄럼도 잊고 따르지 않으리

술 · 계집!

그렇다 그 모두 내게는
거리의 행인

가까이 하면
도려 고닯고 시끄러워만지는
거리의 행인

호곡(號哭)

안개 자욱한 밤바다 위
멀리 한점 껌벅이는 등대불같이
희망이여 너는 나의 오래인 항로
노곤한 피로 위에 항구 위에 항구의 즐거움을 귀속질하고
수림(樹林) 첩첩 우거진 산중
한모퉁이 솟아 괴인 새암물같이
희망이여 너는 때로 나의 암담한 앞길
주저로운 마음 위에 뛰어 날 듯 새 생기(生氣)를 풍겨주고

병든 자리 누어 오랜 베갯모
깃들여 떠날 줄 모르는 님의 손길같이
희망이여 너는 나를 지키던 것
내 가난과 미천(微賤)도 모르는 채 나를 지키던 것

오 내 청춘의 유일한 반려, 내가 가진 단 하나 소유,
내 오직 한개 자랑이든 희망이여
네가 있으므로 내가 있었고 네가 있으므로 내 또한 있을려 하였거든
어인 일가 네 오늘 괴이한 푸념으로
밀치듯 내 마음의 문을 차고 떠나버림은

오호 눈꽃조차 떨어진 앙상한 천지
삭풍 늠열(凜冽)한 광야 엄마 잃은 망아지같이
희망이여 희망이여 내 너를 웨기며 우는구나
목놓아 목놓아 우는구나

고충

소경이 되고 싶다
귀머거리가 되고 싶다
그만 미친 녀석까지라도 돼버리고 싶다

보도 못하고 듣도 못하고
생각조차 없다면

아하 등덥고 배부른 오늘에
무슨 괴롬 있으리 무슨 괴롬 있으리

산성(産聲)

이윽한 진통의 신음 귀담기 어려워
답잖은 아버지 슬며─시 문밀고 나서니

신록·향기한 오월·창공 아래
금시 내쏘듯 뒤따르는
외마디 산성(産聲)

발길은 붙잡힌 양 못박혀 오도가도 못하고
아하 나도 모르는 어설픈 명목(瞑目) 속에
으스므레─ 떠오르던 또 한개의 사슬이여

잃어지는 나

낯설은 사무상모에서 허풍을 떨어
행이 몇푼어치 얻어갖고 돌아서려니
도려 무엇을 잃은 듯 허허한 마음

만져보고 찾아봐야 있을 건 다 있건만
아하 다만 불현듯
남몰래 잃어지는 나를 발견하던 그 순간이여

오열

애써봐야 보람없기
애씀을 버리었다

생각해야 별 수 없기
생각조차 버리었다

오 이제는 오리라 백치의 행복이여
지치고 지친 마음 목 늘이어 고대컨만

어인 일가 들리나니 오늘 밤도 그 공음(跫音)은 없고
아하 야반 삼경 폐부에 사무치는 이 오열 소리는—

장야(長夜)

반밤에 눈을 감고
감개 깊이 내 가슴을 파먹는
벌레 소리 듣는다

벌통같이 구멍나는 폐부
잿가루같이 바스러지는 육괴(肉塊)

너 미지의 조그만 벗이여
어시 그 세찬 신혈(鮮血)의 배실(排泄)을 단행하라

죽음!
그도 또한 아름다운 한개의 길

오호 이 지루한 모색의 긴밤은
동터올까 하노니 ―

자멸

까닭모르게
유쾌히 지내고픈 날이 있었다

수염 밀고 구두 닦고
옷에 솔질해 입고

소프트 집어든 활개도 가벼이
걸음을 옮기니 ──

거리……

거리는 그 무슨 괴이한 취미인가
금시 으쓱한 두어깨에 매달려 천근인 양 움츠려 놓고

땀 밴 등골에 대상모를 숫처녀의 부끄럼이 기여들어
마음은 으슥한 뒷골목 김빠진 아드·바루웅

여보게
외로운 베갯모에 남모르게 흐느낀 적도
더욱 이러한 날 밤이였었네

고뇌의 오도(奧道)

서럽다고 한숨지은 시절이 있었다
괴롭다고 눈물지은 시절이 있었다

오 행복하던 그 시절 눈물·한숨의 때여
그는 아직도 현실의 동정과 요행을 기원하는
숨은 사교가를 가졌었노니

아하 이도 저도 상실한
고뇌의 오도

누구냐 이 심통한 무표정을
그 무슨 오달(悟達)의 미덕이라는 자(者)!

유망(遺望)

내 죽거든
사랑하는 벗이여
오는 이 가는 이 없는 심산도 유곡
이끼 앉은 바윗등에 얹어놔다우

허례와 가찬(假讚)없는 청정한 적요(寂寥) 속에
휫두루 춘풍·추우에 씻기고 부대껴
진저리나는 이 몸뚱일 쉬이 쉬이 산멸(散滅)하고

오호 마지막으로 남을 고녀
내 생을 받쳐 보양코도 알래 알 수 없는 그 얼굴을
백일(白日) 아래 감개 깊이 대해보렴이 내 유일한 유망(遺望)이노니 ―

4 부

망양(茫洋)

詩 — 厚峙嶺

부두·오전 3시

화려한 원양 항로 최종선(船)이 떠난 후
부두는 싸―늘하니 가버린 그 여인의 품속만 같고

오전 3시
휘영창한 기변(磯變)에 표표(漂漂)하는 테이프
줄줄이 끊어진 망선(望船)의 반밤이 눈물에 젖어……

오 나의 가이없는 보따리여
비뚜루 선 잔등(棧燈)밑 니의 다 타버린 파이프를 길어담자

대체
어느 날 어느 항로 위에 너의 배는 놓일 것이라 하느냐

묘망(渺茫)한 수평선 멀리 대양은 연연(戀戀)히 너를 부르고
색멸(索滅)한 부두 위엔 그러나 네게 입을 열 한개 표식도 없도다

오호 이 외론 포구에 나릴
아침이 더욱 서럽지 않느냐

으레히 거기
둘 곳 없는 너를 발견해야 할
둘 곳 없는 너를 발견해야 할

제4부 망양(茫洋) 171

침실에의 길

어서 네 침실의 문을 열고
나의 사람아
아늑한 네 품속에
내 이마를 묻어다우

해는 하늘 한가운데 있어도 좋고
쓸모없는 낮은 커—텐으로 내어몰자

굳이 차를 끓이렬게 무어냐
나의 사람아
벌써 그 습성은 구질한 세월과 함께
헛된 충성을 되풀이할 흥미조차 앗어갔거니
여기 또한 무슨 말이 있으랴 있을 수 있느냐
말 속에서 말을 찾는 무의미는 이무 그 누구나 알고

생각은 다만 나의 사람아
너와 내가 이 한순간 조차 정말 단 한사람 못됨을 서러워함으로 족하
지 않느냐

아여 나를 부르지 마라 부르지 마라
나는 내 이름이 제일 듣기 싫단다

나도 웃고 싶단다 웃고 싶단다

차─단 베란다에 턱을 괴이고
저무는 거리 위에 그를 대한다

하룻날이 반수차(頒水車)를 밀고 먼 굽이로 사라진 뒤
소소히 띠끌처럼 젖어드는 어설픔이여

가망없는 빈 거리를 어설픔만이 호올로
저를 못이겨 턱 괴이고 그를 대한다

오늘도 무안한 밤하늘을
기다림이 낯 붉히고 돌아가거든

말가니 가신 방아 웃어라 웃어라
배를 쥐고 허리 잡고 웃어라 웃어라

웃다가 지치거든 지혜론 벽아
달력처럼 그 이마를 네 가슴에 달어주렴

한장·한장……
비통(悲痛)의 한 밑바닥이 들어날 때까지

핫 핫 핫 핫
나도 웃고 싶단다 웃고 싶단다

최후의 만찬

그리스도여 나는 다—만 외형이 당신을 닮았다는 이유만으로 그 한가지 이유만으로
내 심장의 피를 거꾸로 드리운 듯한 이 새빨간 최후의 고배를 들어야 하는 것이오니까

성촉(聖燭) 아닌 찬란한 등화(燈火) 떼지어 머리 위에 빛나고
화려한 봄단장이 잠자리 나래처럼 가벼히 둘러앉은 청춘의 광간(廣間)을
나는 왜 어서 이 만찬을 마치고 호올로 떠나야 하나이까

일찍 먹지 않고는 하로도 가져본 적 없는 오래인 돈생(豚生)의 습성이
지금도 식욕없는 내 식지(食指)를 육채(肉菜)의 삼림 속에 배회케 하나
마음은 다—만 고고한 산정 영원히 못배낄 내 십자가를 우러러 떨고 있나니

아하 말하소서 나의 그리스도여 진실로 주의 이름으로 비나니
휘뿌리는 우로(雨露) 속 낙엽 묻힌 내 사해(死骸)에 영생의 아름다운 노래를 들려주시는 이보다
이 이해 못할 나의 오늘을 나에게 알리소서 가르키소서

내게 한개 선(善)이 없었든 것처럼 내게 한개 악도 없었고
오롯한 나의 재산 나의 여인을 그 도포 잃은 선배께 아낌 받던 날도 나는 구구 울기만 하였나니
실로 나의 세월은 당신의 목장에서도 가장 종순(從順)한 한마리의 양

마는 이날 내 스스로의 애매함을 내 스스로도 못 믿으며 떠나는 이
서러움은 어인 일이나이까

나의 그리스도여 믿으라 하기 전에 믿게 하소서

이제 마지막으로 차―단 내 이마 위에 내리시려는 당신의 그 거룩한
베―제보다도

주소서 나에게 다―만 내가 나를 믿을 수 있는 그 한개 믿음만이라도

혼구(昏衢)

해 저믄 거리 위에
너의 걸음은 왜 창황(倉惶)하뇨

삐루가(街)·가(街)의 개호(鎧戶)는 깊이 내려
더 찾어볼 아무것도 거기는 없고

일금 십전야(十錢也)의 돈부리메시가
너의 귀족 아닌 미각에야 실례랄게 무어냐

이무 가버린 그를 너의 호구(戶口) 앞에 산출함은
초등수학보다도 추졸(推拙)하고

차운 비바람 휩쓸어드는 네 단간방의 개수(改修)도
이런 물자절약시대엔 금물이란다

어서 하렴 아무데나
공변(公便)없는 거리의 도덕을 왕관처럼 소중히 않해도 가(可)치 않느냐

그 승환표(乘換票)로 뒤를 닦어라 뒤를 닦어라
차는 차마다 으레— 제 자리에 돌아오기로 배치되어 있다.

항야(港夜)

항구에 밤이 오고
밤은 추녀마다 등을 달었다

현란한 거리·거리
거리는 수얼 수얼 좌왕우왕코

마도로스 마도로스는
바다를 잊고자 바다를 마신단다

호텔·그란드
흐뭇한 창·창을 흘러내리는 열(熱)한 환소(歡笑)여

미쓰·최의 백랍같은 손길은
어느 행복한 항로도(航路圖) 위에 놓이는 게냐

니잉 닝 듣는 이 없는 안식을 성종(聖鐘)은 고하고
항구의 길 길은 항구에 끝나

오 다시 이르른 십자로에서
나는 지금 생각지 않을 수 없는 것이 서러웁단다

대체 나의 선표(船票)는
또다시 어드메로 찢겨야 하느냐

항구마다 항구는 있으되
항구는 없고

믿을 수 없는 내일날의 바다 날세여
구토가 앞을 선다 구토가 앞을 선다.

농무(濃霧)

농무
농무

농무는 흐른다
농무는 뒤덮는다

길은 어드메냐

청승맞게 턱 괴이고 생삭해도
농무는 말이 없다

깨달은 듯이 간다
부딪쳐 비로소 깨닫는다

농무는 웃는다
핫 핫 핫

그래도
그들은 간다

응당 저 갈길이라 믿잖아도
그들은 간다

가거라 가거라

매음굴로, 야시장으로, 공동변소로, 도수장(屠獸場)으로……

아 하 핫
농무는 더 크게 웃는다 웃는다.

휘장 나린 메인·스트

휘장 나린 메인·스트
봄비 다한히 네온에 흐늑이고

덩달아 눈물짓는 페이브멘트 위에
나의 걸음은 바쁘지 않다

눌러쓴 소프트에 빗방울 뭉친들
이로하여 내 이마 더 무거울 이 없고

추켜 세운 우와 에리
용히 마르잖아 걱정일 아침도 없음이 아니야

뚫어진 구두창이야 젖어들든 말든
그 어드메 이를 염려할 아담한 방이 있는 것도 아니고

나는 도리어 이런 시각조차
강아지 한마리 아는 척 않는 것이 서러웁단다

그 어느 추녀 밑에도 내 세월처럼 웅쿠린 거렁패는 없어
이밤 순사네는 무슨 일로 빛나는 복무를 마치랴

열(熱)한 환소(歡笑) 넘나는 카페·비너스 앞
분재의 파초잎처럼 나는 향수에 젖어보면 무얼 하느냐

부르려무나 아 그 어디 성종(聖鐘)이라도 나를 부르려무나
나는 그만 아아무 하느님이라도 믿어버리고 싶단다

휘장 나린 메인 · 스트
봄비 다한히 네온에 흐늑이고

덩달아 눈물짓는 페이브멘트 위에
나의 걸음은 바쁘지 않다

내가 만일 왕자이라면

내가 만일 왕자라면
왕자라고 부르지 않아도 좋다

금실 은실 성장(盛裝)보다도
열어제친 노-타이가 내게는 알맞으리

겸손히 허리굽힌 너는 누구냐
내밀어 내 손을 덥석 잡아라

나는 너의 성을 물으려 않고
나는 너의 정명(町名)을 알려고 않는다

다만 너는 청년이여야 하고
다만 너는 청년 중의 청년이여야 한다

아 얼마나 화려한 아침이냐
하늘은 다양하고 라이락은 피어 흩어지고

어서 열정의 말등에 채찍을 얹어라
대륙을 건너 대해를 넘어……

휘연히 동터오는 머언 지평선
우리들은 창공을 우러러 철철 넘는 축배를 들자

오 오래인 인류의 신비여 잊어본 적 없는 꿈이여
저기 만생(萬生)의 단 하나 아름다운 그는 몸 감추어 있나니

무엇이냐 감히 우리 앞을 가로막을 것
나의 높은 위엄이 그때에 있으리라
"나는 왕자다"

빙원(氷原)

무수한 세월이 내려와 얼었도다
낱낱이 얼었도다

빙원
그제도 어제와 같이 어제도 그제와 같이 얼기만 했도다

차—단 빙원의 가슴
태양도 연정을 단념하고

어느 하루 기약없는 손길 하나 그 부풀어오른 유방 위에 놓인 적 있다 해도
그것은 빙원 그도 모르는 노곤한 새벽 나어린 애기별 하나 아무런 성
산없이 지나며 끼친 한낱 희롱이었다.

빙원의 가슴은 한없이 넓으나
빙원은 일직 그 풀린 하루를 가져본 적 없고

빙원의 유래는 빙원도 아나
빙원의 오늘은 빙원도 모른다

빙원의 마음은 앉을 곳 없는 바람
바람은 오늘도 무엇을 우느냐

아하 가엾은 빙원 빙원을 가엾이
바람은 오늘도 무엇을 우느냐

사막

해는 사막에 떴다 사막에 지고
행대(行隊)는 오늘도 사막 위에 있었다

사막은 가도 가도 기인 앞날을 하이얀 치―즈처럼 펼치고
행대의 꿈은 꿈마다 거기 영원히 남는 한개 오점이 아니려는 데서만
공통(共通)했다

제 지아비 아닌 뭇사내의 훗훗한 체취 속에 제 지아비를 그리며
홀로 꾼 아라비아 시악시의 고운 무릎은 알라의 신을 빌고

낙타는 바로 그 길에서 제 물주머니를 건드릴 것이 두려워
다만 그것이 두려워서 뜬눈으로 새었다

사막엔 무수한 자욱이 있었으나 사막엔 한줄기 길도 없고
길없는 사막 그 위에서도 행대의 마음은 저마다 저만 닮었다

마음 사막과 함께 교차없는 영원한 평선(平線)
그 외로움을 울면서도 그 외로움을 버릴 수 없고

마음 언제나 제 닿을 곳을 알면서도 제 닿을 곳을 몰라
이른 새벽 걸음은 항상 북극성의 차―단 이마를 더듬고

걸음 밑에 청춘이 모래알처럼 흩어져 날며 흩어져 날며
걸음 뒤엔 아무 일도 없었던 듯 으레 저로 돌아가는 사막

해는 사막에 떴다 사막에 지고
행대는 오늘도 사막 위에 있었다

망양(茫洋)

물결이 연달아 물결을 밀며 바다는 어디로 흘러가느냐
가없는 흐름 위에 너의 세월이 무언한 갈매기처럼 날아 들었다 날아
나고

어느 머언 조상이 눈물로 끼친 유풍(遺風)이기에
일찍 그 어느 항구에 포근한 여곤(旅困)의 한 저녁을 풀어본 적도 없이

바다 물결이 연달어 물결을 밀며
가없이 흘러 흐르는 바다

찾을 길 없는 너의 고향은 어느 구름 밖
못잊을 향수를 달밤의 기변(磯變)을 깨물며 우는 저녁아

영원한 이방의 허허(虛虛)한 공중에 수포(水泡)와 함께 흩어지는 너의
청춘을

차운 새벽 이마 만져 안아주든 한개 어진 별의 이름도 네 기억엔 없고

격한 손길이 풍우를 찢으며 발 굴러봐도 몸부림쳐봐도
지나고 나면 그저 그 하늘 기두린 듯 내려 덮는 무한한 적요

바다 고달픈 춘풍 스산한 추우(秋雨) 창량(蒼亮)한 그 걸음만 옮겨 옮겨
한점 아련한 희망의 섬도 없는 망양(茫洋)한 공간을
아하 오늘도 흘러 흐르는 바다

종연(終演)

우뢰같은 박수 속에 열연은 끝나고
의심할 나위없이 막은 내리다   ·

종막(終幕)을 으스러져가는
라·팡세ー의 아련한 선율

관중의 열(熱)한 이만
으레히 호구(戶口)마다 식고

텅 빈 장내엔
잃어진 흥미의 오페라·글라스 하나

무대는 아무일도 없었던 양
다시 창백한 공허의 저를 지키고

반개(半開)한 '낙옥(樂屋)' 싸늘한 벽면을
역풍에 너울대는 후줄근한 의장(衣裝)이여

배우들의 무언한 그림자 사라지는 작은 뒷비구(扉口)
대제(大題) '위대한 인생극'의 화려한 간판이 또 내일을 위하야 경건히
반입되다

동절(冬節)

하늘은 가없이 푸르고 멀고
봄 아닌 하늘엔 한개 나는 새의 가벼운 나래도 없고

눈덮인 연산(連山)이 젊은 과수처럼 옹조그리고만 앉어
안타까운 날과 날을 바람은 미친듯 오르락 나리락

그 서슬에 지붕이 떨고 나무·나무·황철나무도 떨고
양지바른 추녀 밑 청승맞게 턱괴인 괭이 수염도 떨고

스산한 계절!
말없는 나의 강은 무슨 생각에 잠기었느냐

네 좋아하는 구성진 물방아의 콧노래도 오늘엔 없고
네 즐기는 재롱둥이 애기풀의 고운 춤도 오늘엔 없고

흐르고 흐른 천리 연변(沿邊)
두팔 벌려 반기던 그 고운 꽃바위들의 기억도 다시 찾을 수 없는 꿈

오늘도 너의 음울(陰鬱)한 주거(住居) 요요(寥寥)한 변두리엔
덧없는 조석을 몰아 지나가는 세월의 허허한 공음(跫音)만 울려드나니

아하 말이 없어도 나는 아노라
고고(孤苦)한 너의 가슴 터지려는 너의 가슴

까막까치 우짖는 소연(騷然)한 이 저녁
내일날의 봄을 못믿는 서러운 네 지혜도 나는 아노라.

하얼빈

퇴색헌 사보ー르 이지러진 석계(石階)를
목메여 흐르는 손풍금은 어느 에미그란트의 못잊을 향수냐

젖어드는 향수 속을 쏘ー니아 슈바도 없는 너의 황혼이
벌거숭이 플라타너스와 함께 얼마나 차가우리

어젯밤 카바레·호놀루루의 그 젊은 에드랑제를
너는 왜 너의 조국처럼 다시 찾을 수 없고

내일날 또한 네 청춘의 한조각과 함께 메별(袂別)해야 할 연인을
너는 왜 차ー단 이 거리 위에 츠아ー의 흘린 꿈처럼 주어야 하느냐

영원한 농무 속에 기다스카야가(街)
출범 모르는 숭가리의 고풍한 요트여

으스름한 가등 밑 성가(聖歌)어린 호구 앞
때이른 얼마우저의 당고는 어느 오페레타의 서투른 흉내냐

차라리 그 봉발(蓬髮)들을 추켜올리며 추켜올리며
너의 어버이들처럼 그 얼음 십자가에 키스나 하고 조침(早寢)하여라

쏘ー니아 너는 아직도 클래식·뮤직을 좋아한다지
가렴. 어서. 카페·몬테룬의 밤은 밤에만 있지 않으냐.

아드·바루웅

마음은 항시 드높은 창천(蒼天)을 뜻하면도
몸은 언제나 그 거리 위에 매달려 있도다

아드·바루웅

굽어 볼수록 멀미른 거리
우러러 볼수록 푸르른 창천(蒼天)

오 잊을 수 없는 섯의 안타까움이여
휘감겨드는 매연 속에 그의 표정은 무시로 흐리다

때로 차라리 고연(孤然)한 자기에 심취하려나
끊임없이 흔들어 깨는 뭇시선이 알미로워……

오라 비바람이여
실로 오라 비바람이여

오호 이를 바란 것은 누구이든가
그 전야마다 이무 빠루 한 귀퉁이에 은신하고 있는 자기를 발견하고
아연(啞然)하는도다

오늘도 허공 일각(一角)에 표표(漂漂)하는
아드·바루웅

어설픈 어설픈
아드·바루웅

The Rail

임화에게 ―

벗이여 나도 한개 운명이라는 것을 생각하고 있노라

항상 우리들의 여로마다 어디나 있고
항상 그 어디나 있으므로 그 어디나 있지 않음만 같도다

Rail

그것은 트렁크라도 좋아
그것은 보스톤 · 백이라도 좋다
그것은 보따리라도 무관하다

일찍 Rail에 한개 기호(嗜好)가 있은 적 없고
우리들의 여장(旅裝)은 그 속에 은근히 갈망한 저마다의 희구(希求)와
함께 자유롭다

푸른 숲이여
맑은 강이여
아름다운 뜨을이여

그렇다고 우리들로 말미암아
거기 저의 걸음을 멈추어야 할 의무는 조금도 그에게 없다

때로 꿰뚫어야 할 준령
때로 넘어야 할 태산
때로 건너야 할 대하

정히 고난한 행정(行程) 위에
그러나 영원히 새로울 것 없는 두개의 평선(平線)이여

달리고
달리고……
마침내 이르는 한개의 지각(地角)
그 누구나 의심할 나위없는 평범한 종점

오호 우리들은 비로소
내던져진 우리들의 곰팡 슨 여장 밑
냉랭히 뻗은 Rail 위에 감개 깊이 놓여있는 자기 눈을 발견한다

Rail

그것은 물론
근대의 산물이다.

박수

나는 새가 아니다
짐승이 아니다
목석은 더욱 아니다

다만 새처럼 지줄대고
짐승처럼 탐식하고
목석처럼 생멸(生滅)하고

물론 교활은 새를 낢하고
오만은 짐승의 미칠 바 아니고
유약(柔弱)은 목석과 비길 것도 못되어

항상 울음을 웃음치고
불쾌는 언제나 담배처럼 간직코
한숨 회오리 바람에도 으레 동서로 비틀치나

오 사람인 나여
새도 짐승도 목석도 아닌 나에게 박수를 보내자

제 연인을 불신하는 제군 중에도
나를 의심한 자는 일찍 없었다.

세월과 나와

너와 더불어 기거하여 반생(半生)
내 일찍 네 내력을 들은 적 없고
네 연령을 아는 바 없고
내 너와 한잔한 연륜을 아로새기는
진의(眞意)조차 깨닫지 못했노라

나의 세월아
일찍 네게 사랑의 말이 있은 바 없고
아스러지는 포옹이 있은 적 없고
열(熱)한 호흡을 네 입술에 보도 못했노라

하건만 나의 신비여
나는 너를 떠날 수 없고
너는 나를 떠나려 않고

고달픈 춘풍(春風)
스산한 추우(秋雨)
오늘도 대지의 일점(一點) 비항(鄙巷)
수수(愁愁)한 나의 주거를 무언한 조석(朝夕)은 흘러가노니

아하 내 어이하다 점지된 한개 영윤(令胤)이뇨
이 무어라 할 숙명 저주로운 생아

격한 주먹이 치받는 창천(蒼天)

아 아무것도 부딪는 것 없는 허허한 공중에

누구냐 저멀리
다한(多恨)히 부르는 내 이름소리……

공동(空洞)

여기 아 아무 것도 있지 않았던 양
여기 또한 아 아무 것도 있지 않도다

태고연(太古然)히 빈 공동(空洞)
음풍(陰風)만이 휘돌아

산짐승도 경원(敬遠)하는 외론 세월을
수수(愁愁)히 생의 권외(圈外)에 국척(跼蹐)한 자여

허망한 연륜이 거츠러이 아로새긴 처창(凄蒼)한 이끼 밑
빛나든 네 청춘의 이마를 어디가 찾으리

일찍 인류의 화려한 꿈이 황금의 수레를 몰던 날
화화(火花)같이 불타는 네 가슴의 정열을 나는 아노라

그 한시절 만(蠻)한 탁랑(濁浪)과 비력(臂力)을 겨눌 때
즐겨 존망(存亡)을 내걸던 장한 네 기개도 나는 아노라

다만 모르노니 그 뒤에 온 것
말하라 공동(空洞)이여 그 뒤에 온 것

오호 무거운 침묵이여 영원한 비통이여
울자꾸나 나와 함께 천년을 만년을 소리없이 울자꾸나.

이 사람을 보아라

남달리 키 크다고 경탄할 것이 없다
반표(半票) 못사는 것이 유일한 이득이다

고기가 얼마나 그리웠던지
고기라면 생기는대로 먹기 싫을 때까지 먹는다

이마가 벗겨졌대도 철학자는 아니다
철학자가 못되어서 벗겨지면서 있는 이마다
없다 없다 더 없을 것이 없어
아비도 어미도 형제도 근친도 고향도 지기도 통틀어 없다

뉘께서 도적했는진 모르되 누구나 눈썹을 의심한다
무슨 슬픔을 간직했는진 모르되 사람마다 눈은 동정한다

학사(學士)가 되려다가 학사(學事)가 되었다
교사, 기자, 외교원, 활판쟁이, 양주(釀酒)쟁이…… 일이란 일마다 거증
배웠다

연애는 줍기보다 잃기에 명수다
한번 정신차려 간직하려해도 그 생각이 성이 가시어 나대로 있다

씨네마를 여러번 봐서 스타일은 제법이나
배우가 못되어서 표정은 즐거운 때도 즐거운 것 같지 않다

매도 일찍 맞는 매가 좋대서 장가도 일찍 갔다
물론 일찍 간 장가의 아픔은 남보다 먼저 알았다

내가 시를 쓰는 것이 아니라 시가 나를 쓴다
그러므로 내 마음에 안드는 때가 드는 때보다 더 흔하다

담배를 좋아해서 담배연기만 뿜는다
어리었다 사라지는 담배연기 속에 만사 모두 허망히만 명멸(明滅)한다

아무데도 가기 싫으면서 아무데라도 가고 싶어
　한밤중 거리 위에 나를 발견(發見)하고 스스로 민소(憫笑)를 보내며 돌
아서는 때가 있다

북방도(北方圖)

역사도 권력도 문명도 부귀도
연엄(筵广) 수천리 준령으로 격(隔)하야
일찍 인류의 연면(連綿)한 가슴 속에
한개 연정도 불러본 적 없는 북방이여

원시
원시 그대로의 울울(鬱鬱)한 수림
잉―잉
나희(北風)는 사철 수림을 휩쓸고

산새도 흥미잃은 진잿빛 하늘 밑
만목일도(滿目一圖) 높고 낮은 산정이여 좁고 넓은 영복(嶺腹)이여
산정마다 영복마다 깎어 붙인 화전·화전·화전
화전가에 옹기종기 거리 없는 촌(村)·촌……

봄·여름
보낼 곳 없는 시악시의 애달픈 하소연이 장강(長江)을 흘러
칠백리 압록강 흐르고 흘러
이름없는 연변(沿邊) 계곡
애꿎은 물방아만 목매게 울리고

추구월(秋九月) 한그루 야국(野菊)인들 어느 동산에 찾으리
기인 긴 겨울 겨울은 눈으로 밝고 눈으로만 어둡고
북한(北寒) 영하 삼십여도

찾는 이 없는 차─단 밤 밤 꿈길도 아련한 등빛과 함께 창틈에 얼
어……

오호 창세(創世)의 정적이여 생의 고뇌여
그러나 말없는 산천을 흐르는 세월이여
여기 선발(撰拔)된 주민이 삼만삼천여!

감자·조·귀리·각양의 잡곡 조석(朝夕)도
그 어느 위대한 절미정책(節米政治)의 공적임을 들은 바 없고
근로(勤勞)·검의(儉衣)의 국민적 미풍도
그 어느 현명한 두뇌의 하루아침 장광설도 요구한 적 없고

때로 그들께 머언 먼 고향의 창연(蒼然)한 향수를 되씹는 습성은 있다
해도
아직 한번 그 계보를 잃어진 조상 속에 파뒤져 찾는 흥미도 제것으로
한 적 없나니

지순한 것이여 지량(至良)한 것이여
최상의 인민이여
정히 행복은 여기 있어 가(可)하고
정히 행복이란 여기 있을 것

허기에 오늘도
큰 봇짐 적은 봇짐 들고 안고 지고 이고
다시 오북(奧北) 천리 이방(異邦) 호지(胡地)로
지나친 행복에 지쳐 떠나는 걸음들이 자못 수다타

북국전설

기적도 얼어붙은 북국의 마을
남행차는 용케도 구울러 밤마다 지냈다

들먹이는 창구멍에 거듭 침바르는
그 처녀의 심사는 무엇이겠느냐

휘연한 차창·차창
미처 그 속의 정경은 식별 못해도 좋았다

다만 그때마다 그는
아련한 남방의 한개 걸녀(乞女)였어도 가(可)하였나니

기인 긴 겨울
북국은 눈으로 밝고 눈으로만 어둡고

그리운 말방울 기억조차 멀어지는
그 세월과 함께
처녀는 언제까지 소녀가 아니었다

은근히 자랑삼던 머릿채
내 생 처음 밉살스럽던 저녁이 있었나니
뭇강아지의 벌룩한 코도 도시 오늘을 예각(豫覺)치 못했도다

함박눈 나리는 동구 앞에 무덤이 두개

어설픈 전설의 무덤이 두개

순(順)아 그 한개 적은 무덤의 이름은
그러나 전설도 모르더구나

조춘(早春)

하품 끝 눈물인양 잔설(殘雪) 질편하고
졸음인듯 나른하니 아지랑이 어리는 곳

시름이여 잠시 이른 봄동산에
내 어깨를 내리자

나는 황소처럼 바쁘잖아도 좋고
나의 눈은 단 두개임을 기억할 필요도 없으나

거름내 새론 밭두덩 논이랑에
나물광이 든 노랑댕기 순이 아니여 챙피하고

그 어드메 버들피리 끊이락 이으락
머언 숲 물방아 쿠웅덩 쿵덩

아 미풍이여 은근히 내 이마를 만져다우
나는 금시 고향이 그리워 눈물겹단다

여기 봉고풀 베개삼어
한숨 오수나 즐길거나

아련한 종다리 노래
살포시 걷운 지 오랜 꿈이불을 내려주다

춘풍

이 좋은 아침 나의 춘풍아
기억도 무거운 간밤의 그 긴 꿈얘기에 파묻힐 게 무어냐

어서 우중충한 네 침실 속 후줄근히 허한밴 잠옷을 떨치고
걸음도 가벼이 뜨을로 나가자

불리듯 사뿐히 실실이 늘어진 수양버들 방천에 올라
흐르는 강 천리원정의 우렁찬 노래에 귀기울여도 좋고

미끌듯 살며시 봉고풀 향긋한 묏두덩에 스며들어
아련한 아즈랑이 속 피어오르는 꽃시절을 껴안아봐도 좋고

이리어 디여 선소리도 구성진 밭두덩 논이랑에
사랑보다도 뜨거운 대지의 정열을 나눠 마시며

춘풍이여 종다리 나래타고
허공 높이 솟아 솟아

아하 가없는 하늘 푸르른 해면에
마음껏 채색도 화려한 우리 젊은 날의 새 항로를 그려보지 않으려느냐

나의 사람아 네 온실의 문을

밀물처럼 추위는 밀려들고 가없는 기인 겨울이 애처른 내 화초의 아런한 꿈길조차 앗으련도다
　나의 사람아 어서 아늑한 그 품속 다사로운 네 온실의 문을 열어라

너의 말가니 닦은 영창은 양지바른 남으로만 향하고
　눈나히 사나운 동북(東北)은 항상 짙은 커텐 뒤에 숨겨다우
　그렇잖느냐 나의 사람아 그의 가냘픈 심장이 어찌 창면(窓面)에 어리는 쓰라린 기억엔들 상하지 않으리

아 해도 이미 서천에 기울고 누리를 뒤덮는 어설픈 만종(晩鐘)에 다한(多恨)한 내 화초의 오열(嗚咽)은 높아가나니
　나의 사람아 어서 차─단 그 이마 위에 보드란 네 손길을 얹어놔다우

언제이고 오고야 말 다양한 봄날 다시 파릇한 잎잎이 꽃봉오리를 불으면
　벌나비 나래도 화려할 그 기다림이 즐거웁지 않느냐
　믿어다우 나의 사람아 믿어다우 그대 오늘의 고뇌 결코 헛되지 않을 그날 아침을

별후(別後)

말없는 손길을 살며—시 놓고
아무렇지도 않은 듯 돌아서도다

휑하니 넓은 길에 바람없는 그림자 흔들리고
커다란 트렁크 든 손이 비인 것만 같아

비도 없는 밤거리에 가로등은 왜 흐릴까
언제부터 마음하던 담배가가 가가마다 잃었다

대합실의 정적이 도리어 현기롭던 서울 정거장
일부러 복잭이는 차창가에 자리를 빌려

어릴 것 없는 컨에도 등을 돌리고
억지로 귀여기는 뜬 대화 들리다 마다……

아 잠들은 듯 꿈속인 듯 뽀오얀 공간을
머언 하늘
풍성(風聲)같은 기적이 울어

하루나절 또 하루 북방 천리길
하염없이 마디없이 기적이 울어……

바리움

비 내리는 역두(驛頭)에서
너를 보낸다
소리없는 밤비에 젖으며
너를 보낸다

차창에 어리는 네 이만
점점 작아만지고
트렁크가 괴물처럼
너를 넒는다

나는 자꾸만 머리를 쳐들어야 하고
내 파이프는 연해 뽀오얀 연기를 늘여야 하고……

기적은 왜
당나귀처럼 울어야 하느냐

움직이는 차창·차창
멀어지는 차창·차창

아 아스러가는 행가칲의
작은 동요여

요령처럼 남아
남어서 흔들려

비내리는 내 청춘의 빈 역두를
하염없이 남아 남아서 흔들려……

종연(終戀)

만나는 기쁨 속에
몌별(袂別)의 날을 못잊고

웃음어린 그 입술에
싸늘히 다물린 그때를 보고

날을 잇는 기인 긴 하소
절박하는 그 순간인 양 가슴이 메어

귓전을 파고드는 영원의 맹서도
머언 옛날 아련한 전설만 같던

내 세월의 한개 사랑이
막음을 고하든 날

여인이여 나는 웃을 수 있었노라
헛 헛 헛……

싼타루치아

싼타루치아
너는 봄갖인 시가리엘(煙草女工)의 유방에서 자랐다

싼타루치아
너는 다감한 하바네라의 노랫속에서 자랐다

호탕은 너의 천래(天來)의 것
열정은 또한 한개의 숙명

정함없는 하늘 밑을 흐르는 집시
그는 너의 천직이었나니

동·호ー세
너는 슬퍼하지 않아도 좋다
너는 격(激)하지 않아도 좋다

너의 연인은 칼멘 아닌 칼멘
죄없는 싼타루치아의 저도 몰래 지나며 흘린 한낮의 꿈이 아니었느냐

돌아가거라 너는
고향으로 가거라 나바라로 가거라

고대할 어머니의 그 품을 위하야
투우장으로 가거라 세비라로 가거라

빛나는 도레아돌 그 명예를 위하야

그것은 다오 나에게 동·호─세
잊을 수 없는 그 완사─니아의 고배를 나에게 다오
떨리는 그 원한의 비수를 나에게 다오

나는 고향도 없단다 어머니도 없단다
돌아갈 빛나는 명예도 없단다

어서 다오 나에게 동·호─세
아하 불타는 열사(熱砂) 열사의 이 사장(砂場)을
차─단 한 계집아이의 선혈로 마음껏 식힐 영광을 나에게 다오

허밀(虛謐)

일찍 시공이 제 운행을 정지한 바 없으매
만유(萬有) 또한 저대로의 하나 저도 간직한 적 없도다

유전(流轉)하는 것이여
유전의 대하 속에
생·사·영(榮)·고(枯)……
포말의 부침(浮沈)을 거듭하야 기억년(幾億年)

푸른 산 맑은 강 아름다운 뜨을
그 다한(多恨)한 전설의 품에 귀를 묻으면
치구(馳驅) 천만리(千萬里) 손오공의 장거(壯擧)도
한낱 불타(佛陀) 장상(掌上)의 꿈이였다 하나니

너 영원한 대우(大宇)의 정관자(靜觀者)
일월이여 성진이여!

말하라
여기 도토리 한알의 아수한 희화(戱畵)
희비(喜悲)·악착지도(齷齪之圖)에 민소(憫笑)를 보내기 전

아하 누구던가
이 점지된 운명의 허밀(虛謐)한 대지에
이렇듯 '생의 회오리 바람'을 태생(胎生)시킨 자는

그대 오지 않으려느냐
모상(母喪)후 이름모를 그대에게

타향 십년 내 고향 동구앞 같이
애끓이게 연연한 그대는 어디

휘어져도 휘감겨드는 밤안개인 양
찾을 길 없는 그대의 안타까움이여

이 밤 내 하늘의 한개 별마저 지고
밑모를 어둠 속에 내 고적은 끝없나니

아하 그대 오지 않으려느냐
그대 오지 않으려느냐

아지랑이 어린 동산 종다리 노래
메마른 아지아지의 잎눈 부르듯

만화방창 춘삼월 염염한 향기
접었던 벌나비의 나래 펼치듯

그리운 그대 노래 그리운 그대 향기
잃어진 희망의 샘이여 쪼들어진 정열의 불꽃이여

아하 그대 오지 않으려느냐
그대 오지 않으려느냐

내 허망한 세속의 아무것도 간직함이 없거든
그대 여기 개의할 무엇 있으리

이제 오랜 수절 내 마음의 자물쇠는 열리고
등불없는 내 침실의 문은 그러나 대로로 통하였다

창망한 어둠 질식할 고적
내 청춘은 두발 돋우고 고대하노니 고대하노니

아하 그대 오지 않으려느냐
그대 오지 않으려느냐

일몰

생활의 날에
일몰은 있고

일몰은 인간 파산의
시초요 종말이다
그것은 부도수형(不渡手形)
   (누가 일찍 약속액면(約束額面)의 지불을
    새날에 받았는가)

영원한 유예로 시시(時時)를 미봉(彌縫)하는
한개 교활한 장사치 세월이여

오늘도 거리에
수다한 인간폐업자 준폐업자!

추풍초(秋風抄)

낙엽

잊는다 하고 떠난 여인이 있었다
잊으마 하고 보낸 여인이 있었다

아카시아 물들은
시월 뜨을길

— 흐득여
내 가슴에 지는
낙엽의 소리……

실솔(蟋蟀)

조그만 귀뚜라미의 여윈 등어리에
차─단 서리를 덮고
(그 귀뚜라미의 노래는 어느 댓돌밑에도 기록되어 있지 않다)

갈바람은
휘파람을 날리며
지나가도다

노월(蘆月)

호지(胡地) 가까운 땅

처참히도 황량한 강언덕에 서

우러러 만월의
벽공(碧空)을 마시며

내 진정
내 인생의 방목(放牧)을 상념하도다

어서 너의 기-타를 들어

전승(戰勝)의 깃발 나부끼는 다양한 하늘을 나의 날이 풍선처럼 부풀
어 올라

놓아다오 놓아다오
내 진정 날고프노라 날고프노라

불타는 적도직하(赤道直下) 무르녹는 야자수 그늘 올리브 코코아 바나
나 파인애플 훈훈한 향기에 쌓인 —

그것은 자바라도 좋다 하와이라도 좋다
그것은 호주라도 좋다 난인(蘭印)이라도 좋다
나는 장군도 싫노라 총독도 싫노라
나는 다만 지극히 너와 친할 수 있는 한개 에트랑제-로 족하노니

깜둥이 나의 여인아
어서 너의 기타를 들어……

미친 듯 정열에 뛰는 손끝이여
우는 듯 웃는 듯 다감한 음률이여

들려다오 마음껏 — 해방된 네 종족의
참으로 참으로 기쁜 그 노래를

오 오래인 인고에 헝클어진 네 머리칼을 쓰다듬으며 쓰다듬으며

나도 아이처럼 즐거워보련다 이웃 잔칫날처럼 즐거워보련다

그 여인

I

생(生)에 '불행만의 기록'이 있을 수 있다면
그 여인의 반생은 그 결정판
이도저도 뒤지다가 이도저도 두고 간
뭇사내 손때 묻은 그 결정판

II

행복과 희생의 저울대 위에
그 여인의 사랑은
때마다 자멸(自蔑)의 메모리로 기울어지는
병든 추였다

III

이렇게 떠나면 어쩌느냐 하였다
이렇게 떠나도 아무렇지도 않다 하였다

그 여인이 남기고 간 쓸쓸한 자욱 위에
겨우내 눈은 내려 내려서 쌓여……

송(頌) · 아리나레

가을 깊은 강 기슭에 낙엽을 주어
보랏빛 황혼을 물길에 띄우면
물결은 흘러 잎잎을 흘려
굽이굽이 아득한 옛일인 양 강물은 흘러……

모든 것이 흐르도다 흘러가도다
한그루 초목의 다한(多恨)한 전설도
한낱 어패(魚貝)의 어설픈 역사도
창망(蒼茫)한 북방 하늘 검푸른 흐름 위에
세월이여 너도 함께 소리없이 흘러가도다

흘러간 세월
연변(沿邊)의 영고성상(榮枯星霜) 몇백을 헤이고 또 헤여도
다만 너 호올로 항상 푸르러 늙을 줄 모르는 것
아리나레 칠백리 도도한 강아

흐르고 흘러 칠백리 흐르고 흘러
봄·여름 여름·가을 마디마디 '이가다부시'의 콧노래도 구성지게
끊임없는 너의 전진이여 영원한 청춘 행로여
태초 태백 협곡의 이름도 없는 세류(細流)
흘러 모여 모여 흘러 울림(鬱林)을 꿰뚫고 층암(層岩)을 깎아지르며
만년 하상(河床) 영겁의 네 권역(權域)을 이룩한 그 장한 너의 기록을
그 빛나는 너의 과거를 들려다우 우리들게
　　─그 너의 고난한 기인 인고와 감투(敢鬪)의 날이 정히 오늘에 있는

우리들게 오늘에 있는 우리들게

　동만(東滿) 마을마을의 아늑한 저녁 연기 밤을 부르면
　북두성 영롱한 별빛과 어화(漁火) 찬란한 네 가슴 위에
　오늘도 우리 아저씨네와 만로(滿老)들의 투망이 의좋이 선후를 사양하고
　사랑하는 우리 강 아리나레여 너는 미소로히 명랑한 내일을 향해 밤
을 새며 흘러가리 밤을 새며 흘러가리……

전사(餞詞)

교문을 나서는 여학생들에게

으레 퍼머와 루주와 하이힐
부풀어 오른 풍선이 준비되던 교문의 막음날을

작업의(作業衣)와 머릿수건과 거름망태와
새빨간 십자만이 영접하는 오늘

너는 조금도 슬프지 않고
너는 조금도 당황치 않고
그렇게도 씩씩하고 침착하게 너는 나선다

길은 다만 한길
나라가 부른다
나라가 부른다

아버지여 어머니여
그리운 고향의 하늘이여
그리고 (어디선가 기다릴) 그이의 품이여

"이무 저는 당신들의 것이나
 당신들의 것이 아니외다"

나무도 숯도 헝겊도 가죽도 생철통도
놋사발도 총진군하는 대도(大道) 위에

다양한 삼월의 태양을 이고
찬란한 너의 부대여

진정 황홀한 정경에
북변(北邊)의 남명(南溟)의
머언 오빠들의 보내는 우렁찬 박수소리…….

5부

북한 시편

현해탄

돌아온 현해탄아 너는 천만년 빛나리라고
이는 내가 너에게 주는 찬가이었노라
그러나 현해탄아 너는 돌아오지 않았고
꿈없는 굴욕을 너는 다시금 이 땅에 실어 왔노라

원쑤는 현해탄 너 깊이 꺼꾸러졌건만
새로운 도적 너를 넘어 남쪽땅을 더럽히거니
팔월을 맞이한 이 나라의 기쁨 한없이 컸지만
고난의 길 우에서 형세는 두번 나시 원쑤와 싸우는노나

현해탄아 이 나라 인민은 옛 백성이 아니요
너도 이제는 옛 현해탄이 아니어니
도적은 반드시 너를 타고 패망(敗亡)할 날이 있으니
현해탄아 알어라 조국은 정복될 수 없음을

내 그날 다시 너의 찬가(讚歌)를 부르리니
북풍(北風)은 불어 현해탄을 휩쓸어라
현해탄아 이러나 천길 파도(波濤)를 일으키라
원쑤의 길 영원이 끊고 돌아오라 조국으로

흘러라 普通江 새歷史의 한복판을!

너 하나 느러진 버들 그림자도 없이
다못 赭土의 주우린 山野를 감도라
지줄한 生活의 朝夕을 하로의 和暢한 물결도 모르고
屈辱의 西京 한모퉁이를 葡匐하든 鬱憤의 江아

여름도 三伏 이러한 철이면
으레 매마른 네터전을 음습하야 沿邊모조리 휩쓸든 거세인 水魔!
가이없는 겨레들의 九天에 사못치는 號哭속에
발굴르며 발굴르며 황토물 피물든 네심사를 나는 아노라

아 오늘 누가 네게 기름진 眺望을 점지하고
오늘 무엇이 네게 浩闊한 가슴과 萬年의 城砦를 가저왔는가

기억하자 그이름!
기억하자 그힘을!

그이름은 진정한 이땅의 빛 이땅의 太陽
그이름 있는곳에 모든 暗黑은 가고
그이름 있는곳에 모든 光明은 오고

그힘은 人民의 힘 오로지 人民의 힘
(그힘은 늙은이도 부녀자도 자진 뭉친힘!)
그힘은 불과 두달도 보름을 줄이고
그힘은 날을잇는 暴雨도 漆夜三更도 굽히지못했다

빛나는 그이름과함께
위대한 그힘과함께
흘러라 普通江! 구비처라 普通江!
流域千里에 五穀을 무르녹이며
七月蒼空에 人民의 凱歌도 높이
너 어서 한개 뚜렸한 指標로 民主建設의 뚜렸한 指標로
아아 열려오는 祖國의 새歷史를 새歷史의 한복판을!

悲歷의 終焉

벨트소리가 간난애기의 울음처럼 들리든
그렇게도 애끈는 울음처럼 들리든
날에날마다의 그어머니의 애절한 일기 속에서
귀동이의 서글픈역사는 시작하였습니다

한여름 용광로앞 어린귀동이의 간절한 희망은
그러나 그어느 맑은시내 그리운 물장구도 버들피리도 아니요
오즉 하나 오래누은 어머니의 매마른 입술에
약한술이라도 보탤수있는 '동전한푼의 승급'이였습니다

그모습도 아-득헌 아버지는 편지마다 편지마다
'씩씩히 자라라' '굳세게 자라라'하시였으나
억지로 씨운 방공모자밑 마지못해 밤을낮에잇는 귀동이의 볼은
시시로 깍기기만 하는것이였습니다 여위기만 하는것이였습니다

아아 오늘 로동법영실시! 만도경축의날 이른아츰을
그여 간 어머님 무덤을 찾는 청년귀동이의 가슴엔
서글픈 역사의 마듸마듸 감개높이 물결치고
벌서 그자리에 바쁠 직업동맹을 우러러 '아아 아버지!' 하고
감격에 떨리는 부르지즘이 선후도없이 치받처 오르는것이였습니다

―一九四六·六―

大地의 讚歌

그것은 말로 聖代였다.

아아득헌 星霜
눈물과 한숨에 쪼드른 大地의 품에 '설음의主人公'은 돌아오고

아 꿈이런듯 아스러지는 그포옹을
또한 눈물이 앞섯다해도
거기 열린 행복의 門은 결코 한때의 幻影이 아니었다

보아라 雨露도 벗하는 大地의 나날을
터질듯 부프러오르는 그 乳房위에
각각으로 기름지는 저 五穀의 풍탈한 자태들!

무엇이 敢히 大地위에
다시 暗黑의 妖雲을 드리울것인가

濃綠 흐르는 六月蒼空을 '北方의太陽'은 더욱 빛나고
이제야 그太陽을 이고선 무쇠팔다리
측뿌리의 試鍊로 꺾지못한다

正히 여기 北朝鮮에서
平和의大地는 生誕하고
正히 여기 北朝鮮에서
굳세히 成長하는 大地의 平和여

아 이聖代를 점지하고 이聖代를 직혀주는 고마운것을
어찌 讚揚치않으리

大地여 大地의 모든것이여
어서 부르자 높이 부르자
'民主朝鮮萬世'의 우렁찬 우렁찬 讚歌를!

勝利의 記錄

神話가 아니다
傳說이 아니다

여기 北朝鮮의 明白한 오늘을
모-든 不可能에서 可能이 前進한다

보아라 측뿌리의 나날에서도 五穀이 자란다
한고랑 논밭도 남기지않고 五穀이 자란다

石炭없는 汽車가 六道를 달리고
무수한 소경이 수없이 눈을 뜨고
아 '年來懸案'의 永興大平野가 一朝에 綠化했다
平壤은 普通江벌에서 오래인 水魔의 감투를 베꼈다

그어느 研究室에서도 發見못된 電氣보이라-가
기름때속에서 發見되고
텅비었든 굴둑 굴둑이 금시 열스므곱 煙氣를 내뿜는다

아 白頭山山麓에서도 藝術의 꽃 피고
우중충한 뒷골목에서도 文化의 싹 트는

여기 北朝鮮은
새로운 人民의 나라!

世界史여 붓을 들라
人類史여 붓을 들라

너 어서 偉大한 이地域 偉大한 이勝利를 記錄하야
멀리 세상에 알리지 않으려느냐
기리 後代에 전하지 않으려느냐

떨쳐나오라 祖國創業 무르녹는 大途로!

百草에 꽃피우고 五穀을 기름지우며
六道山野를 너울치는 도도한 大河위에
지금 또하나 찬란한 波紋을 가하는
진실한 우리의江 大洞江이여

일즉 古來의 네변두리 허구헌 朝夕을
얼마나 많은 할곳없는 하소연이
남모르게 애꿎인 빨래방망이만 울리고

달밝은 밤 넢지는 黃昏
늘어진 버들아지 아스러지게 뷔어잡고
하염없이 生을 울든 紅裙인들 몇백이든가

말하라 乙密台 浮碧樓여
비록 우리 祖宗의 그時節 三絃六角 風流의 날에도
넘치는 遙政의 床머리 한개 노리개의 그恥辱이
누구의것이였든가를

진정 굳게 닫쳐진 문이였다 그것은
무릇 人間으로 통하는 모―든 길은 길마다 가로막은
다못 열린것은 忍從과 賣笑와 고기덩이에의길
아 倭敵 半世紀 骨髓에 사못친 怨恨인들 잊을것인가

꿈이 아니다 이제야 大地의 悲哀 일소된 千里流域

오늘 네앞에도 열리는 눈부신 새아츰을
저기 드높이 울려오는 苦待에 목마른
저 자욱소리는

떨쳐나오라 우리의 女人이여
그 깊은 因襲의 珠簾을 박차고
어서 닥어오는 너의 그이를 맞이하기 위하여
그 기쁨 또한 네품에 영원키 위하여

여기 歷史도 당황하여 붓끝을 헤매는
稀世의 人民聖地
위대한 祖國創業 무르녹는 北朝鮮의 大途로!

달밤

달밤이었다

맥추 칠월 황금 보리이랑에
긔망의 달빛이 물결치고

물결치는 달빛에
개골화창도 한결 흥겨운 만경벌
해설듣고 돌오는 칠성이의 가슴은
ㄴ 하늘처럼 해맑었나

조용히 개이지않는 날세였다 그것은
그것은 물론 계절 계절에 혼이 있는 자연이라하여도
그것은 또한 명백히 태양을 가로막은
얄미른 구름떼 때문이었다

아 그 구름떼를 마ㅡㄹ가니 몰어간 청신한 바람이여
상기한 머리가락을 수건 끌러 날리며
칠성이는 감격의 마듸마듸를 다시금 되씹었다

'땅세는 전폐다'
'공출도 전폐다'

머ㅡㄴ 산기슭 어유등 어린 외딴 초가삼간이
일즉 그처럼 살틀히 뵈인적 있었든가

칠성이는 부르짖고 싶었다 웨치고 싶었다
'우리도 정말 행복할수있구나!'
'토지는 진정 우리것이로구나!'

함초록히 달빛에 젖으며 개골화창에 젖으며
활개도 가벼히 난생처음 제세상같은 칠성이의 걸음을
걸음 걸음 뒤서며 앞선 굵은 글자들

'이 고마움을 현물세로!'
'이 고마운 김장군과 위원회를 직히자!'

果樹園

푸른빛 눈부신 과수원을 나는 걸른다
푸른향기 숨맥히는 과수원을 나는 걸른다

걸음 걸음
새삼스러운 감격……

아 꿀버리도 당황하든 랑자한 꽃두던에
벌서 열매 열매 뽀오이얀 열매들이 부프러오르고

여기 파묻쳤든 선대의 넋이
여기 찌눌렸든 나의 세월이
또 지금 웃음 지으며 두팔벌리고 닥어오는듯 닥어오는듯

나는 '위원회'의 고마움을 다시금 느낀다
나는 '우리장군'의 고마움을 다시금 다시금 느낀다

또하나 勝利의 마당으로!

動員의 아츰을
어깨걸고 발맞추고 휘ㅅ바람 날리니
휘ㅅ바람은 펴져 펴져
가없이 펴져……

오늘 푸라타―ㄴ 물드러지는 거리에
조그만 哀想도 없이
가슴 가슴 높이 굴으는
하나의 諧調여 建設의 熱濤여

모―든 步武는 '三神'으로 '三神'으로……

그렇다 三神의 길은 建國에의 길
다상한 앞길의 축복인양 오늘도 맑게개인 北方의 하늘
저 하늘 가득히 빛나는 광이ㅅ날의 群光을 보아라

우리는 명백히 안다
'勝利의普通江' 이를 잇는 '三神의勝利'는
우리의 首都 大平壤의 意氣를 다시금 天下에 宣揚하는것
나아가 民主朝鮮의 力量을 또한번 왼세계에 誇示하는것

날러라 휘ㅅ바람
펴져라 휘ㅅ바람
더많은 어깨를 부르고

더많은 걸음을 잇끌어
사랑하는 鄕土의 부프른 矜持가 고대하는곳
千萬同胞의 뜨거운 期待가 웅성거리는곳
나가자 더씩씩히 四十萬 市民兄弟여
또하나 勝利의마당 — 저기 三神炭路의 建設場으로!

千萬의 感激!

그처럼 모든 얼골이 정다이 뵈인적은 없었습니다
그처럼 모든 마음이 가까이 느껴진적은 없었습니다

무엇인가 이렇게 저마다 제가슴 한모롱이
여지껏 뿌리깊이 웅크렷던것 마─ㄹ가니 사러지고

로동자로 사무원도 부녀자도 소년도 문화인도 학생도 종교가도
새로운 기업가도

목이 터저라 불렀습니다 '로동해방가'를
하늘이 무너저라 불렀습니다 '로동법령실시만세'를

아 오곡향기 목메게 풍기는 맥추 칠월
천만의 감격이 휩쓴뒤
북조선 방방곡곡을 불붙듯 타오르는
건설의 열의여! 백열의 결의여!

우리는 人民의 服務者이다
朗讀詩 · 六道保安幹部慰安의밤

우리는 인민의 복무자이다
오즉 인민을위하여 있고
오즉 인민을위하여 모—든것을 바치는
우리는 인민의 복무자이다

우리는 항상 이자랑에 살며 이자랑에 살려하나
우리는 항상 이자랑이 제코스등에 오를것을 경계하며
우리는 언제나 인민속에 높은 자기를 확보하려하나
우리는 언제나 제봄이 허공에 뜰것을 두려워한다

인민은 거즈반 색안경을 가졌다
그것을 통하여서만 우리를본다
그것은 가장 옳지못하나 그것은 가장옳은 이유와 적잖이 오랜
역사의 산물이다
그러므로 그것의 시정은 하로아츰의 대성통고로서가 아니라
장구헌 시일—인민 자신으로하여곰 스스로 그필요를 제거케하는
꾸준한 우리의 노력으로서만이 가능함을 우리는 알어야한다

꽃피는 봄도 겨울에서 준비되고 휘황한 광명도 물론
어둠에서 출발한다
꽃과 광명의 새로운 인민의 지역 —
우리 북조선에도 아즉 겨울은 완전히 물러가지않고 어둠은
완전히 가시지않었다

이시기를 노리는 사상의 간상배 이어둠을 타는 독개비떼를
하로한시인들 잊을것인가

잊이않는것은 싸움을 말함이다
그렇다 싸움을 — 그흉악에서 선양한 인민을 직히고
그횡폭에서 인민의 어린주권을 수호하는 싸움을!

이 싸움의 승리를위하여
이 싸움의 영웅적승리를위하여
우리는 뭉친다 더욱 튼튼히 더욱 굳게
만년부동의 위대한기둥 우리의 영명한 영도자
김일성장군 두뤼에!

이길 이길만이
가장 잘 인민에게 복무하는 길임을 우리는 안다
사랑하는 조국의 하늘이여 땅이여 모든것이여
오늘 우리의 맹세를 보증하라
"우리는 가장 잘 인민에게 복무하기 위하여
가장 잘 인민의적과 싸울 것이다"

送·一九四六年!

이밤을 마즈막 고개위에 벌서 아아련히 사려지려는 네그림자
아아련히 사러저가는 네등어리에
우리 모다 하염없이 하염없이 손을 흔들어……

일즉 그어느歲月이 이렇듯 감개깊은
訣別을 빚어냈는요
이미 반넘어 물드른 내靑春의 記錄에도
때마다 '잘가거라 차라리 잘간다'는 싸―늘헌 푸염밖에
적혀있지 않노라

아 너의 이해에서 모―든人民이
비로소 잃은지오랜 生의感激을 찾고
삶의 즐거움을 맛보고
진정 너의이해에서 난생처음 보람있는 나날과
그나날에 마음껏 굵은呼吸을 가저봤노라

날로 너의 은혜로운 陽光은 반백년 굳은 이땅을 무르녹이어
응달에도 싹틔우고 고목에도 움돋치고
방방곡곡 봉오리짓는 백초위에
송이송이 란만한 새봄을 약속하였다

아즉도 風霜이 꼬리있는 三八線넘어도
그여 참을수없는 悲憤의 뚝을 터치여
어둠을 뚫고 어둠을 뭇질으고

도도히 前進하는 全体人民의 激浪위에
거기 지금을 한창으로 最後를 發惡하는 白鬼의 무리들

아 빛나는해 一九四六年!
남북을 드러 오는봄을 재촉하며 새봄을 재촉하며
建設의 우렁찬 마치소리 山川을 울리든
祖國創建의 첫해여
人民抗爭의 세찬 불길 蒼天을 찌르든 歷史의 해여
누가 너를 보냄에 뜨거운 뜨거운 감개에 젖지않으리

그여 이대로 가는 너는 그저 그대로 말이없으나
두고가는 네말이 많지않을수없음을 우리는 아노라
우리 진정 많이 뉘우치고 많이 깨달고
우리 모다 단연 저를 버리고 저를 버리고 나서려노라
우리 將軍의 熱熱한 號召가 가르키는곳!

아 가거든 전하라 一九四六年이여
거기 몬저간 무수한 이땅의歲月-
그 피눈물과 한숨에 쪼드러간 多恨한 가슴에
― 人民은 더욱 충실하고
人民은 더욱 용감하고
새조선은 반드시야 뭐잖은 앞날
民主完全獨立의 朝鮮이되리라고 ―

人民은 거기 머물지않는다!

자손들의 부축도 마다하고
십여년만에 고을길 사십리를 호을로 더듬어온
아흔아홉 그하라버지의 손길이 흰상자위에 떨린것은
결코 나히로인한 수증기로서가 아니였다

아 어찌 떨리지 않을것인가
그 한표! 그 감격!
내평생의 처음만이아니라 일즉 그어느 조상도
단한번 행사해본적없는 행유해본적없는
진실한 인민의 권리여 생의 광영이여

조국의 새하늘이 미처 ×의 ××도 가시지못한
이른아츰이었만
안악네들마저 다—날난 무명옷이나마
알뜰히 다듬어입고
너도 나도 앞을다투는 눈물겨운 정경 속에
우리가 또하나 명백히 보는것은 무엇인가

그것은 민주역양의 놀라운 성장
그것은 민주주권의 절대한 욕구
그것은 인민위원회의 전폭적신뢰
그것이야말로 천하에 천명한 인민조선의
뚜렸한 인사가아니고 무엇이랴

참가인원 九九·九% 찬성투표 九七·七%
거듭 거듭 되외여 보꼵은 세기적 기록이여
이것은 동시에 인민의 무능을 무고하고
그들 자신의길을 가로막고
오즉 제야욕의 번영을 꾀하는
온갖 역도들의 두상에 내리는 천근의 철퇴!

오늘 그러나 인민은 거기 머물지않고
인민은 거기 도취치않고
보아라 만산홍업으로 더욱 화려한 이 강산을
그들은 전진한다 더욱 뭉치고 더욱 떨치여
또하나 세계사적 승리의길
인민경제계획 초과수행의 대도로!

더욱 굳게 뭉치리 그대 두뤼에!

金將軍께 올리는 노래

열려오는 이땅의 새하늘
閃閃한 群光속에 屹然이 솟어

感激과 歡喜와 不安과 焦燥와
저마다 제길을 다투는 혼돈의 激浪위에
빛나는 祖國創建의 大途를 뚜렷이 밝혀
滔滔한 그흐름을 오로지 民主의 大海로 이끌어가는
그대야말로 偉大한 우리의首領 우리의 領導者!

苦難의 그길을 밤을 낮에 이어
무수한 荊棘를 헤치며 泰山을 무찌르며
이미 流域千里 萬民의 마을마을 마른목을 축이고
이미 응달에도 돋이고 枯木에도 싹티운
그대야말로 眞實한 우리의벗 千萬人民의벗!

아 그經歷도 거룩한 殉國의 一路
白頭山頂 눈물의 祖國을 구버
미어지는 가슴 소리없는 號哭에 입술 깨물며
十年을 하로같이 七百里 鴨綠 구비 구비를
피로 수놓온 그대
아아 그대야말로 絶世의 愛國者 萬古의 빨치산!

오늘 무엇이 그대의길을 拒否하리

산골물도 개울물도 흘러들어 흘러들어
멀리南方의 江河도 흘러들어 흘러들어
각각으로 높아가는 그기세
허물어지는 三八의 障壁도 時刻에 달렸다
南北鮮의 뜨거운 한抱擁도 지척에 닥어온다

진실로 퇴색한 半萬年 歷史위에
千萬代의 새 光彩를 도꾸는 그대
진실로 아즈러진 白衣族의 榮譽를
왼 세계에 떨치는 그대

우리 우러러 받드리 오즉 그대를
우리 더욱 굳게 뭉치리 그대 두뤼에

그대 참으로 새조선의 자랑
그대 참으로 三千萬의 자랑

아아 그이름도 휘황한
金日成將軍!

(北朝鮮臨時人民委員會成立一週年記念大會朗讀)

榮譽의 人民代表들게!

그대들은 왔다
東에서 西에서
江原道 막바지에서 咸鏡道 北邊에서
온갖 人民의 거리 온갖 人民의 마을에서

그대는 農民
그대는 勞動者
그대는 女性 그대는 文化人………

그렇다 그대들은 진실한 人民의 代表
그렇다 그대들은 바로 全北朝鮮人民
그대들을 맞는 首都 平壤이 感激에 떤다
서로 치어다보는 그대들의 눈시울도
感動에 젖는다

解放一年 벌서 半世紀의 恥辱을 씻고
山川도 새로운 祖國의 새하늘 높이
稀世의 民主建設로 왼세계를 驚倒시킨
빛나는 兄弟여 姉妹들이여

그대들이야말로 祖國創建의 어엿한 主人公
그대들이야말로 民族萬年의 새運命의 擔當者

오늘 그대들의 모임속에서

오늘 그대들의 熱論속에서
새朝鮮의 氣勢는 더욱 衝天하고
새朝鮮의 歷史는 百步를 更進한다

말하라 世界史여 이같은 人民의 光榮인들
그 몇나라에나 있었는가를
말하라 三千里疆土여 너 일즉 이같은民族의 盛典인들
가져본적 있는가를

이 世紀的光榮!
이 歷史的盛典!
다시금 뜨거운 感謝는 우리의 將軍께
뜨거운 감사는 다시금 굳은決意로!

그것은 鐵의團結
그것은 熱火의鬪爭
그것은 애낌없는 祖國에의 獻身

아아 열려오는 새봄 또다시 天地를 뒤흔들 勝利의 凱歌속에
北方千里를 구비처 增産에 또 增産
萬苦를 걷어차며 萬難을 뭇찔르며
오즉 自主富强의길로 完全獨立의길로
滔滔한 그前進의 先頭를 다툴 그대들을
우리는 믿노라

저기 太極旗 薰風에 너울치고
千萬代 子孫들의 음소리 들려온다
저기 四海를 눈아래로

마음껏 퍼지는 白衣의 나래………

불타라 새希望에 끓어오르라 새情熱에
펼쳐라 새經綸을 떨쳐라 새勇力을

아아 榮譽의 人民들이여 人民代表들이여
瑞氣넘치는 우리의 江山
英暢한將軍의 光彩도 더욱 燦爛타!

三一頌

屈辱의 기-ㄴ 星霜
이름조차 잃어진 侮蔑의 世界에
한밤의 太陽인양 白衣史에 불타올나
오즉 하나 이겨레의存在 이겨레의榮譽를 직혀주든

푸나무도 숨죽이든 抑壓의 이疆土에
때마다 義血을 북돋고 熱火에 채질하야
원쑤의 心臟을 행한 이겨레의 一 匕首에
언제나 새파란 날을 간직케하든
絶世의 殉國譜여 피의 三·一이여

어서 안기라 뜨거운 우리의 가슴
한없는 존경과 감사와 이날을 回想도
더 간절한 우리의 가슴에

오 웃어야할 이날 크게 웃어야할 이날
소리없이 물결치는 네 어깨……
우리는 아노라 진정 웃음을 넘치는
울음-이 너의 절대한 感激을!

너는 본다 네마지 거리거리에 汎濫하는 저 술문의 스풀 太極旗의
물결을 헤치고
불과 연여의 세월에 이룩한 이땅의 巨大한 發展을
그것은 말로 高貴한 네피의 傳統위에 이루어진 世界史的勝利!

그렇다 저기 우리의 首都 中空높이 創建된 人民會議와
臨時를 제거한 北朝鮮人民委員會의 새로운 看板은
億年不動의 勝利위에 아로새겨진 億年勝利의 새로운 表象!

오 아즉도 六道面面村村에 꺼지지않은 人民選擧의 凱歌속에
民主北朝鮮의 磐石의 길은 또하나의 歷史的 代途－人民經濟計劃
超過遂行을 행하여 突進하려한다

보아라 다시금!
그 先頭에 빛나는 우리의 將軍
英明한 將軍의 光彩는 더욱 輝煌하고
그를 따르는 오즉 그를 따르는 滔滔한 人民의 隊列속에
오늘도 그 血潮미디 脈脈히 뛰는 赤誠의 네 피를

남은 추위를 걷어차며
굳은 地船을 깨트리며
닦어오는 陽春三月과함께
새朝鮮은 자란다 더욱 씩씩히 더욱 굳세게

오오 祖國의 영원한 勝利속에
영원한 勝利의 祖國과함께
영원히 빛날 三·一의 피여 피의 三·一이여

勝利의 五・一節

노래가 울려온다
대열이 구비쳐 나온다
천동하는듯한 노래 노래
노도같은 대열 대열이

드높은 굴둑의 밀림에서
개나리 배꽃 만발한 마을길에서
학교에서 저자에서 사무실에서 부엌에서
백길 천길의 땅밑 푸른물결 가없는 바다위에서

가슴마다 되살이는 五・一의 쓰린경력
맥맥이 높이뛰는 五・一투쟁의 뜨거운피
승리의 북조선에 새결이의 불꽃띄여
색색기치의 세찬 구호도 타오르는듯 타오르는듯

아 오늘 육도 방방곡곡에 버러지는 감격의 만화경!
근로의 천만인민이 다시금 승리의 북조선을 구가하며
인민의 북조선이 다시금 '승리의근로'를 굳게 맹서하는
새로운 五・一기념 승리의 성전(盛典)이여

감격은 오월훈풍에 목메여드는 고토의 향기
새삼스러히 우러러뵈는 내하늘 내주권에 자욱마다 높어가고
맹서는 자주부강한 조국의 관두(關頭) ―
인민경제계획 완수를 앞으로

온갖 창발과 인내 생산돌격으로 생산경쟁으로 마듸마다 굳어간다

높어가는 감격! 굳어가는 맹서!
보다 강고해가는 인민의단합을 인민의위력을
기억하라 남북 불의의 잔당이여
새로운 경탄과 새로운 전율
그늘어가는 그맥박의 비통한 계산속에

우리는 또한 듣는다 본다
저기 동해를 건너 서해를 건너
백두산정을 넘어 할나산성을 감도라
우렁차게 우렁차게 울려오는 동반구의 노래를
힘차게 힘차게 뻗어오는 서반구의 손길을

'만국의 근로자여 단결하라……'
단결하자 만국의 근로인민!
그렇다 우리뒤엔 전세계가 있다
우리뒤엔 몇억만의 우리가 있다

아아 근로하는 형제여 인민대중이여
노래하자 더욱 높이 전진하자 더욱 씩씩히
승리의 五・一절을 또하나 승리의 마당으로
나아가 완전독립 결정적 승리의 길로
한없는 긍지와 희망에 부픈가슴
백전백승의 확신을 안고!

送・쑈聯代表團!

그대들은 떠난다!
기차가아니라 기차가아니라
삼천만의 열도(熱濤) — 삼천만의
불붙는 희망 불붙는 시대를 타고
세긔의 양심 세긔의 정의를 타고 그대들은 떠난다

그렇다 그대들을 보내는 이환호소리는
산천이 무너지는 이환호소리는
자주와 독립을 열망하는 전조선인민의 부르짖음
민주와 평화를 열애하는 전조선인민의 부르짖음

아 오늘 一九四七年五月二十日
감격의 우리수도 평양역두의 끓는 환송을
손을들어 화답하며 떠나는 성스러운 그대들의 자태
그대들이야말로 진실한 이십세긔의 구성(救星)!
그대들이야말로 '평화와해방'의 진실한 사자!

이제 근교(近郊) 원경(遠境)을 지나
황주 남천을 달리며
연선연변을 굴둑마다 내뿜는 걸검은 연기
뫼ㅅ두던도 산등어리도 뒤덮은 오곡의 물결
신록단양에 한결새로운 씩씩한 북조선의 모습 북조선의 성장에
그대들은 새삼스러이 무엇을 깊이 느낄것인가
민주의 조선만이 가장 올바른 조선!

북조선의 길만이 유일한 조선의 길!

이미 이땅의 일년유여를 이것을 싸워준 그대들께
앞으로도 또한 끝까지 이것을 싸워줄 그대들께
우리 여기 무삼 새로운 부탁을 보내리

우리는 다만 확신한다
남방의 담천(曇天)이 아무리 음산하여도
남방의 광풍이 아무리 거세어도
이를 뚫고 승리의 태양은
반드시 그대들의 어깨위에
인민조선의 찬란한 새하늘은
반드시 열려오고야말것을

이승리를 위하여
우리도 뭉친다 더욱 튼튼히
그곳 형제들도 일어난다 더욱 용감히

아 민주통일조선의 결정적전진을 천하에 선포하듯
대쏘련의 인류사적공헌을 또한번 세계에 과시(誇示)하듯
오월창공에 우렁찬 기적을 남기고
만방 주시 중을 동방사의 한페이지에
또하나 불멸의 족적을 뚜렷이 안치는 그대들의 장도여

우리 그대들을 우러러 다시금 눈시울을 저친다
우리 그대들께 다시금 뜨거운 인사를 보낸다

아아 이 감사

이 강산과함께 이 겨레와함께
영원히 남을
쏘련대표단!

——九四七年·三〇·平壤驛頭記

싸우는 南方에 더욱 굳센 손길을!

六·一○記念日에

왼 江山 喪服에 덮이고

(4행 가량 원문 미확인)

반만년 白衣史에 씻을길없는 汚辱을 남기고
초졸한 그生을 日月도 무색한 廢宮에 막음한 옛인군제의
그러나 어진 이民族이 보낸 한낫
조상만은 아니였노니

그것은 진정 나타낼길없든 亡國의 痛恨
그것은 진정 터질길못찾든 祖國光復 끓는 熱血의
白日下의 表現!

이것을 이끌어 이것을 뭉치여
한사ㅎ고 원수의 쇠사슬 끊으려든
잊을수없는 一九二六年 피의 이땅 半世紀의 記錄위에
찬연히 빛나는 六月十日이여

이날을 解放山川에 거듭맞는 무량한 감개속에서
이날에 쓰러진 수많은 先烈들게의 뜨거운 뜨거운 인사속에서
우리들은 다시금 본다 명백히 본다

유일한 勝利의 길 統一民族의 길은
이미 이때에 시작된길
그길을 앞서 그길을 인도한것은 진정한 이땅의 愛國者
오늘도 씩씩히 새조선의 先頭를 긋는 民主役軍들!

그러나 그길을 두려워하고 그길에서 이탈하고
怒濤같은 三千萬의 前進을 漢陽漢都 한고장에
挫折식힌것이 누구였든가

그무리는 바로 지금도 만민갈망의 유일한길
民主獨立의 大途를 끝까지 저해하고
오로지 專制와 特權의 邪慾에 광란하는
저 賣國逆徒들!

萬綠 무르녹는 六月薰風에
祖國創建과 增産의意慾 날로 熾烈해가는
北朝鮮에서
또다시 이날의 記念을 生命의 敢鬪에 맹세하며
우리들은 싸우는 南方 그리운兄弟들께
더욱 굳센 손길을 보낸다

참을수없는 憤怒와 참을수없는 憤怒와
擊滅仇敵의 決意도 새로운 우리의 손길을!

우리는 이봄을 노래한다!

우리는 봄을 노래한다

春窮에 더욱 주우린 창자를 움겨쥐고
그래도 매마른 논밭이랑을 膏面의 채ㅅ직에
다시 휘몰리던 怨恨의봄이 아니고
男負女戴 터벅여가는 故土의 마지막 江나루
미여지는 가슴 터지는 號哭으로 山川도 울리던
斷腸의 봄이 아니고

드높은 쇠창살을 슴여도는 풀꽃향기
또한해 獄舍에 여위여가는 數萬義血의 한숨이 새로웁고
거룩한 殉國의 一念 애트ㅅ한 祖國光復의 정성이
異域의 幾多山河를 鮮血로 물들이며
이름없는 무덤으로 드러가던
悲歷의봄도 아니고

아 눈물의 새벽驛頭 그아들 그딸 그남편 그형제들
까닭모를 屠獸場으로 牛馬의 苦役場으로
몸부림치면서도 보내지않을수없었던
뼈저린몸도 아니고

지금 우리는 노래한다 우리 이봄을
한없는 勝利와 光榮과
부프른 希望과 즐거운 勞力에 빛나는 우리의 봄을

解放塔 높이 솟은 聖山 牧丹峰
半萬年 淸流壁의 多恨한 이끼 새빛푸른 능수버들도
새날의 感激에 떠는곳
大洞江 세찬물줄기 白衣의 오랜恥辱을 씻으며 씻으며
여기 우리의 首都・平壤은 오늘도 밤을이어 짜가는
새歷史의 쾌속한 바듸ㅅ소리
또다시 世界의 耳目을 당황케하고

보아라 六道山野에 타오르는 建設의 불꽃
들어라 六道天地가 떠갈듯한 增産의 함성
왼마을이 왼거리가 왼저자가 왼나루가
단 한덴이가 되어 단 한뭉치가 되어!

온갖 苦難을 뚫고 온갖 障壁을 뭇찔르고
모든 不可能에서 可能을 爭取하며
아무것도 없는곳에서도 모든것을 創發하며
이한해 人民經濟의 北朝鮮도 기필코
千萬代 富裕의 첫地点에 到達하려한다

아아 열려오는 봄과함께
보다 씩씩히 前進하는 民主北朝鮮을
前進하는 民主北朝鮮에 열려오는 燦爛한 이봄을
우리는 노래한다 목청을 다투어
넘치는 讚揚과 높은 矜持와 뜨거운 뜨거운 사랑속에 ─

三千萬의 和唱

1

暗雲 첩첩히 드리우고
매서운 새ㅅ바람 조석을 휩쓰러
蒼空에 하나 남은 새나래도 없고
한밤중 풀벌네의 숨소리조차 기를못펴든 抑壓의 이疆土

논밭도 터전도 산도 뜨을도 바다도
마소우리도 농궤짝도 속속드리 할키 할키여
정든 마슬 垂楊 푸르든 洞口앞에
날을따라 北滿과 靑樓의 어설픈 傳說만 茂盛해가고

마츰내는 성을잃고 이름을잃고 글을잃고 말을잃은
殘骸의 거리
오즉 하나 生命으로 의지하든 그血肉마저
까닭모를 屠獸場으로 白日下의 生地獄으로
휘몰려가든 피눈물의 그季節!

恥辱의 피는 썩어 썩어
屈從과 詞詔 變節과 野合의 구역나는 濁流속
그러나 죽지않은 人民 슬기로운 그前衛들
半百年 朝鮮史에 그이름과함께 잊지못할 수많은 記念碑들
남기었다해도

누가 진실로 十年을 하로같이
주저앉이않고 피하지않고 변하지않고 쉬지않고
密林을 벼개하여 草根으로 延命하며
肉彈을 드러 肉彈을 드러
끝까지 원수와의 피ㅅ비린 抗爭을 이었든가
끝까지 白衣의 存在 白衣의 榮譽를 직히었든가

아아 長白峻嶺의 줄기줄기를 피로 물드린 그경역과함께
七百里 鴨綠의 구븨구븨를 피로 수놓은 그족적과함께
人民은 안다 똑똑히 안다
그이야말로 絶世의 愛國者 萬古의 빨치산
우리의 金日成將軍!

2

解放은 가없는 平原이었다
平原의길은 하도 많었고
平原의길은 저마다 제길에 選手이려했다

아 摸索과 相克과 焦燥와 騷亂의
混沌위에 屹立하여
온갖 荊棘를 뭇질르고 萬難을 걷어차고
北方의 千萬人民을 오로지 民主와統一――
完全獨立 自主富强의 大途로 인도한 이

이길의 불과 年餘!

勞動萬民에게 土地와 權利와 平等과…………
말로 왼世界의 刮目속에 왼세계의 驚倒속에
億年不動 人民朝鮮의 確固한 土台를 이루어준 이

그이야말로 眞實한 人民의벗
그이야말로 眞實한 우리의領導者
그이름도 빛나는 金日成將軍임을
우리의 人民은 똑똑히 안다

오늘 全休人民의 뚜렷한 意思는 무엇이냐
이대로의 北朝鮮이 곧바로 全朝鮮이 됨이다
오늘 全休人民의 끓는 熱望은 무엇이냐
北朝鮮과 꼭같은 政權의 全朝鮮에의 實現이다

이리하여 三千萬人民의 聲調는 스스로 합하여
저절로 우러나는 우렁찬 和唱이
지금을 바야흐로 南北朝鮮을 흔든다
三千里 方方谷을 흔든다

"우리의 首班은 臨時政府의 首班은
그것은 반드시 至高至純한 朝鮮의 피
人民朝鮮의 權化
이미 萬邦에도 그光芒 輝煌한
金日成將軍!"

祝宴

하이헌 테-불 시-즈위에
크래스 · 컾은 컾마다 감격에 넘치고
소장 · 니코라이의 축사는 축사아니라도 조왔다
박수 박수 박수 귀도잃은 박수속에 박수 또 박수……

서긔 천구백사십오년 구월 이일
'항복조인'!

정각 오전 구시 사분
북변의 창공을 이십륙발의 대포
아 만적 일본의 최후를 아뢰는 은은한 포성이여

끊어진 쇠사슬이 새삼스리 무거웁다
어찌나 살엇드냐 설흔여섯해의 그 허구헌 세월을!

아 그세월을 피로수놓은 수많은 형제여
지끔 우리의 경전한목도가…… 그러나 무한한 유쾌속에 있다

어서 드러 다봐리시치! 그 술잔을
이무 쓰러진적과 또하나 오고야말 우리의
승리를 위하야 축배를 드러다우

몽몽한 초연속에 스피릿 · 알콜의 푸래스크는 난무하고
아 텐트를 뚫어저오는 광장 · 광장

붉은군대와 군중의 환호소리여

우라— 스딸린
우라— 스딸린
조선독립만세
근로인민해방만세

——九四五・九・二 於 惠川 鎭쏘軍主催祝宴에서 —

아오라지나루

코스모스 욱어진 漣川 마을엔
한글공부ㅅ소리 박넝굴보다 더 낭자하고

아오라지나루는 서울의 나루여서
야반 준령 오십리ㅅ길도 멀지않았다

나루는 旣望의 달빛이 白砂를 깔고
渺茫한 金壁위에 은장구를 뚜고

나루ㅅ배는 한척인데
서울손은 백에도 또 몇몇백……

— 기다려도 기다려도 못건늬는 나루를
三七制의 새소식이 새소식을 부르니

나루직이 하라버지의 쪼드른 볼에도 저절로 잔웃음이 떠오르며
아오라지나루의 기—ㄴ긴밤도 휘여—ㄴ히 동터오는것이였었다

——一九四五·九·서울道中記—

鐘路네거리에서

이제 진정 우리것인 鐘路네거리에서
그러나 우리 그女人은 누구를 맞어야하느냐

激浪 激浪 群衆의 激浪위에
不安 焦燥의 灰雲만 低廻하고

아 世紀의 盛饌과 寢室은 準備된지 오래이나
기다리는 그이는 오지않는다

그가 한개 人民인 그女人께 참으로 眞實한 사랑을 가진한
그는 朴가라도 좋고 그는 李가라도 무관하고

길은 길마다 곳곳이 있으나
아즉도 길은 길마다 鐘路로 通하것만……

오늘도 헛되히 저므는 거리를
갸바레ー·호노르르의 땐싱뮤ー직이 조롱하고

하마 앗질헌 삘딩 삘딩에선
여태 偉大(!)한 會議들이 續行될뿐

아 이제 진정 우리것인 鐘路네거리에서
그러나 우리 그女人은 누구를 맞어야하느냐

八・一五

알뜰히 수염밀고 구두닦으믄
八・一五부터 시작한 습성입니다

무어랄가 이렇게 기꺼운일이
날마다 어드멘가 있을것만 같고

일었다ㄴ 다시눕는 아츰버릇은
八・一五부터 저 머―ㄹ리 버리었습니다

누구ㄴ가 부르는듯 기다리는 듯
마음 저절로 송구스러워 ―

만사 허허 허든 그런 표정도
八・一五부터 슬며―시 사라졌습니다

오다가다 생긴일 하잖은일도
진정 모다 내일만 같고 소중만 하고

아 술마히고 울어보든 숲은 작란도
八・一五부터 깨끗이 잊었겄습니다

분헌것 괴로운것 아니꼬운것
그도 저도 우리끼리의 잘잘못이기에 ―

어머니

어머니!
저는 지금도 이대로 어머니를 지나갑니다
고향·북청을 이대로 지나갑니다

지난날은 지난날로
뒤ㅅ쫓는 호구에 바쁘고
오늘은 오늘은 소리없이 우리일이 채ㅅ직질해서 ─

재넘소새가 보입니다
소새넘어 황양한 공동묘지끝
돌보는이없는 어머님묘를 추초는 함부루 얼크러지고

아 그 조그만 비석도 그속에 묻히여
'울면도 울면도 차라리 잘가섰다……'한
눈물의 세글자혹도 혹혹이 잊으러졌겠습니다

아 어머님 가신뒤 십년 ─
키나리 이엉석백이는 청년의 모─든 자랑을 잃고
가슴깊이 무위의 부끄럼만 얻었습니다

그러기에 어머니 이 화려한 해방의날도
아─무것도 바라지않고 돌보지않고
오로지 빛는 조─그만 일속에 저는 저를 묻으렵니다

아 이밤도 영원한 외로움을 풀벌레 설어히 울고
가난과 박행에 여윈 어머님 가슴위엔
하염없이 하염없이 차ー단 서리만 내리겠구료……

三月가까운거리에서

三月가까운 이른아츰을 벤또 끼고 걸으며
문득 볼그레− 노을빗긴 언덕을 바라본다
아 거기 머잖어 버얼나븨춤 무르녹을 개나리·벚꽃속에
'피의三一' 높은향긔 목메게 풍겨온다

앞을가는이 모다 바쁘고 뒤로오는이도 모다 바쁘다
모−든 형제자매 우리일로 우리일터로
아 새삼스러히 가슴한바닥을 치밫어오르는 해방의 기쁨속에
뜨거히 뜨거히 일키여드는 '피의三一'이여 '三一을이은피'여

그것은 애국의 단일색 진홍의 애국색
그 피ㅅ속에 불순한 아−무것도 있지않었것만
아 아즉도 거리의 좌우에 농후한 일제색
저기 또하나 빗두른 정욕(政慾)에 눈을붉히고
피의오늘을 오독하는 백색도당들!

우리의거리여 어서 숙청의 비를들고
나아와 부흥의 문을 열어!
오늘을 한시바삐 조국조선이 요구한다 건국조선이 재ㅅ촉한다
그러나 '三一의피'는 맨주먹의 피가 아니었느냐
맨살의피가 아니었느냐!

窓을열면

窓을 열면 오래도 풀린 겨울을
성천강 푸른 물결 소리 높이 흐르고
江邊 하이한 砂場엔 산들한 바람결에
봄마지 五色빨래의 흥겨운 어깨춤이 버러지고

달마중아넌 '만세교'를 목메게 오는이 가는이
(벌서 欄干에 턱괴인 그우울헌 表情을 거기 발견할수는 없고)
建國의 한낮은 저마다 바쁘다

저 머―ㄹ리 파아란히 白楊나무 물오르는곳
'서상정' 일대의 굴둑·굴둑에선
오래 끊이었든 煙氣 煙氣
하나 둘 爛漫한 꽃을 앞질러 무럭무럭 피여오르고 ―

汽笛이 운다 汽笛이 운다
南北을 헤치고 東西를 꿰뚫으고
어서 貨車가 달리라 特急이 달리라
아 三千里 왼江山을 가슴가슴 한抱擁에 무르녹일 最大特急이!

哀歌

弔 · 三學兵

그대들을 들은 旅舍의 외로운 반밤이
절절히 學旅의 그대들을 생각케한다
그것은 長恨의十有餘年—말로 '가처진靑春'의 哀史이었다

빗두른 배움의날이 참을수없는 義憤에 불을 달어도
나이와함께 자라는 '民族의눈'이 누를수없는 熱血에 부채질해도
그어느해 그어느하로
그대들 한번 自由로운 입밖엔들 나서봤느냐
史上에도 드믄 暴惡의 챗직이
마침내 까닭없는 『鮮血의屠獸場』에 휘모라
사랑하는 故鄕하늘과 따사로운 父母兄弟의 품과 이루어못본 젊은날의
그 애절한 꿈에도 마즈막 訣別을 짓든
一九四三年一月二十日 斷腸의 그날이여 피눈물의 그驛頭여

오 幻影아닌 世界의 새벽을 祖國의 기ㅡㄴ밤도 밝어
오매에도 못잊든 漢陽옛터의 그리운再會
그러나 街路樹닢에도 남은 겨울이
미처 그대들의 華麗한 새靑春을 祝福하기도 전에
누구냐 營營建國의 오늘 正義와 希望에 부프러
참새처럼 날뛰는 그대들가슴에 慘殺의 銃劍을 겨눈자가!

흘려진 그대들의 피는 결코 그대들만의 피가아니다
찌저진 그대들의 살은 결코 그대들만의 살이아니다

오오 지금도 그처럼 붉은 혀를 내밀고 三千萬의 하나로서
三千萬의 피를 三千萬의 살을 탐내는者들의 이름을 어서 밝혀라

歷歷한 白日아래 '팟쇼저울'은 드러났다 '팟쇼朝鮮'은 드러났다
거기 全同胞의 憎惡는 集中한다 거기 全同胞의 報復은
鐵의맹세를 가진다

오오 安眠하라 親愛하는 우리의 英靈!
그대들의 最後까지도 목메게부른 '人民共和國' 萬歲소리
이제야 다거오는 이땅의 陽春과함께 왼江山에 퍼진다
坊坊曲曲에 퍼진다

國際婦人記念日에

문을 열면 —
三月 다양한 햇살이 마당가득히 피였습니다
우중충한 그부엌속이 숨맥히지들 않으십니까

하—얀 고무신에 기—ㄴ 꼬리치마 없음을 부끄러워해서 무얼합니까
아즉 우리의거리는 그리헌 아름다움에
탐탁할 겨를을 가지지 못했습니다

들리시않습니까!
저 베트르그라—드의 노래가! 왼세계 여성의 노래가!
아 '빵과 자유와 토지와 평화'의 우렁찬 우렁찬 노—랫소리……

노래는 다시 높어 피의三— '순국여성보'
노래는 끝없이 펴저 왼강산에 펴저……
여기 저절로 화창이 솟지않는 입술은 진정 '동포아닌병'에
병들었습니다

누구입니까 아아무것도 모른다고 고개를 숙우리는 이는
정말 모름을 깨닫는 순간은 가장 자랑할 순간입니다
모—든 앎믄 그순간에서 비로소 싹트고 입피므로

전진하십시오! 어서 가슴을 내밀고 크게 활개를 치며
저기 문은 문마다 열였습니다 해방으로 통하는 온갖문이 —
아아 지금 씩씩한 그보무속에 무한한 당신들의 매력을 봄은

한낫 우리들의 착각이 겠습니까!

붉은 兵士

그들과의 인사에 말은 없어도 조왔다
다-만 덥석 손을 잡고 서로 웃고……

마음으로의 친선의 자리에 권이있어 무얼하리
연달어 철철넘는 컵을쪼아 한숨에 마히자

미루 장만한 '음모'가 아니기에
그들의 연설은 식음의 간간을 잇고

하마 미끌듯한 그어음속에도
마듸 마듸 '스딸린'만은 어엿이 들려왔다

아 젊은 병사여 어서 우크라이나의 향긔높은
그 아코녜옹을 드러……
늙은 동요도 높은 장교도 춤춘다 춤춘다 얼크려저 얼크려저

아 그속에서 잊엇든 우리노래 저절로 우러나고
아 그속에서 무듼 우리들의 어깨도 저절로 들먹여지는것이었었다

歡迎·金日成將軍

장군이 오시는것은 아아무도 몰랐으나
장군이 오신것은 누구나 알았다
장군은 가릴수없는 우리의빛!
장군은 감출수없은 우리의태양!

우리의 절대한 환영에 장군은 장군이 아니여도 좋고
우리의 무쌍의 광영에 장군은 '위원장'만으로도 족하였으나
장군은 인민을위한 인민의 한때도 심히 애끼고
장군은 인민의 일상에서 특별한 인민됨을 구지 사양하신다

누구나 장군은 젊다한다
그렇다 장군은 젊다 (우리의 장군이 늙어서되랴!)
만고풍상 혈전혈투의 과거가 그렇고
오매에도 못잊든 개선조국의 오늘을 더욱―

장군의 은혜로운 초양(初陽)은 이미 눈물의 대지위에 드리우고
이제야 중천에 혁혁한 장군의 백광은
온갖 불순물을 불살르며 불살르며
동식(冬息)의 굴둑마다 굴둑마다 칠연(漆煙)을 북돋는다
아 장군의 씩씩한 보무를따라
바야흐로 무르녹으려는 란만한 북조선의 봄을 보아라!

장군은 바쁘다 바뻐야한다
(기억하자!) 장군은 우리만의 장군이 아니요

장군은 남조선도 빛일 남조선도 빛어야할
아아 삼천리 완강토의 위대한 태양!

建設의 五·一節!

多恨의 기-ㄴ 歲月을 거처 苦難의 많은 고개을 넘어
이땅에도 꽃을 지나 아지아지 푸른ㅅ닢 무르녹을
新綠·五月을 바라보며
五·一節은 다시금 우리 가슴에 안기련다

이제야 우리의 오늘은 아지삐라로 바쁘지 않어도 좋고
이제야 우리의 이밤은 피케로 세워지지 않어도 좋고
아 처음으로 全同胞의 歡呼와 自由로운 呼吸속에서
五·一節은 맞어지련다

가가 호호 豫祝의 기ㅅ발이 날리고
거리 거리에 盛大한 솔문이 서고
보다도 職場·職場에서 울려넘치는
저 우렁찬 부르짖음은 무엇이냐!

'團結은 힘이다 萬國勞動者여 團結하자!'
'그러나 우리의 이 五·一節은 建設의 五·一節!'
'그렇다 모-든힘을 增産에!
오직 增産에!'

全農民은 대답하련다 播種完遂로!
全企業家도 화창하련다 産業復興으로!
모-든 文化人도 學徒도 官吏도 女性도 使用人도……
저마다 제마당에서의 새로운 決意로 호응하련다!

五·一節은 建國의 大動脈에 쏟은 萬斛의 熱血!
五·一節은 敵의 가슴에 꽂는 最後의 匕首!
五·一節과 함께 民主朝鮮은 자라고 民主朝鮮은 굳어지고

아 祖國이여 잊지말라!
머잖어 將來할 너의 光榮의 그날
이 五·一節의 主動者 眞實한 朝鮮의 愛國者
우리 勤勞大衆의 至大한 尊敬과 높은 祝杯를!

土地는 드듸여 農民에게!

○報編輯局에서 土地改革令을받어들고

이소식 받어들고
층계를 오른다
이리도 층계가 길었든가
내마음은 바쁘다

연필끝을 빨지않어도 조왔다
치바쳐 오르는 감동이 저절로 적는
'아아 진천동지의 감격이여
토지는 드듸여 농민에게……'

뜨거워 오는 눈두던을
내살든 마을 마을—
맨발로 얼음장위를 거닐든 그어린이들이 떠오른다
'물갈이'에도 한치마를 돌려 앞을가리든 그안악네들이 떠오른다

아 그저녁을 발버둥치며 청루로 실려가든 열여듭 순이의
핼숙한 얼골이 떠오른다
아 그새벽을 보따리지고 북만주로 흘러가든
육순 박첨지의 하―얀 머리털이 떠오른다……

아아 인고의 기―ㄴ 세긔여
너는 갓느냐
피눈물의 기―ㄴ 역사여

너는 끝났느냐

이제야 휘여―ㄴ히 밝는 농촌
밭 두던마다 논 이랑마다
앞을다투는 파종을 흥겨운 코ㅅ노래도 구성지고
한뎅이흙 한줌거름에도 백천송이 이삭을 맺어……

가을이면 을넘는 거드매ㅅ뒤
달밝은 동구 고을―
하라버지도 손자도 한데 엉크려저
소기치며 꽹매치며 어―널널 상사듸야……

아아 꿈아닌 이현실! 거즛아닌 이사실!
진정 오늘을 웃음보다도 울음으로 맞을 농민형제여
이기쁨 한데뭉쳐 이기쁨 굳게뭉쳐
이고마운 '인민조선' 길이길이 직혀가지 않으려느냐!

어서 안기라 나의 파로-마!

꽃피려는 마을에서 나는 살고 꽃피려는 거리를 나는 걷고
아 이마을 거리에도 꽃은 피는가!
꽃꽃꽃 수없는 꽃과 숨맥히는 향긔와

아 봄은 오고 봄이 무르녹으면
버얼나비ㄴ양 내노래 풀리고 내나래도 펴지고
아 진정 꿈아닌 현실인가!
幸福을 못믿는 슲은 習性을 헤치고
나는 내눈앞을 다시금 쓰다듬어 본다

살어 삶같잖은 허다한 星霜
그러나 허파마전 썩힐수없는 심사였기에
겨울은 가을을 이어 더욱 음한하고
오는날 가는날 生活의 한복판을 휩쓰는 새ㅅ바람
돌·모래가 더욱 아펐다

그아츰 내다시 못가는길을
그러므로써 그를 보내고 더욱 울었고
때마다 못견딜 自蔑의 저녁이면
독한잔을 거듭하고 또한 울었다
아 우름속에 가없은 내어머니도 가고
내靑春도 가고 내자랑도 가고……

어서 오라 나의 파로-마! 어서 안기라 나의 파로-마!

이제야 歲月은 비로소 너나의 즐거운 約束을 허락하고
또한 직혀주려노니
아 무엇을 의심하는가
지금 몇개 차-단 빗방울 이마를 때린대도
이는 꽃봉오리를 재촉하며 지터오는 季節의
한낫 조화가아니겠느냐

花園

꽃이 피런다!

오래인 零落의 花園에
渴望의 봄이 깃드러
아지아지 닢 푸르고 봉오리 맺고
바야흐로 백가지꽃 란만히 피런다

아 꿈아닌 눈앞을
그리도 그리든 향긔 목메게 풍기고
그리도 못잊든 단꿀 떨기마다 흘리며
여기 꽃은 꽃마다 웃음지여 그대들을 맞으런다

어서 오라 모—든 蜂蝶
어서 모으라 모—든 蜂蝶
이제 그만 그 무이미한 허공의 低廻들을 그만두고
이제 그만 그 어리석은 雜草속의 고집들을 버리고

花園은 그대들의 靑黃을 묻지않는다 赤白도 가리지않는다
花園은 말로 千蜂萬蝶 그대들의것
다—만 花園의 슲은날도 좀먹든 버러지떼만 물려가고
모—든 蜂蝶은 花園으로 이花園으로!

祖國이여!

두번다시 불러보지못할것만같었노라
祖國이여 네이름을

진정 두번다시 불러보지못할것만같었노라
祖國이여 네이름을

아아 불러봐도 불러봐도 또다시 불러보곺은
그리운 네이름 나의祖國아

코끼운 소의 삷이였었다
행길가 장승의 나날이였었다

아 까닭없이 뺨맞은날에도 한숨하나 있을수없든
인고의 반세긔여 너는 갔느냐!

지금 이렇게 기쁜 나를 의심할 필요가없고
지금 이렇게 열리는 내입을 두려워만해도좋고

아 자유여 해방이여 祖國이여
아스러질듯 다거드러 떨리는 내가슴에 안기라

꿈이련듯 너를 안고 이밤을 달밝으면
하염없이 벼개ㅅ모를 적실 다한한 네경역속

이역만리 머−ㄴ해외에서 햇빛못보는 '비애의성사'에서
춘풍추우 허다성상 오로지 너를위하야 피흘리고 너를위하야 메마른
수많은 형제들게 무엇으로 사례하리!

아 태극기ㅅ발이 하늘을 뒤덮고
독립 만세ㅅ소리 산천을 뒤흔들고

거리거리를 거젝이쪽에도 웃음이 피고
마을마을을 돌쪼각에도 노래가 우러난다

아아 이환히 이감격위에
祖國이여 빛나는 네이름 영원히 빛나기위하여
어서 얹어다우 '인민공화'의 그 화려한 화려한 면류관을!

歲月

歲月!
그언제나 우리와함께 있으면서도
그어느 하로 우리와함께 있어본적없고

오 서른여섯해의 허구헌 나날을
마츰내 우리들의 가슴에 熱火를 북돋든
그녀의 샛빨간 치마자락의 昧惑마저 빛바래가든 우리의 歲月아

활작여러 너의窓門을!
지끔 이華麗한 새아츰을

드높은 네城壁은 드듸여 消滅되고
물붓듯 눈부신 햇살이 쏟어지는 너의 窓門을

아스러지는 抱擁속에
흐늑이는 울음속에
歲月이여 진정 悲痛한 네過去를 우리는 아노라
多恨한 네過去를 우리는 아노라

일즉 얼마나 많은 젊은피가 네城門에 뿌리우고
일즉 얼마나 많은 안타까운 손톱이 네城들에 이즈러졌느냐

歲月 너는 모든우리 이땅 萬民의 戀人이면서도
歲月 너의몸은 完全한 그들의 掠奪속에 있고

歲月 너의貞操는 끄님없는 그들의 협박속에 있고

오 이갈리는 그들에게의 새삼스런 憎惡로
驅逐될 그들의길 남은 草木도 불살르고

어서 가자 거리로
아 自由와 解放의 그 燦爛한 자태를
저기 너를 고대하는 우리의 거리로……

가가 호호 깃발이 춤추고
노래소리 山川을 흔들고
저자에 뒤굴르는 거젹이쪽에도
박꽃처럼 웃음에 피어나는 우리의 거리

누구냐 거기 유독히 거대한 지붕밑
이밤 호을로 너의 香氣런 寢室을 차지하려는者!

特權의 목을잡아 밖게 세워라
그頭上에도 撲滅의 철퇴를 내리자

아 기다리든 歲月!
다시금 다시금 아스러지는 포옹속에
우리는 맹세한다

歲月!
우리는 우리의 너를 길이 직히리
萬民의 너를 단연 직히리!

避難民列車

車대구리도 客室인 避難民列車엔
주렴처럼 느러달린 無蓋貨車 無蓋貨車
無蓋貨車도 용히 타볼수없는 一等車였다

奧地 滿洲에선 열에도 열흘길
오늘도 三千의 四千의 一식커문 汽笛이
그리운 祖國山川의 驛驛을 驛마다 피로헌 기ー∟숨만 남기고

南으로 南으로……
아 털리고 액기고 찌눌려가는 봇다리ㅅ속엔
봇다리마다 異域千里 數十星霜의 무엇이남었느냐 무엇이남었느냐

울고지나든 咸鏡線에 가가·호호 太極旗는 휘날려도
곰팡쓴 조떡쪽만 뜯으며 뜯으며 오는 저 늙은이
아 배곯으다 손내젓는 저 어린것의 메말은 어미의 젓가슴을 보아라

아즉도 까ー마득헌 南方 깊어오는 가을 밤밤을
차ー단 거제기쪽엔 한줄기 푹으ー∟한 꿈길도없고
그 고향 全羅 慶尙道를 오곡은 무르녹어 한창이라도
그 어느 따스헌 가마목에 저들을 맞어줄 누가 있으리

날이날마다 날이날마다
한달을두고 더와도 끝안나리라는
避難民列車 避難民列車…………

왼 江山 기쁨속의 눈물이여 어서 저들께로!
모―든 救援의 손길이여 어서 저들께로!

――九四五·―○·咸鏡線道中記 ―

十一月七日!
於 · 惠山鎭 『記念式典』 朗讀

오늘 우리의 하늘은 붉은긔ㅅ발에 덮이고
오늘 우리의 거리는 도도한 행열과 우렁찬 노래에 묻히고
이밤 우리의 식장은 이 숨맥히는 감격과 터질듯한
박수속에 진행되고……

오 이십팔연전 이달 이날
뻬쩨르그라—드에 충천한 위대한 봉화!
세계 특권의 아성에 최초의 원혼을 불살르고
만국 근로인민의 가슴에 승리의 광명을 점촉(點燭)한 긔념의 닐이여

이를 교훈한 맑스 레—닌에게 심심한 경예를 보내자
이를 지도한 뽈세비키에게 심심한 경예를 보내자
아 심심한 경예는 또다시 쓰딸린대원수와 붉은군대에게!

그뒤를 모든 이리떼의 발톱에서 '인민조국'을 직히여 오늘에 이르고
혈전혈투 오개연여 세긔의침략자 일독의가슴에 최후의 비수를 꽂고
아 드듸여 이강산에도 광명의 새아츰을 선물한
쓰딸린대원수와 붉은군대!

희상도 쓰라리다 삼십육연간
치욕과 인고의 삼십육연간
거리의 돌맹이 하나에도 한숨이 슴이고
밭두던의 흙한덩이에도 피눈물이 베었다

아 우리앞엔 해방의 대평원
자유와 행복의 해방의 대평원
누구냐 해방의 대평원에
또다시 사욕(邪慾)의 백색그물을 펼치려는자!

지금 우리께도 동궁(冬宮)으로 향하는 굳은 결의가있다
지금 우리께도 '뻬쩨르바우롭스키요색의대포'는 준비되여있다

모─든 주권은
인민께로!

십일월칠일 긔렴조선이여
명긔하라
모─든 주권은
절대 인민께로!

偉大한 太陽

一九四二年 一月二十一日 이른봄 겨녁을
모스크바郊外 콜키—村엔 偉大한 太陽이 떨어졌다

그것은 勿論 콜키—村만의 태양이 아니였다
전로씨야 全歐羅巴 아니 全世界의 偉大한 태양이였다

태양! 그가 언제 國籍을 물은일이있는가
태양! 그가 어느하로 國境을 따진적이있는가

말로 왼天地 오래인겨을 그매운 눈바람에 떠는
벌거숭이 뭇나무에 茂盛한 푸른닢과
우중충한 돌바위밑 이름없이 찌눌린 한포기풀에도
아릿다운 꽃을 약속하든
오오 따쓰한 봄의創造者 恩惠로운 태양은 떨어졌다

그겨녁을 祝福한것은 '어둔밤의도깨비' 뿐이었고
그겨녁을 흐늑여운것은 봄을그리는 全世界였다

진실로 全世界의 鳴咽속에 떨어진 太陽
萬國勤勞人民의 首領이요 아버지요 스승이요 동무인
그이름도 그리운 이리이츠 · 레—닌!

그대의 빛을 공갈하든 雨雷의 여름을 우리는 안다
그대의 빛을 가리든 雲霧의 가을을 우리는 기억한다

그대의 빛을 얼어부치든 痛寒의 겨을을 우리는 잊지않는다

오오 苦難의 그대길!
西伯利亞流刑의 三年이여
나르드닉 멘세비키……와의 安息없는 鬪爭이여
巴里와 제네봐의 그 漂浪의 날이여

레-닌! 그대는갔다 그러나 그대는있다
보아라 그대와 봄은 저럿틋 쏘베-트 로씨야에 무르녹고
그대를잇는 群小太陽이 무수히 떳다 무수히 사러진
'榮譽의무덤' 위에
이제야 世界를드러 물밀듯 그봄빛이 밀여들며 있잖으냐

오 바야흐로 지터오는 朝鮮의봄 아즉도 달리는 '封建列車' 속에서
레-닌이여 우리도 그대가놓어준 '무엇을할가'의 執途를 타고
그것은 아즉도 까-마득한 우리의 '뻬쩨르그라-드'
그러나 있고야말 '━ · 七의火花'를 바라보고 우리는 慕造한다

오오 太陽의 이름과 함게 永遠히 빛날
오오 太陽의 봄과 함게 永遠히 尊敬받을
이리이츠 · 레-닌! 이리이츠 · 레-닌!

흘러라 보통강 노래처럼 그림처럼

너, 하나 늘어진 버들 그림자도 없이
다못 붉은 흙의 주린 산야를 감돌아
지줄한 생활의 조석을
하루의 화창한 물결도 모르고
굴욕의 서경 한 모퉁이를 흐르던 울분의 강아.

여름도 삼복 이러한 철이면
의례 메마른 너의 터전을 엄습하여
연변 모조리 휩쓸던 거세인 수마
가엾은 겨레들의 하늘에 사무치는 울부짖음 속에
발 구르며 발 구르며
황토물 깨물던 네 심사를 나는 아노라

오늘 누가 네게
기름진 전망을 열어 주고
오늘 무엇이 네게
만년의 성세를 가져 왔는가,

기억하자 그 이름
기억하자 그 힘을

그 이름은
三천만의 지혜며 광명인 조선 로동당
그 손길 가는 곳에

모든 암흑은 사라지고

그 힘은 그 두리에 뭉친
인민의 힘
그 힘은 불과 두 달도 보름을 줄이고
날을 잇는 폭풍우도 굽히지 못했다

흘러라 보통강
굽이쳐라, 보통강

천 리 류역에 오곡을 기름지우며
가없이 푸른 하늘에 새 조선의 개가도 높이
꽃피는 조국의 산야를
노래처럼 그림처럼……

쏘베트 병사

키는 서로 같지 안아도
한결같이 수수하고

얼굴만 보면 새삼스런 감격으로
가슴 후더워지는 사람들

그들과의 인사의 말은 통치 않아도 좋았다
덥석 손을 잡고 서로 웃고……

마음으로의 친선의 자리에 권을 기다리랴
런달아 철철 넘는 컵을 쪼아 한숨에 마신다

미리 장만한 사교가 아니기에
그들의 연설은 식음의 간간을 잇고

하마 미끌 듯한 그 어음 속에도
마디마디 '볼쉐위크당'만은 뚜렷이 들려 왔다,

고수머리 눈망울도 시원한 병사
우크라이나의 향기 높은 아꼬데온을 들자
젊은 병사도 늙은 장교도
우리를 이끌어 춤춘다 춤춘다
흉허물없이 엉클어져,

그 속에서 우리 노래
더욱 높아지고
그 속에서 조쏘 인민 만세 소리
저절로 울려 퍼지는 것이었다.

소묘 아리샤

I

오늘도 가 주시렵니까
우리와 함께,
먼먼 산간 마을로
가 주시렵니까

당신은 뜨거운
우리 사업의 방조자
평양 '돔 꿀두리'의
우수한 영사 기사,

오늘도 영화며 전람품이며
새로운 문화의 선물들
가득 실은
우리 트럭과 함께,

거기 진일 멧비둘기 구구 울고
근면하고 소박한 우리 인민들
증산에 불꽃 튕기는 곳으로
가 주시렵니까.

이렇게 련일의 피로

짙은 안개처럼 서리고
첩첩 산곡 오름길은
험난도 한데,

"하라쇼 뽀이좀쩨……"(좋습니다 함께 갑시다)
대답도 가벼이
그 누구보다도 먼저
트럭에 몸을 얹는,

아리샤
금발 빛나는 당신의 이마가
어찌도 거룩하게
보이는지요.

Ⅱ

모내기, 김매기로
솜처럼 피로한 밤
밤도 깊어 이슥한 길,

할아버지 할머니들까지
뒤받들리며 이끌려 온
이십 리 삼십 리……

저 우렁찬 토키 소리도 까무러칠듯
터져 나오는 환성이여

무너지는 박수여,

박수를 잇는 박수 속을
아리샤 금발 어린 당신의 이마엔
구슬 같은 땀방울이 맺히는데

"바랄라이까가 있었으면
 바이야느가 있었으면
 좀 더 노래라도 들려 주고 싶다"는 당신은

당신은 얼마나
저 수수한 사람들을 사랑합니까
서렇게 수수한 사람들을
얼마나 사랑하는 당신입니까.

Ⅲ

그 드덕진 손길들이
굳이 걷잡는 길
굳이 사양하고
오르는 귀로

모기불 무럭무럭 타오르고
호박 찌개며 풋고추 찌갯내
폭폭 풍기는 멍석 우에
즐거운 밤참들이 어울려진 마을,

마을은 찬란한 달빛
새로운 이 세월의 드높은 찬양인양
찬란한 달빛에 묻혔는데,

아리샤
깊은 호수처럼 가없이 푸른
당신의 눈동자에선

'우호와 평화'의 무수한 이야기가
은실같이 금실같이
흘러 내리는구료.

달과 딸과 어머니와

마당 가득히 우거선
강냉이잎을 흘러, 대싸리잎을 흘러
기름대 우 어른거리는 새로운 판자마루
열일곱 분이의 귀여운 량태머리를
어깨를, 무릎을, 달빛이 흘러

어머니에게 딸은
발그레한 다리야처럼 비치는데
고을 녀학교 신입학의 래일을,
잠 못이루는 딸……

분아,
딸을 꺼안은 어머니의 손길이 떨렸습니다.
어머니
어머니에게 안기는 딸의 어깨가 물결쳤습니다.

울긴 왜
울긴 왜…… 하면서도
속으로 더 운 것은, 더 운 것은,

어머니는 외로운 모녀의 골수에 사무친
행랑살이 십여 년을 울었습니다.
그여 옥사에 이슬된 원칠이
그리운 그리운 그이를 울었습니다

아 지금 제 땅에 제 집 짓고
딸자식 공부까지 보내는
꿈같은 오늘을 울었습니다.

아늑한 행복에
깊이 잠기는 산간 마을의 밤을
벌레 울음 높아가고

달빛 흐르는 딸의 머리 쓰다듬으며
유난히도 밝은 달 우러러보는 어머니에겐
가없이 푸른 하늘이
환히 열린 새 세월만 같고
이런 세월을 베풀어 준
당과 수령님께의 뜨거운 감사!
용솟음치는 그 감사 우에
가을 현물세도 남먼저 바치자
녀맹 일도 발벗고 나서자는
갸륵한 맹세
저절로 굳어지고 굳어지는 것이었습니다.

환송

오늘도 이 강토의 새날을 축복하듯
천 리 창랑이 밀려 들며 밀려 나며
흰 갈매기 훨훨 중천에 나래치는
동해, 가없이 푸른 항구를
붉은 기폭 휘날리며 그대들은 떠난다.

잔교를 뒤덮은 우리 모두
친우인양 형제인양
저마다 앞다투어 뱃전에 성을 쌓고
연신 손수건을 흔들며, 모자를 흔들며
멀어 가는 그대들의 모습 더욱 가슴에 못박히누나.

눈을 돌리면, 저 무연한 들을 물결치는 오곡
저 굴뚝마다 치솟는 걸검은 연기
저 지붕마다 너울치는 찬란한 깃발
그 어느것 하나 그대들의
뜨거운 도움의 기록 아님이 없나니,

어이 잊으리 그대들을
진정 그 자국마다가 감사의 불꽃되여
전체 인민의 가슴을
영원 불멸의 친선에로 불태워 올리는
쏘베트 군대여.

지금 가을 깊은 북녘
끝없이 창망한 동해바다 우에
날을 이어 그대들이 울리는 고동 소리는
끓어 번지는 감격
새로운 결의로 용솟음치거니,

그 어떤 원쑤의 피의 향연이
저 하늘 아래 오래 계속되고
그 어떤 역도들의 무리
남녘 땅에서 오래 꼬리치리
저 하늘 아래 오래 계속되리

마음 놓고 가시라, 그대들이여 '조선은 반드시
조선 인민의 손으로……'
그대들의 믿음과 기대
결코 헛되지 않으리니.

봄 여름 그 언제나
물결이 잔잔하고
갈매기 노래하는
항구한 평화와
안전을 위하여

그 빛 휘황한 붉은 별 이고
머나먼 길의 피로 씻을 사이도 없이
영광 넘치는 그 초소에
영용히 서야 할 고귀한 병사들이여
쏘베트 군대여 부디 편안히……

어느 고지에서

탄환 윙윙 날고
포탄 간단없이 터져
나무 한 그루
바로 못 서는 고지에

흙두엄물 아롱진 치마자락 휘날리며
성성한 백발이 오른다
한사코 오른다.

육중한 솜옷에 동짓달 차디찬 비가 내려
내려서 얼어
한기 뼈속까지 스며 드나

거기 사태처럼 무너져 드는
원쑤들의 퇴로를 가로막아
벌써 사흘째
한 발자국도 드팀없는 용사들에게

끓어 넘치는 마을의 정성
두두룩한 음식 보퉁이 걸머진
성성한 백발이
한사코 오른다.

정녕 어려운 고비 있어

땅 우에 웅크리면
금시 가슴 가득 안겨 드는
고향 향기 속에

멀리 가까이
무참한 연기로 사라지는
오붓한 마을과 정들은 거리
그 친근한 사람들과 귀여운 것들의
원한에 찬 울부짖음
애끓는 목소리도 들려 오는 듯

내 어찌 이 길에서
일각인들 주저하랴
음성도 날카로이 불러 일으키며
앞으로 채질하는 뜨거운 것이여,

그 어떤 힘이 이 일념을
오로지 승리와 복수와 뜨거운 원호에로 타오르는
이 인민의 일념을
막아 낼 수 있으리.

다 늙은이의 소원이라고
겨우 나선 이 길에
걸음마다 무사를 비는 것도
죽음이 두려워서가 아니다.

아, 가버린 청춘이
그 기력 싱싱하던 날이

일찍 이처럼
그리운 때가 있었던가.

탄환 윙윙 날고
포탄 간단없이 터져
나무 한 그루
바로 못 서는 고지에

흙두엄물 아롱진 치마자락 휘날리며
성성한 백발이 오른다
한사코 오른다.

어로공 금녀

어로공 금녀는 키도 후리후리
레닌모 눌러 쓴 어깨에 솜저고리 걸치고
후렁후렁한 바지에 고무장화로 나서면
영락없는 바다 사나이다,

비록 살결은 해풍에 그슬었어도
고개를 들면 어글어글한 눈망울에
보조개도 이쁜
꽃나이 스물 하나 활짝 핀 처녀,

처녀의 두드러진 젖가슴은
넓고 넓은 동해바다
첫녀성 어로공의 자랑만이 아니라
찬란한 공화국 훈장의 영예를 지녔다.

자랑의 길, 영예의 길은
그 어디서나 평탄치 않나니
더욱 창망한 바다 우 로력 녀성의 길이
그 얼마나 큰 간난과 신고로 찼으랴,

드높은 파랑에 오장 뒤집히는 멀미는
어느결에 이겨 넘기고
그물 추가 손바닥 에여드는 아픔도
이럭저럭 참을만 했으나,

동지섣달 성어기 입김도 얼어 붙는 뱃전에서
진일 허리 한 번 못 펴볼 땐
진정 눈물도 솟았고
가공부의 동무들이 부럽기도 했다,

때마다 뼈아프게 그를 꾸짖고
그를 채찍하여
줄기찬 로력에로 위훈에로
떨쳐 세운 것

사람들은 안다 그것은
"웨 못 해요 남자가 하는 일을
 저도 당원의 영예를 지키겠어요……"
저로도 놀란 다부진 목소리로
당 앞에 세운 그 맹세였음을,

그러나 누가 알았으랴, 그 불굴의 혈조 속에
"믿어 주세요, 당신께 지지 않게 저도 싸울 것을……"
진달래 피는 고개길에서, 타는 입술로 불덩이 같이 다진
또 하나의 맹세가 끓어 번지고 있었음을.

지금도 그 맹세 가슴 깊이
해초 냄새 싱그러이 풍겨 오는 바다길을,
장정들과 어깨 걸어 믿음직히 나아가는 처녀.

고향이 그립잖으냐면 고개를 설레설레
"봄이 오면 만산에 피여 흩어지던 진달래가 그리워요"
어찌 그리운 것이 진달래 뿐이랴만

보다 큰 애정으로 그 모든 것도 넘어 선듯
하냥 미소 어리는 그 얼굴,

바다여 전하라 물결마다 노래 높이
흘러흘러 이르는 그 곳마다에
그 어느 해안 방선 철벽으로 지켜 섰을 그 젊은이의 가슴에
이 귀중한 조국의 딸의 황홀한 모습을.

리별의 노래

1. 리별은 눈앞에 다가 왔는데

깊은 두메에
소식도 퍼지기 바쁘게
리별은 눈앞에
다가 왔는데

진일 행길이 미여지는 삼두마차의
정들은 채찍 소리
안개 짙은 마을을 흔들며
가마부정기까지 실어 내는데

해토 질쩍이는 랭상모판이며
저수지 파기
지어 퇴비 운반이며, 길 닦기 협조에서
흙투성이 된 손길 씻을 사이도 없이

꽃둘레 꽃리봉 단장도 정성어린
말이며 양이며
올망졸망 새끼 거느린
도야지까지 앞세우고 온 지원군 용사들,

"어서 받으시라 변변찮은 것이나

석별의 정 못 이겨 드리노니
이 짐승들 거느리고, 온 마을이
더욱 빨리 살 지고, 기름지시라……"

일찍 그 어느 조상이 보았던가
이런 사람들을
떠나는 마지막 시각까지도 돕는다고
도와도 제일 힘든 일을 돕는다고
앓는 이까지 떨쳐 나오는 것만도 목멘다는데……

산들바람도 없는
훈훈한 봄 저녁을
리 위원장 동무의 답사
몇 번이나 끊어지고

선뜻 손 못 내밀던
할아버지들마저 와락 붙안으며
그 넓은 어깨에서, 가슴에서
얼굴을 못 떼네, 얼굴을 못 떼네

2. 은가락지 한 쌍

고개 넘고 또 넘어
몇 마을이나 더듬었는가
휘영청한 달빛 아래 지팽이도 다리도
이제는 내것 같지 않다는 할머니

펑덩 주저앉아 성긴 눈섭 슴벅이며
오금까지 빠지는 진펄 익히 살펴더니
딴 사람 같이 한 '질통' 앞으로 다구쳐 가며
―아이구 여기 있었나, 난 떠난 줄만 알고……

놀라 두리번거리던
젊은 지원군 용사
어푸러지듯 붙안으며
―아 어머니 잊지 않으시구……

부르짖고 싶으리 어머니는,
―어찌 잊을 것인가
세 부모도 원통히 잃은 어린것을 불비 속에서 긴져 주고
삼사 년을 하루같이 부엌 걱정까지 해 준 자네를,

―어찌 잊을 것인가
석 달 왕가물에 밥그릇까지 들고 나와
내 작업반에서
밤마저 새워 준 자네를,

그러나 둘이 다 목멘 듯
젖은 눈길로 바라다만 보며
맨손바닥으로 서로 얼굴의 땀자국 훔쳐 주는
이들을 누가 딴 나라의 어머니와 아들이라 하랴

드덕진 손길이 떨리며
싸고 싼 보자기에서
풀어 내는 것

달빛에 유난히 반짝이는 은가락지 한 쌍

잊을 수 없는 청춘의 기억과 함께
홀과수의 한평생을 소중히도 간직해 온,
삼동 긴 겨울, 허리 한 번 못 펴보던 왜놈의 세월에도
한사코 놓치지 않은 은가락지 한 쌍

―어서 받으라우, 내 일생 소원이니
―어머니 제발 이것만은……
무릎 우에서 오고가기만 하는
은가락지여

끊지 못하리라 그 어떤 힘도
영영 헤여지는 이 마당에서까지 타산도 모르는
더없이 고상하고 순결한 것
조―중 인민의 이 뜨거운 정은,

3. 두 나라 용사들

중부 계선 솟아 아슬한 고지를
두 나라 용사들이 오르네
황토 질퍽이고 돌부리 거칠은
오솔길을 더듬어,

하마 미끌세라 다칠세라
서로 이끌며 뒤받들며

어려운 고비 고비에선
의례 앞을 다투고,

쉴참의 한 대 담배도
저마다 제것을 피우랴
한 컵 물도 나누어서만 마시는
이들을 누가 딴 나라 병사라 하랴

벌둥 같은 흙웅덩이 여직 붉은 상상봉에
기다린듯 펼쳐지는
림진강만 봄빛이여
갈대 설렁이는 남녘 땅이여,

못박힌듯 바라보는 인민군과
눈길도 함께 타던 지원군 용사들
서둘러 안겨 주는
청소한 소나무 한 그루와 붉은 깃발 한 폭

아 그 하나의 념원 얼마나 크기에
이리도 빨리 떠나가려는가
그 가혹한 三 년의 어느 한시각에도
한 치 물러선 적 없는 이 땅에서,

소나무는 싱그러운 향기 속에
길이 남아 푸르싱싱할 사랑과
세세 년년 크고 자랄
우의를 다짐하고,

깃발은 너울쳐
다함없는 승리와 영광을 축원하며
돌아 못 가는 영령들의 피어린 그 부탁도 전해 주는듯

사무치는 형제의 정이여
와락 붙안고 낯 비비며
으스러질듯 손길 틀어 쥐는 인민 군대여
그 굳게 담은 입술에서 더 무슨 말을 기다릴 것이랴

터지듯 인터나쇼날의 노래 울려 퍼지고
옹헤야로 양거리춤으로
어깨 걸고 떨어질 줄 모르는
두 나라 용사들……

밝은 세월

열 이레달 들어 건 박우물가에서
어머니는 펄쩍 뛰였네
말가니 씻은 시금치 바가지가
어푸러지는 줄도 모르고,

연분홍 무늬 어린 나들이옷에
박꽃처럼 환한 새시악시
하냥 그리던 대로 된 딸이
사뭇 흐뭇은 해도,

글쎄 이 바쁜 때 온단 말이냐
환갑이 다 무어라고,
그렇게 당부까지 해 보냈는데…… 되뇌이는 품이
그 두두룩한 보퉁이라도 되안길 것만 같은데

어쩌면 저렇게 싱글생글
대답도 놀라워라
"바쁜 때니 더구나 가야 한다고 못 살게 구는걸요
  단 며칠 홀어머니 끼니라도 보살펴 드리라고……"

누가 누가…… 하며
자꾸만 습벅이는 그 눈에
랭상모와 영양 단지 달음쳐 가는 들이
들 우에 달이, 하늘이 밝기도 하구나.

원동 초원에서

원동 변강 무연한 초원에도
전원은 무르녹아 해바라기 란만하고
이름 모를 들꽃도 꽃마다 마음껏 피여
인민의 나라 드높은 향기 목메게 풍겨 든다.

동으로 백 리 울라지워스또크는
조국의 설은 밤을 수 많은 형제들의
단장의 발길이 넘어 들던 곳
초추 八월도 옷깃을 여미는 저녁
서백리아 그 눈바람 가슴 깊이 사무친다

아, 굴욕과 인고로 뼈저리던 세월
쏘련 그대는 언제나 마음의 고향
날에 날마다 늘어만 가는 피비린 무덤 우에서도
한 줄기 그리운 '그대의 길'은 언제나 언제나 잊지 못했다.

마침내 그대로 하여 찾아진 조국
오늘 또한 그 뜨거운 도움으로 다시 서 가는 우리.
우리를 청하여 좋은 것을 배우시라
우선 건강부터 회복하시라.
여기 일부러 캄프촌까지 베풀고
밤도와 보살펴 주는 이 친절, 이 성의

사—샤 흥허물없이 발 벗은

그대의 손길 부여 잡고
'스빠시보'라는 말밖에 모르는 나는
정말 안타깝구나.

흑해의 달밤

휴양지 스후미를 노래함

바다가 달을 안았다.
달이 바다를 안았다.

바다와 달이 한 포옹에 무르녹는
흑해의 八월 한가위

백사도 저마다 저를 빛내는 해맑은 해변을
아열의 향기 목메는
아름드리 파초여, 야자수여, 종려나무여,

거기 랑자한 류도화
실실이 늘어진 수양과 락락장송과
아지 아지 하이야니 단장한 기니네에 어울어지고
그 그늘은 그늘마다
흐르는 달빛과 로천 테블에 포만했다.

뽑히는 샴팡이여 찧기는 컵이여,
터지는 웃음이여, 용솟음치는 청춘의 환희여,

잔교도 춤 노래에 묻혀
잔교도 춤추는 듯, 노래하는 듯,

스후미는 밤을 모른다,

집들도 방파제도 온통 하얀 스후미는
밤을 모른다
온통 하얀 스후미는 한밤이면 더욱 밝다.

―二월에도 동백꽃 피고, 해당화 피는
여기는 상하상록(常夏常綠) 전설의 락원

여기서 인민은 누구나
말가니 피로를 씻고, 새 힘을 기르고,
오, 자애로운 휴양의 터여,
한없이 따사로운 쏘련의 품이여,

푸른 항구

볼가 운하

온 지구의 六분지 一
이 위대한 대륙의 심장 모쓰크바에
'푸른 항구'를 상상한 적이 있는가.

볼가 운하는 확실히 푸른 항구
부두 힘낀은 가없이 창망한 물결 우에
무수한 객선을 내뿜는다, 화물선을 내뿜는다。

그것은 물론 거세인 대지였다.
그것은 물론 햇빛도 들기 어려운 밀림이였다.

대지를 뚫고, 밀림을 헤치고
연연 一,三○○여 리
'푸른 항구'의 의지를 관철한 것이 무엇이였던가.

우리는 여기서도 본다.
쏘련을 위한 쏘련 인민들의
스스로 뭉친 위대한 힘을, 그 즐거운 로력을.

오늘도 노래를 싣고
구성진 볼가의 뱃노래를 싣고
류역 옥토에 오곡을 기름지우며,
북해의 새 항로에 우호와 친선의 고동 울려 퍼치는

또 하나 커다란 승리의 기록이여, 푸른 항구여,

보아라, 백화림에 물드는 고운 락조를
백설같은 휴양소도 창창이 손풍금을 들고,
이 언덕, 저 언덕, 소떼, 양떼, 닭 오리떼도 목을 늘이여.
은혜로운 나라— 푸른 항구의 이 하루를
가슴 깊이 감사하는 한 폭의 그림!

조야

우리는 너를 만난 적이 없다
그러나 우리는 너를 안다,
그것은 라이라크 향기 높은 모쓰크바의 봄
'싸우는 학창'의 너부터 우리는 안다.

거기 꼼쏘몰증을 받는 네 얼굴이 달아 오른 것은
나어린 시악시의 부끄러움으로서가 아니었다.
수만 청년의 선두에 서는 영예의 그 마당
어찌 북바치는 감격이 네게 없었으리.

드디어 파쑈 게르만의 횡포한 총소리
네 귀 가까이 미치던 날
너는 너의 젊은 그이와 어깨를 나란이
하염없이 정든 거리를 거닐었다.

밝으면 웃고 보낼
그이는 한낱 병사
그러나 아버지 없는 딸로서의 생각 많은 밤은
끝내 늙은 어머니의 무릎에 비는 너를 보았다.

아, 천지를 뒤덮는 포연 속에 네가 있었다,
번개불 이는 총칼 속에 네가 있었다,
너는 쉬임없이 달리였다, 기였다, 쏘았다, 던지였다,
너는 항상 적 앞에 육박하고, 적은 항상 너를 노리였다.

―불행한 그 저녁을, 그 포악한 채찍이
하이얀 네 사지에, 선혈을 솟쳐도,
돌벽도 얼어 드는 눈바람 속을
알몸 맨발이 부풀어 올라도,

마침내 그 아름다운 네 청춘이
교수대의 찬이슬로 사라지면서도
번쩍 든 네 얼굴, 굳게 담은 네 입술은
그예 수그러지지 않았다, 열리지 않았다……

네 나라는 너를 받들어 '녀영웅 조야'
조야 너는 갔으나 너는 대쏘련의 영광 속에 영원히 살고,
네 이름 바야흐로 무르녹으려는 모든 인민의 봄을
찬란히 꽃피리:

조야, 조야,
자랑의 녀성이여,
온 세계 녀성의 자랑이여.

레닌그라드 고아원
노래를 들려 준 녀아에게

너는 인형을 안고
웃어 뵈인다
너는 인형을 어르대며
노래해 뵈인다.

그 어르대우는 인형에서
너를 보고
그 웃음 그 노래에서
네 어머니를 보는……

아, 천지를 뒤덮는 포연 속에서
너를 잃고, 너를 놓치고,
쓰러져 가는 네 어머니의 손길을 보는
내 가슴이 목메여……

너는 오늘 조국의 아늑한 품속에서
너는 오늘 너와 운명을 같이 하는 어린이들 속에서
아무런 불편 없이 자라가나
하루 한때 외로움도 없이 피여 가나

이 백화의 정원이 다시금
몇 번이나 가을에 물든 뒤
그때에야 거기 하나 소녀인 네 가슴에

비로소 터지는 비통과 함께 파쑈 게르만께의
들끓는 분노를 지각할 것인가.

그러다 파쑈 게르만은 이미 없으나
파쑈는 아직도 있다.
이제야 참을 수 없는 보복을 위하여
너를 보고 돌아 서는 이 아저씨도
다시금 주먹을 쥐노라, 주먹을 쥐노라.

모쓰크바의 병창에서

온몸에 흠집 하나 놓칠세라 샅샅이 살피던
독또로 웨라 쎄르게예브나,
두 손길 꼭 잡으며
어쩌다 이렇게 약해졌느냐.

우유는 왜 남기였느냐,
제일 좋아하는 음식은?
눈엔 왜 피가 졌느냐,
요구되는 것 무엇이나 어서 말하라.

나는 지금 어드메 있는 것이냐,
어느덧 씨비리 아득한 대륙을 넘어
허물어진 옛성 그림자 반 남아 덮인 조그만 오두막
추억도 아득한 그 품으로 돌아 간 것이냐.

이 해도 저물어 가는 하늘에서 눈이 내리고
찾는 이 없는 병창에서
하냥 내 눈시울 뜨겁히는 것은
진정 못 견딜 고적이 아니라, 이 넘치는 친절.

어머니시여
당신의 병약한 몸도
이런 좋은 시대
이런 훌륭한 형제들 속에 계시였다면,

최후의 신고를 받고도 마지막 원조차 풀 길 없어
빈 손길 마주 잡고 돌아 서던 왜놈의 병원
락엽 흐늑이던 그 늦가을 다리목길을,
내 어찌 잊겠나이까.

울면서도 울면서도
차라리 잘 가시였다고
조그만 비석에 결별의 인사를 아로새기던
그 마지막 고향의 날을 내 어찌 잊겠나이까.

나아야겠나이다 어머니, 나는 기어이,
내 나라 남녘의 당신과 같은 어머니들을 위하여
이 귀중한 형제들과 함께
보다 행복할 래일에 조금이나마 이바지하기 위하여……

기어이 가시려거던

기어이 가시려거던
어서 적으시라,
수만 리 머나먼 길, 홀로 가는 길,
침식부터 반드시 이렇게 하시라.

말 잘 모르는 나에게
되뇌이며, 되뇌이며,
그래도 모르면 쎄쓰뜨라까지 곁들어
갖은 손시늉 섞어 가면서 ―

그를 기다리는 듯 재촉하는 듯
련해 병실문이 여닫기는데
걱정겨운 눈매에 어설픈 미소로
하나하나 적기를 기다려서야 또 한 가지,

다 알았노라, 감사하다를,
몇 번이나 되풀이 해도
아직도 미진한 듯 못 미더운 듯
가다 말고 떠날 때 꼭 만나고 가시라,

이 하찮은 위인에게
넘치는 친절 정녕 송구스러워,
나는 아무도 몰래 현관에 나선 것인데
어느새 수 많은 쎄쓰뜨라 속에 독또르 쎄르게예브나,

손수 외투까지 입혀 주며
더 아프시거든 돌아 오시라
흉허물없는 내집처럼
한밤중에라도 돌아 오시라,

나는 우리 풍습대로
모자를 벗고 마지막 인사를 드리려니
일시에 아우성치듯 어서 쓰시라,
감기 들리니 어서 쓰시라……

모쓰크바엔 보기 드문 청명한 날
몇번이나 드나들어 낯익은 현관에서
나는 한참이나 문고리를 더듬었다
문고리를 더듬었다.

우크라이나의 초막에서

함박눈 소리없이 내려, 내려서 쌓여
오리떼 움츠리고 모여 드는 창가에 등을 밝히며
아버지는 우리를 맞아 주었다.
자못 넘치는 기쁨을 감추지 못하면서,

딸은 잠겨진 부엌문을 만지작거리며
돌아 안 오는 어머니를 안타까와 하는데,
그 무슨 좋은 지혜를 빌리려 아버지는 자주
서리 앉은 관자노리를 가져 가는 것일가,

그래서만도 아니였다, 그는 아주 귀염둥이,
솔고리 가득 절군 사과 들고 오는 그의 머리 쓰다듬으며
"아들 녀석을 잃은 뒤로는
 이 애가 우리의 오직 한 떨기 꽃봉오리라우"

아버지의 말없는 시선이 못박히는 벽상의 사진,
락조 고이 물들어 그림 같은 드네쁘르강가
구름같은 양떼 속에 휘파람 날리는 싱싱한 청년.
그는 쎄르게인가

"쎄르게이는 살아 있지요, 살아 있는 그를
 그 가을 조선으로 보낸다고 온 마을이 횃불 들고
 밤 밝히던 밀 가을 속에서도 나는 보았고,
 건설 기사로 조선 간다고 노래처럼 되뇌이는

이 아이의 나날에서도 나는 보고 있지요……"

"귀중한 손님들, 만일 조국에 돌아 가시여,
 해당화 고이 핀다는 동해바닷가
 그 애 잠들어 있다는 해방탑 앞을 지나시거든
 전해 주시우, 아직도 우리를 걱정할 그에게"

"너를 잃은 슬픔보다도
 너로 하여 다함없는 존경 속에 우리는 행복하고,
 올해도 너를 대신하는 수 많은 로력의 도움으로
 사과도 무척 더 많이 받았다고……"

후 까레유 (조선으로)

어린아이가 있었다
모쓰크바 — 평양 국제 렬차에
방을 이웃하여
고수머리 노란 어린아이가,

나이는 여섯일가 일곱일가
잘돼야 그만작 되염직한데
오다가다 만나는 그 어디에서나
"드라스위쩨"(안녕하세요)

고달파 일지 못하는 아침이나
또 그러한 저녁녘이면
의례 방문 방싯이 열며
"아저씨 식당으로 안 가세요?"

나는 보았다, 어린것의 친절 속에
젊은 그 어머니의 따쓰한 배려가 숨어 있음을,
또한 어찌 못 보랴 그 작은 가슴속 깊이
이미 깃들어 있는 그 고귀한 것들을!

정겨워 두 팔 벌리면
덥석 품속으로 안겨 드는 그
그때마다, 너 어디 가느냐 물으면
언제나 은방울 같은 목소리로 "후 까레유"

아버지는 오래인 바다의 기술자
조선 간지 벌써 3년 철인데
보구퍼 보구퍼 오시라 해도
바빠 못 간다는 그를 만나러.

움직이는 차창에 매달려
할아버지와 할머니는 울기까지 했으나
용감한 조선 어린이들께로, 아름다운 조선으로
내 가는 것이 기쁘노라

첩첩 눈 덮인 우랄을 넘어, 바이칼을 감돌아
처녀지로 달리는 제 나라 아저씨들도 많건만
시내 나를 따라
은근히 어머니의 타이름을 듣던 미쨔

그는 지금 샛별 같은 그 눈동자 반짝이며
동해 바다의 그림같은 아침 노을 바라보고 있는 것일가
그 어느 조무래기떼의 흉허물없는 짝패로
새록새록한 조개껍질 줏기에 여념이 없는 것일가

잠결, 먼 교외의 기적소리만 들어도
노래처럼 음악처럼 가슴에 울려드는
고수머리 노오란 미쨔의
은'방울 같은 그 목소리 "후 까레유"……

진펄

이름 난 진 펄에 밀이 자랐다고
자라도 보기 드물게 자랐다고
온 마을 자자한 소문에
몇 해 만에 고개 넘은 팔순 할아버지,

훈훈한 봄바람에
바다처럼 술렁이는 밭머리
몇 번이나 의심쩍은 듯 오르내리더니
딱 못에 박힌듯,

그 속을 알아 차린 귀염둥이 손자 아이
귓전에 달라붙어
고래고래 소리치는 말
『부르도젤로 했어요, 힘 장수 기계로요……』

엉, 기계로……
깊이 고개를 끄덕이는
그 가슴에 물쿡 치미는 것
피 어린 왜정 시절이여

그 어느 마가을이였던가
일 년내 비지땀 흘려 지은 농사
도지와 선채로 깡그리 빼앗기고
빗자루만 남은 탈곡장에

갈바람 더욱 어설프던 밤

밤내 쑥덕공론 끝에
조상 대대 간절한 념원으로 물려 받은 이 진 펄로
몰려 오는 마을 사람들 따라 섰다가
단벌 옷만 몽땅 말고
꼬빡 며칠을 발가숭이로 떨던 기억,

『신성』한 『국유지』에 손을 댔다고
다음 날 당장 끄을려 간 아버지네
사흘 만에 반 주검되여
맞들이에 담겨 오던 참경도 어제만 같은데……

아랑곳없이 아이는 목청을 돋구네
『여기서는 현물세도 안 받는대요
거둔 뒤에는 또 옥수수를 심고
이제는 가축 먹새도 문제 없대요……』

그 모든 것 알아 듣기조차 어려워서인지
알아 들어도 너무나 놀라와서인지
연신 서리 앉은 눈썹만 숨벅이던 할아버지
슬며시 외면하네, 외면하며 중얼거리네
―어찌두 햇볕이 눈부신지……

불멸의 청춘

「라 성교 렬사의 국제주의 정신을 조선 인민은 영원히 보존할 것이다」
김 일성 원수 친필의 조문중의 一절에서

1

우거선 황철 짜재기
잎잎이 물들어
그림처럼 아름다운 봉우리 길은
아침마다 그 어느 길보다
먼저 열린다.

북새풍 싸늘한 아침에도
검불 하나, 흠 하나 없고,

오가는 멧새도 노래하는가
스치는 바람도 노래하는가
하냥 드높은 찬양의 노래
흘러흘러 다함없는
봉우리 높이,

유유한 구름 눈 아래로
획획이 두드러진 글자마다,
층층 창공을 쳐들고
일어선 네 귀에
단청 아롱진 창마다, 모서리마다

속속들이 닦이고 닦이는듯
갈수록 빛나오는
위대한 국제주의 전사
라 성교의
기념비여, 루각이여,

저마다의 깃발 드높이,
질끈 동인 머리수건이며 치마자락들
손에손에 청소 도구 거머쥐고
선참을 다루는 이 길,

길은 샅샅이 쓸리고
골고루 고누어저
돌아돌아 한참 길을
그 어느 굽이에도

그러나 사람들이여
날로 새로워지는 그 빛을
다만 이 같은 그들의 사랑
그들의 정성에 의해서만
보지 말라,

오늘도 즐거운 로력
열화로 타오른 뒤
한결 같이 루각을 둘러
비석을 우러러
옷깃을 여미며,

그 가장 높은 정열
그 가장 진실한 말로
지난 하루를 이야기하고
오늘 하루를 다지는
열한 음성들,

그것은 마침내
보다 높은 로력과 공훈의
아름드리 불ㅅ길로 되여
햇살로 비끼기전 누리에로, 전야에로
굽이쳐 퍼지나니,

포화 가렬하던 그 날에도
건설의 노래 우렁찬 오늘에도
그의 국제주의 정신의 모범을 따라
날과 함께, 달과 함께 영원한
우리의 심장의 노래여! 불ㅅ길이여!

그 노래 어찌
매봉 하나만의 노래로 되고
그 불ㅅ길 어찌
오그미마을 한 곳만의
불ㅅ길로 되리,

여기 한 시인이
벅찬 붓끝 가다듬어
그대의 높은 정신을
강토 널리 전하려 할 때,

팽이가 돈다,
팽이가 돈다.

돌아치는 팽이를 누비며
눈싸락 꽃보라마냥
미끄려 오고 미끄려 가는
선썰매
앉은 썰매……

금시 썰매도 얼어 붙일듯
강바람 회오리쳐도
어린것들의 씩씩한 노래소리
명절날처럼 즐거운 강판에
석양 뉘엿뉘엿……

강을 굽어 오붓이 앉은 산마을엔
어느덧 산그림자 살며시 내려앉고
멧새 떼 지어
올망졸망한 관목 숲에 깃드는데
아직도 드높은 마치소리, 도끼소리……

그대 이야기 이미
남북 삼천리 산하마다 사무치고
그 노래, 그 불ㅅ길
광활한 국제주의의 한길로
우리의 심장을 불태운다.

2

"팽이 팽이 돌아라
싱싱 돌아라,
동무 동무 어깨 겯고
싱싱 돌아라,

샛바람 돌개바람
불고 불어도
우리 팽인 못 눕힌다
싱싱 돌아라……"

흥겨운 채찍소리에 맞춰
노래소리에 맞춰
춤추듯 뛰놀듯

원쑤들의 맹폭에
산산 파편으로 흩어지고
걸검은 매연
이글이글한 불바다로
사라진 모든 것,

산전 석전에
구을고 구은 허리 아늑히 폈던
돌집 기와집
날로 윤기 새로워가던
영창이며 가싯장이며,

누렁이 영각 다부지고
바꾸샤 레구홍
무럭무럭 푸드러가던
마구며 돈사며
닭우리며……

하냥 즐거운 로력으로 용솟고
노래로 흐르던 그 모든 것의
처참한 잔해 우에
울쑥불쑥 일떠서는
마가리 삼간이며 반토굴들……

저기 재넘소새밑 건펄끼지 물결치는 벼이삭
이른 봄 랭상모를 꿈에도 보던
새 관개망의 손길인들 어찌 늦추리
패패 끼리끼리 주고 받는
선소리도 우람차다,

진정 그 어떤 원쑤들의 발악이
이 인민들을 꺾을 수 있으랴,
더욱 새 조선의 기상인양, 진망인양
푸르싱싱한 댓잎 같은
저 어린것들,

저저마다 이저일 거들어
흙먼지 보이얀 머리카락 강바람에 날리며
얼음놀이 씩씩한 어린것들의
볼따기에, 옷자락에

저 뉘인가 고을길로부터
다구어오던 동구 앞에 못 박힌듯
그 소리 가늠하다, 획 발길 돌려
쏜살처럼 강판 향해
내닫는 저 사람,

그는 정녕
마을 사람 아닌 마을 사람
그 이름도 친근한
중국 인민 지원군
라 성교,

얼굴에서 뜨거운 김
안개처럼 흩어지고
땅에 앉은 살얼음
거울처럼 부서진다
부서진다

3

논둑 밭둑 뛰여 넘어
발그레 물드는 락조도, 뛰노는듯 노래하는듯

팽이도 썰매도 락조도 어린것들도
서로 어우러져
한폭 그림 같은 강판,

강판도 흥겨워 금빛 은빛 잔웃음 치는데
어찌 뜻하였으랴, 그 한모에서
불현듯 울려 퍼지는 다급한 목소리,

"사람 살려요
사람 살려요
형이가 빠졌어요
미끄려서 얼음구멍에
폭탄에 뚫린 얼음구멍에……"

그 목소리 아무리 쨍쨍한들
저리 떨어져 들끓는 마을에
어찌 들리리,
가까운 산울림만
안타까이 되울려가는 때,

가시덩굴 욱은 돌무지에 걸치며 늘기며
다가가는 발길 맞받아
소스라쳐 일어서는 층암절벽이
육중한 강판 둘러보며 묻는듯
'어떻게 구할 것이냐'

강판을 훑어
귓전을 구르며 지나가는
회오리바람도
무거운 목소리로 묻는듯
'어떻게 구할 것이냐'

원쑤들의 눈 먼 폭탄에
우악스리 벌어진
얼음 구멍들도
검푸른 그 입술 깨물며 묻는듯
'어떻게 구할 것이냐'

참 정말 어떻게 구할 것이냐
각각으로 시간은 흐르는데, 흐르는데

모쓰크바에 대하여

전하노라 조국의 청년들에게

나는 들었다, 모쓰크바에 대하여
파아란 눈'동자의 아름다운 녀동무로부터,
섣달에도 남방 화초 싱싱한 창'가에서
모쓰크바의 밤'거리를 바라보면서 —

모쓰크바 — 이 위대한 인민들의
모든 지혜와 재능과 창조의 열매가
이 한 곳에 무르익은듯
휘황한 불'빛에 떠오르는 그 모습,
저절로 감탄을 자아내는데

따바리쉬 화제예브나는
하나의 꾸밈도 없이
다만 모쓰크바의 래일에 대하여
모쓰크바의 새해에 대하여서만 이야기한다

새해 — 모쓰크바에 록음 짙을 무렵이면
온 하늘은 비둘기로 덮이고
사람 드나드는 모든 곳이
향기 높은 꽃에 묻히리라

거리 거리와 골목들은
길이 잊을 수 없는 인상으로 단장되고

가게마다 사람들이 필요로 하는
그 무엇이나 차고 넘치고……

오색 분수 황홀한 광장들과
금'빛 산데리야 낮보다 밝은 극장과 홀들엔
온 세계 수십만 청년들의
이름도 다채스런 야회와 대 훼스찌발

야회들은 즐거운 상봉으로 밤 가는 줄 모르고
훼스찌발은 모든 민족들의, 각색 의상으로……
그것은 또 반드시 그렇게 되리라 말하는
그의 음성이 높이 울렸다

이를 위해 벌써 광활한 쏘련 강토
저 먼 씨비리 처녀지에 이르도록
이름 가진 도시와 모든 촌락에서
그 얼마나 젊은 심장들이 높이 뛰고 있는 것인가

그의 열렬한 음성이 이끌어 가는 곳
로력으로 불꽃 튀는 청년들의 팔뚝들
오리오리 선물 짜는 처녀들의 바쁜 손'길들
란만한 인민 예술 서로 다른 말 배우기
홍도처럼 상기한 그 얼굴들 력력히 보이는듯……

나는 모른다 제약된 시간
옮겨 듣는 슬픔에서
따바리쉬 화제예브나의 꿈'결같은 이야기가
그것으로 다 말했는지

즐거운 로력

관개 공사의 노래

불꽃 튀는 곡괭이에 앞뒤'산이 쩡 — 쩡 —
골안개도 넘실넘실 화답하는가
저 모든 천수답에 등성이밭에
생명수 흘러 넘칠 즐거운 로력
다우치자 재끼자 오늘도 넘쳐
보다 큰 행복을 어서 당기자.

암반이라 물러서랴 찬물엔들 못 들랴
조상 대대 끓던 념원 가슴마다 솟구친다
그 배련들 잊을소냐 당과 수령님의
생각수록 사무치는 감격의 로력.

우둥'불 활활 타는 보'묵이며 굴포 우에
한삽내기 처녀 총각 이야기도 숫하구나
그렇다 세세년년 울려 퍼질 풍년가 속에
그 모든 꿈 꽃으로 필 보람찬 로력.

그 노래

아슬한 로정의 오색 기'발도
승리로 맺고 넘어 서는
새달 첫아침의 기쁨을 못 이기듯
연보라'빛 연기와 얼싸안고 춤추는데

구리'빛 얼굴에 즐펀한 땀 홈치기 바쁘게
돕빠 틀어 쥐고 다가 서는 제선공들
끓어 오르는 목소리로 노래 부르네,
"…… 용진 용진 나아가세 용감스럽게
억천만 번 죽더라도 원쑤를 치자……"

잊을 수 있으랴, 그 노래
내 아직 젊던 시절
그 어느 압록강변 눈 깊은 두메
설한풍에 쓰러질 듯한 귀틀 오두막
아주까리 등'불 밑에서 처음 들은 그 노래.

생생한 그 래력을 말하는 늙은 화전민의
주름 깊은 얼굴에 금시 생기가 돌고
들려 주는 마디마디에서도
불꽃이 튀는 듯.

첩첩 밀림을 울리며
칠백 리 장강을 울리며

설한풍 거세여질수록
가슴 깊이 스미던 그 노래

그 뒤로 숨막히는 거리와 마을
뼈'살도 이지러지는 감방
원쑤와 맞서는 대오의 선두에서
얼마나 많이 그 노래를 들었던가.

아 그 노래 지금도 울려 퍼지네,
어엿한 승리의 이 시각에도
그이의 가르침 대로
조금도 늦춤 없이

보다 많고 좋은 쇠'물 위하여
온갖 난관 앞에 떨쳐 서는 제선공들의
그 두툼한 가슴, 그 붉은 심장에서
활짝 퍼지는 조국의 찬란한 새 아침 해'살 속에서

그 사람들

우리 사무실을 이웃하여
황철 도서실이 있네,
그 이름에 어울리지 않는
드넓은 방이.

하냥 카텐이 드리워 있어
기침 소리 하나 들을 수 없어
나는 첫 며칠
주의를 안 돌렸네.

그 어느 날 밤중이였던가, 정전이 있어
몇 번이나 전화기를 돌리는데
어간 창문이 열리며 굵은 목소리들
"어떻게 됐대요?" "곧 오나요?"

나는 선뜻 입을 못 열었네,
나도 그것을 묻는 중이였지만
귀익은 그 목소리들에
놀라움이 앞서.

그들은 열심히 새것을 받아 들이고
약한 고리마다 지혜와 힘을 쏟아 부어
이미 천 톤 고개도 넘어 선
이름난 용해공들.

그들은 오늘도 진일
코발트 빛 안경에서 눈을 떼지 않고,
끓어 번지는 출강구와 아슬히 맞서
탑빙봉 틀어 쥐고 분초를 다투던 사람들……

때마침 번쩍 오는 불'빛에
나는 똑똑히 보았네,
그들의 두툼한 어깨 넘어 또 숫한 얼굴을
구리'빛 빛나는 얼굴은 그들만이 아님을.

후판의 노래

싱그러운 화초 향기 그윽히 풍기며
여름 밤이 후련히 밝아 오는데
조용히 스위치에 손을 얹은 직장장 아바이
다시 한 번 눈'시울 즈프리며 돌아 보는 순간

아득히 늘어 선 기대 그 어디서인가,
타드는 우리 심정 말하듯
불쑥 터치는 쇠된 목소리
"그렇지 제대로 돌아 가누나!"

울려 퍼지누나,
그 념원의 뜨거운 대답인양
천만 근 쇠붙이들의 우렁찬 노래
지심을 흔들며 화음도 고르롭게……

노래여, 삼동 언 땅에 첫곡괭이 내리던 날부터
얼마나 많은 고개 넘어 왔던가,
그 가락에 춤추듯 아무나 손 잡아 마구 흔들고
담배 한 대 맘껏 빠는 이때는 참말 좋구나

피여 오르는 연기 속에
숫한 땀과 불'덩이 같은 정열의 기념비마냥
가슴 뿌듯이 안겨 오는 250자 굴뚝이여
3천 마력 전동기며 집채같은 중기계들이여

쳐다만 봐도 눈뿌리 도는 너를
연연 50여 메터나 걸키고
번쩍 들어 돌아 앉히기는 쉬운 일이 아니었다.

쉬운 일이 아니었다. 일일이 세일 수도 없는
그 모든 부족한 것 스스로 갖추고
힘들고 품 많이 먹는 고리마다
저절로 장단 맞춰 돌아 가게 하는 것은

얼마나 많은 기술과 기능이 뭉치여 맞다들고
밀려 드는 창안인들 몇 천이던가,
진정 배우며 일하고 파철 더미까지 뚜지고 뚜지면서도
다번지는 우둥'불 앞에서 충혈한 눈들이
저마다의 부족에 불을 토하던 나날의 숫한 이야기,

그 숫한 이야기 속에서 두드러지는 것
붉은 편지의 마디마디 심장으로 받들고
분초로 따진 다짐 앞에서 물러선 적 없는
우리 구리'빛 대오의 붉은 일념 다시 한 번 자랑하며

어서 쏟아져 나가라, 일찍 있어 못 본 각가지 후판이여
싱그러운 화초 향기 그윽히 풍기는 거리와 마을로
푸른 물'결 넘실거리는 전야로 바다로
천리마의 나래 피여, 새 화폭 되여……

행복

생사람께 진'일을 시키겠느냐고,
아파트 넓은 방들을 닦고 훔치고
그래도 제 손으로 하는 게 실속 있다고
밤새 부엌에서 눈 한 번 안 붙이는 저이들이여

산놀이 들놀이가 목청 높여 부르는 휴일이언만
마디 굵은 손으로 어깨 치며 밀려 들어
도울 일이 없어 더 못 돕는 이들은
한고향 사람이나 옛친구들도 아니다.

한직장이지만 저들은 거의 다
날에 날마다 나와 맞서는 경쟁의 적수,
이사 오기 얼마 전까지만 해도
수수한 인사 한 번 나눈 적 없는 그들의 아낙네,

아, 저들까지 팔 걷고 나서지 않았다면
앞 다투면서도 도웁고 이끌어 주지 않았다면
내 어찌 하나의 혁신자로
오늘 벌써 안해까지 맞이할 수 있었으랴.

미처 몰랐더라, 철벽의 방선에
뜨거운 언약을 남기고
따바리를 용접봉으로 바꿔 쥐던 날에도
로동의 품이란 이렇게도 따스하고 너그러운 것임을

미처 몰랐더라, 가렬한 포화 속에서
목패 하나 못 세운 아버지 무덤
미소로도 못 감추는 어머니 눈물 뒤에 두고
북으로의 큰 흐름에 뛰여 들던 그 날에도
내 행복의 문이 이렇기도 빨리 열리리라고는,

진정 내 집이자 우리 집인 대가정
한없이 넓고 환하고 즐거운 생활의 길에
어엿한 한 성원으로 된 기쁨 사무치는데
오늘따라 더 간절한 어머니 생각……

이 밤도 게딱지 같은 판자'집, 불도 없는 창문으로
(그것나마 붙어 있기나 한지)
원한의 무리 노리며, 북녘 하늘 우러르며
고역에 말라 터진 입술 깨물고 깨물,

아, 생각할수록 가슴 에이는 그를 위하여,
귀중하고 귀중한 조국을 위하여
만만찮던 경쟁자인 안해와 더불어
더 많은 땀 흘리리라, 흘리리라
내 몇 번이나 남 모르는 맹세를 다진다.

기쁨

종일 구리'빛 얼굴들에 묻히듯
읽기에 지치고,
이야기에 지쳐
막 자리에 들려다가도

내 예서 일하며 쓰는 작가인 탓으로
밤 늦게까지 스스럼없이 찾아 드는
그 굵은 손'길 덥석 잡으면
잡기 바쁘게 내 먼저 묻는다
무엇을 썼느냐고,

못 썼으면 약속이나 한듯
머리 긁는 버릇들도 정겨운데
흔히 밥곽 밑에서 내미는 종이'장
많으면 많을수록 반가웁구나.

반가웁구나, 바삐 쓴 글씨들
겨우 더듬어 내려 가다가도
땅 밑의 그 무슨 보물처럼
귀중한 것 발견하는 순간은,

한 그람의 쇠라도 더 내기 위해
수천 도 고열 앞에서, 땀비 속에서
해야 할 모든 일 다 하면서도

언제나 부족을 느끼는 그 충성,

일에서 배움에서 생활에서
서로 도와 한결같이 앞서려는 그 품성이며
아슬한 철골에도, 트라스에도
황홀한 꿈을 안고 나래쳐 오르는 그 랑만……

부족이 있다고 어찌 버릴 것이냐
붓을 꼬나 들고 머리를 짠다
흡사 내 자신의 글처럼
하여 오늘도 한식경,

어떠랴, 이대로 밤이 지샌들
못 한 말 다 한 듯한 기쁨들 활짝 피는데
그 기쁨 속에서
새 싹들이 싱싱 자라나는데,

어떠랴, 이리하여
내 시상은 놓치고 말았다 한들,
이 보람찬 나날에서
내 또한 시대의 주인공들을 깊이 배우거늘,

밤 모르는 철의 도시
하늘 땅 새빨갛게 물들이는 불'길 속에서
그 두툼한 어깨 치며 래일을 약속하는
나는 진정 노래라도 하고 싶구나.

힘

철'길이 뻗는다.
명산— 지하리 깊은 두메
숨막히던 가슴을 열어 제끼며
질풍 같이 철'길이 뻗는다.

다구치며 레루를 깔던 얼굴을 들면
8만산이 여태 도사리고 앉은 듯
악전고투의 어제'날이
가슴 부듯이 안겨 오누나.

지심 수십 메터에서 맞받아 나선 암벽
함마에서 불꽃만 튀고
정끝이 금시 모지라지고
위력한 발파도 한 뺨밖에 못 나가는데
비좁은 갱내를 소용돌이치는
돌'가루며 화약 냄새……
콱 콱 숨이 막혀
정녕 한시를 견디기 어렵던 그 밤,

그 밤에 펼쳐진 영웅 서사시여,
활활 타오르는 우등'불 앞에
불뚝 일어 선
1,211고지의 용사,

"……어찌 기다리겠소, 콤프렛샤를
 항일 투사들 한 일에 비한다면……"
 솔'잎 한 줌 지그시 물더니
"나를 따르라……"

퀼 퀼 지하수까지 솟구치는
솟구쳐 허리까지 삼키는 돌격의 날을
철도의 풋내기
내 뒤떨어지지 않았노라,

못 할 일 없구나, 이제는,
로동 속에서 배우라는 그이의 가르침
새삼스레 사무치는 가슴에서, 팔뚝에서
부쩍부쩍 힘이 솟는다.

철'길 몰고
연연 750 리
아니 부산 제주도까지도 달음쳐 갈
달음쳐 가고도 남을 힘이,

※ 솔'잎을 무는 것은 산소 부족에 대처하는 창발적 방법이다.

경쟁

태을천 준엄한 산협을 뒤흔들며
50여 척 높이의 성토'길
우쩍우쩍 내미는 철도 영웅 돌격대에서
대원 하나 달음쳐 오네,

1인 3따찌까로
5백 삽 뜨고야 허리 펴기로……
맞받아 나가는 여기
만경대 농민 돌격대로,

돌'더미 흙더미 뛰여 넘어
가파로운 산'밭을 돌아 올라 웨치는 소리
"창안되였소, 우리 중대에서 절토분계투가,
1,000 프로는 문제 없소……"

만경대의 영예를 지니였으니
영웅의 이름을 간직했으니
한시인들 질 수 없다고
저마다 주먹을 부르쥐는 이 경쟁.

두 돌격대의 어간에 높이 휘나는 공화국 기'발
촌로를 다퉈 로반은 맞물려 가는데
웨치고도 함께 서둘던 철도 돌격대원,
첫시험의 함성 듣고서야 되돌아 뛰네.

아, 서로 이런 일까지 앞을 다투는
이 불'길 속에서 깊어지는 로농의 정이여
커 가는 위력이여
어찌 자랑치 않으랴
이런 경쟁, 이런 젊은이들을.

그 어머니

순천 막바지에서
멀리 지하리까지
늙은 어머니 한 분 찾아 오셨네
큰 보'짐, 작은 보'짐 이고 들고……

갓마흔에 본 외아들
보구퍼 못 살겠노라, 령감을 졸랐다지만
그래서만이 아님을
누가 모르랴

숭굴숭굴한 중대장님 이끄는 대로
우선 저녁상을 마주한 어머니언만
서리 앉은 눈'섶만 슴벅일 뿐
좀체 수저를 놀리지 않네.

수부룩한 맨 이밥에, 고기국에
두세 가지 찬……
손님이라고 특별인가
그렇지도 않은 놀라움 너무나 커서ㅡ

아들이 있는 방은 좀 좁기는 해도
깜박 잠이 올듯 따뜻도 한데
반가와라, 나란이들 놓인 짐짝 속에
손수 꾸미여 준 토스레 배낭,

배낭을 연 어머니 손이 책책 개여 둔
두세 벌 새 내의며 양말 등속에 못박힌듯
이게 다 웬거냐, 막 묻고 싶은데
어머니…… 하고 안겨 드는 그 아들……

구리'빛 얼굴이며 두터워진 어깨 어루만지며
어머니 그만 저도 모르게 부르짖네
"괜히, 보'짐을……
　가나 오나 좋기도 하구나, 우리 공화국은"

용해공의 노래

황금'빛 노을 속에 쇠'물이 들끓네,
용해공 우리들의 심장도 들끓네
아, 한 자나 불'길 뿜는 로 앞에 다가 서며
어깨를 만져 주던 그이의 모습
줄기찬 혁신에로 떨쳐 세우네.

빈틈은 없는가, 없구말구
로 상태는 좋은가, 여부 있나
그러면 그렇지, 우리는 그이의 전사
보내세 고속도 용해 부쩍 당기여
천리마의 대오에 더 많은 강철을.

보호경 푸른'빛에 고지가 떠오르네
비'발치는 불아가리 가슴으로 막던 고지
아 여기는 사회주의 조국의 심장
그 기세를 믿는다던 그이의 말씀
이보다 더 큰 신임 어디 또 있으랴

쏟아지는 쇠'물 폭포 화폭을 펼치네
조상 대대 념원이던 기계화 농촌
아! 이고 지던 괴로움도 말끔 없애고
다각 경리 꽃피울 그이의 설계
남녘 땅 옥토벌도 눈 앞에 안겨 오네.

자랑하노라, 나의 조국

그림 같은 산과 강을
황금'빛 노을로 물들이며
하늘을 치받는 용광로, 어깨 비비는 평로들에서
폭포처럼 쏟아지는 저 쇠'물,

그 넘어 푸른 물'결 넘실거리는 들을
덧거름 듬뿍 싣고 헤염치는 뜨락또르
저 멀리 언덕을 덮어 구름 같은 가축떼
서기도 용솟는 새 지붕늘……

잠시 눈을 들어도
가슴 뿌듯이 안겨 오는 황홀한 화폭이여
그 처참한 재'더미, 그 이름난 불모지의 이 같은 전변을
옛날이라면 상상이나 했으랴,

상상이나 했으랴, 더우기
그 화폭 속에 나래치는 사람들
만년 잡부와 대대 머슴과 그 아들딸인 저들이
이 벅찬 력사의 앞장에까지 어엿이 서게 될 줄이야,

자랑하노라 나의 조국
쌍두 천리마의 빛나는 길잡이
싱싱한 그 기수들 — 천만 인민의 진정한 벗이며 스승이며
자애롭고도 현명한 어머니,

어머니 조국이여 그대 참으로 현명하여라
이 세상에서도 고귀한 것 중의 가장 고귀한 것으로
어린 적부터 가슴 깊이 안겨 주는
백두 밀림 십오 성상의 피어린 이야기,

사무친 심장마다 그 이 받들어, 백만 그 대오 따라
어려웁고 힘든 일 앞 다투고
앞 다투면도 서로 도웁고, 배우고 또 배우며
한마음 한뜻으로 나아가나니,

바로 여기 있어라
비'발치는 불아가리도 전설처럼 막아낸 비밀,
사람마다 맘껏 먹고 입고 쓰고도 남을
꿈 같은 그 날을 부쩍 당길 확고한 전망도,

그 어떤 발악으로도 막아 낼 수 없는
그 빛 그 힘으로 하여
돌아 오누나 재일 수만 동포들도
모멸과 원한 밴 누더기 훨훨 벗어 던지고,

전진하누나, 오늘도 남녘 땅 형제 자매들
첫 승리에 늦춤 없이 활화산 같은 분노를 뭉쳐
온갖 낡고 더러운 것 불살라 버리며
원쑤들과의 판가리 마당에로 노도처럼 격랑처럼……

동방 평화 초소에 날로 위용 높이며
머잖아 삼천만의 흥겨운 노래
온 강토에 흘러 넘칠, 천추 만대 흐르고 흐를

사회주의 휘황한 조국,

민족의 자랑이여, 인민의 영예여
타번지던 숙망의 귀중한 열매여
지키리라 그대를, 몸 마음 다 바쳐
그 무엇과도 바꿀 수 없는 뜨거운 사랑으로.

배우고 또 배우리라
박 달 동지의 저서를 받아 들고

'서광'을 받아 들고
깊은 생각에 잠기네,
그 두툼한 책, 훌륭한 책 만지고 또 만지는
내 머리 저절로 수그러지네,

눈만 뜨면 그 아픔, 그 불편 이 악물어 참아 가며
침상 우에 매단 공책장에
한 자 한 자 새기듯 쓰고 또 쓰기 몇 해던가.

몇 해던가, 그리도 갈망하던 해방 조국 사회주의 휘황한 산천을
병창으로 바라다만 보며
나라와 벗들의 보살핌 크면 클수록
뿜을 길 없는 정열로 뼈살을 에이긴들,

피어린 모색 끝에, 고민 끝에
몇 번이나 던졌다 다시 잡은 펜이여
생의 마지막 순간 그 순간에도
더듬어 안간힘 쓰던 그 숭고한 일념이여

생생히 떠올라라, 그 암담한 하늘 밑에서도 황황 타는 눈망울로
일편단심, 그 이 받들어
갑산 깊은 두메 화전민의 고달픈 나날도
밤마다 팔구십 리 산길 나는듯 넘나들던 그 모습,

지어 더없이 사랑하던 그 어린것의
생명과 바꾸는 마당에서도
날을 잇고 밤을 이은 그 악착한 고문에 등뼈조차 부서져도
철벽으로 다물어 열지 않던 그 입술,

숫한 해와 달이 얼어 붙은 철창으로
그악스런 설한풍만 회오리쳐 들고
각각으로 교수대가 다가 와도
번쩍 쳐든 머리, 쳐든 주먹 끝내 떨구지 않던……

붉고 붉은 그 충성 그 투지
영영 일지 못 하게 된 몸으로도 줄기차게 살리여
쌍두 천리마의 앞장, 백만 내오 속에 떳떳이 서고야 만
자랑찬 당의 아들이여, 불멸의 그 기념비여

깊이 머리를 숙이노라 '서광' 앞에,
숙이고 생각하고 또 생각하노라
나는 어떻게 살아 왔던가,
더우기 쓰기를 일삼으면서 무엇을 썼던가,

낯을 붉히며, 가슴을 조이며
내 진정 다짐하노라, 투쟁과 생활과
창작의 매 걸음 매 순간마다에서
하냥 그를 생각하며 그를 배우고 또 배우리라고

그 발'길 이르는 곳마다

래일도 지방으로 가야하건만
밤 늦게까지 농촌 써보낼 축전 보아주시고
밀려 드는 그들의 손길
일일이 잡아—

자리를 권하며
다과를, 담배를 권하며
더없는 기쁨, 넘치는 찬양으로
그 생등한 예술에 대하여 들으시는 그 이,

연분홍 옷고름 만지작거리며
그림 같은 가리마 쳐다보지 못 하여도
다녀 가신 뒤, 새 땅, 새 집 늘고
살구 복숭아로 첫 수확 본 기쁨
고대로 엮은 노래하는 처녀며
세세 년년 대풍작에
쭉 허리를 편 3대 머슴'군의 집안
어찌 모두 가야금 타고 춤 추지 않으랴
몸 마음 아직 다 청춘이라는 칠순 할아버지
우러르는 그 눈'시울에 이슬까지 맺히는데
그 이도 복받치는 것 지그시 누르는듯
자리를 일어, 눈 깊은 먼 산'밭을 바라보시며
"참 좋은 세상이요
이런 세상 위해 얼마나 많은 사람이 피 흘려 싸웠소"

"생활이 높아지면 예술도 높아지고
누구나 다 그것을 향유하게 될 게요,
반드시 또 그렇게 되여야 하오
그러면 조국 통일도 빨리 되오
그 날 위해 더 많이 노력합시다……"

심장 깊이 사무치는
그 영상, 그 교시
피'줄마다 더 잘, 더 빨리 나아갈
정열로, 결의로 불태워 올리거니

누가 의심하랴, 500만 톤 고지 우에
휘날릴 또 하나의 기'발,
보다 눈부신 황금 예술의 기'발을,
그 발'길 이르는 곳마다
자랑찬 이 땅의 새 력사는 더 활짝 꽃 피네.

눈부신 해'살

양지바른 동산 기슭
주른이 일떠서는 새 집 속에서
간신히 찾아 낸
군당 위원장 동무

이미 귀밑머리 희였으나
푸른 작업복 소매 걷어 붙이고
젊은이들과 함께 함빡 땀에 젖은 그 모습
홀린듯 바라보노라

바라보노라 그 두툼한 어깨 너머
연연 수십 리 벌을 에돈 언제며
층층 산'밭까지 치달은 과수원……
그를 부각하는 그 모든 것을,

사람들의 사랑과 존경 속에
신임이 두터워질수록 옛'일이 새로워
해도 해도 성차지 않다는
옛 벗이여

당로의 첫날부터 쓰러져 가는 오두막에서
한숨을 노래로 들어 온 천덕꾸러기
물려 받은 한 자루 호미 우에 등뼈가 휘여도
머리에 모자 한 번 얹어 본 적 없는

그 시절을 어찌 잊을 것이랴

꿈 같은 제 나라 제 살림
더 잘 더 훌륭히 못 꾸리는,
하냥 몸 마음 못 따르는 기능이
갈수록 안타깝노라

그러기에 배움에서는
배움에서는 더욱 늙을 수 없다고
껄껄 웃어 보이는
그 눈망울 황황 타번지는듯

사그러짐이 없는 ㄱ 감격 ㄱ 정열 속에서
그 어딘가 흡사한 자신도 보며
옛벗과 어깨 걸어 고향 중천에 우러르는
해'살은 한결 눈부시기도 하구나.

처녀 투사

내 일찍 그대를 안 적 없으나
한없이 살뜰한 육친의 맘으로
목메여 그대 애칭을 부르노라—
남부 월남의 참된 딸— '처녀 투사'여

양키들의 극악한 불소나기에
집을 잃고 어머니를 잃고,
아직 당신이라 불러 못 본 그 이마저 잃고
깊은 생각 끝에, 모색 끝에
그대가 그러안았던 지하의 그 기'발
그 기'발을 땅 우에 꽂고 그대는 갔다

언제나 부름에 앞서 걸은 그대
칠칠 어둠을 뚫고 밀림을 헤가르며
깎아 세운 참대창은 몇 만 개며
기습의 길라잡이로 넘나든
아슬한 사선은 얼마였던가

그러한 밤이 새면 의례히
적도의 태양보다 더 일찍
불행과 고통 어린 집집의 창문들에
환하게 비쳐 들던 그대 상냥한 얼굴

전우들이 좀 쉬라고 권할 때마다

피'기 없는 입술에 미소를 띠우고
그대 하던 말 잊을 수 없어라—
"저는 결코 쉴 수 없어요……"

아 비칠거리면서도 한사코
총 잡고 일어 서던 그대
쓰러졌다간 일고 일어
거기 전략촌 망루 높이
끝내 스물 하나의 청춘으로
만들어 세운 기'발이여

기'발은 펄펄 너울쳐
금벌 찬란한 빛 누리에 멀치건만
받들고 끝까지 못 나감이 사뭇 한스러워
기'대를 틀어 쥔 채 눈 감지 못 하고 갔다는
그대 까만 눈'동자가
수만리 이역 이 로전우의 잠'결에도 어리여
보다 세찬 지원에로, 전진에로 불태워 올린다!

배낭

하루 세 끼 음식도
하냥 목에 걸린다는 어머니
그 누구도 시킨 바 없건만
밤마다 정성 담아 배낭들을 준비하네

원쑤의 흉악한 발악 맞받아 조국이 부를 때
순신들 지체하랴, 어머니는 선뜻
저 배낭 하나씩 거머메워
우리 모두를 보낼 것이네

열 일곱 해 전 그 날
그렇게 가고 다시 못 온
다시 못 온 말이,
마치 잊기나 한듯.

푸른 산, 푸른 들이 아니라
가렬한 포화 속으로
남은 아들딸 마저 배웅하는
그 마지막 순간

아, 그 순간에도 치마꼬리 탈아 쥐고
아예 뒤를 돌아 보지 말라 당부하고 또 할
주름 깊은 홀어머니의 저 심정만이라도
전하고 싶어라, 남녘 땅 육친들에게.

하이퐁의 밤

그으름내 가시잖은
하이퐁의 밤
탐조등 대낮같은 부두에
련일, 무더기로 덮쳐들던 미제날강도들이
그 처참한 잔해와 함께
끌려온다는 소리

온다 온다는 소리
그 무슨 구호인냥
수만 주먹이 일시에 쳐들리고
때아닌 뢰성벽력 하늘땅을 흔드는데
그 위훈으로 당당히 선두대렬에 선 민병대에
류달리 머리 흰 녀인 한분

밤이면 밤마다 항만에 비긴
은하수 같은 등불배경마냥
우거진 대숲, 야자숲을 흐르는
다감한 남방음악에 맞춰 노래부르며,
어깨 나란이 돌아오는 공장 아들딸 맞이,
보기에도 즐거웁던 그 어머니 아닌가,

즐거울수록 어느 하루 쉬일세라,
실 한오리 빗갈세라
한밤에도 흐린 눈 비비고 비비며

철철 군복에 깃들인 공적으로
항미 가내작업반의 거울로 받들려
하냥 로대에서 빛 뿌리던 그 재봉기……

아, 순간에 그 모든것 잃고도
저 아귀들께 눈물을 보이랴
주름 깊은 입술 피터지게 깨물고
주어맞춘 기대 앞에서
네게도 총을 달라 탄원하고 또 한
그 목소리여

그 목소리 정든 항구의
유보도마다 지붕밑마다
얼마나 많은 반항공초소로 용솟았던가
용솟아 한자국도 드팀없이
불소나기 맞받아올린 어머니의 첫환성
얼마나 우람찬 승리의 전주곡으로 되였던가

정녕 하나의 영웅이
백으로, 천으로
갈수록 억세여가는 땅이여
그 어떤 발악도, 잔인도
결코 헤어날수 없는
전 인민의 불바다여

여기 때아닌 뢰성벽력 하늘땅 흔드는 하이퐁의 밤
머리 흰 어머니도 무더기로 날강도를 끌고 오는
저 벅찬 전경에서

존슨의 낯짝까지 땅바닥에 처박고야 말 그 날을
다시 한번 온세계가 본다, 똑똑히 본다.

끝없는 대렬이 한 사람처럼

5월 창공에
서슬 푸른 총창 비껴들고
노한 파도마냥 대지를 흔들며
로농적위대렬이 나아간다.

원쑤의 숨통을 죄이려 가는 저 발자국,
원쑤의 야망을 치뚫어보는 저 눈길들,
나아간다, 나아간다.
끝없는 대렬이 한사람처럼
척 척 손발 맞춰
다 앞으로!

창조만이랴 혁신만이랴
이 길에서도 당의 뜻
높이 더 높이 받들려는 일념으로 타번지는
불덩이같은 심장들이여

그 어떤 작은 마을, 작은 일터도
그대로 불꽃튀는 훈련장
두메산골의 저 과수반 처녀도
광장 한끝에서 시줄 고르는 나도
최신무기까지 능숙하게 다루는
우리 강토는 불패의 요새다.

이 위력 이 전진이 어찌
더없이 귀중하고 살뜰한
우리 주권, 우리 제도를
철벽같이 지키는데만 머물것이랴

우리는 반드시 가리라
한번은 가야 할 그 길을
생지옥같은 남녘땅에
끝까지 늘어붙으려는
저 오만한 양키들의 코대를 꺾어
그 추악한 졸개들과 함께
대양 한복판에, 천길나락에 처박고야 말리라

하여 그렇듯 그리던
형을 아우를
남해 바다를 한나산 마루를
한품에 그려안을
들끓는 정열, 넘치는 희망으로
여기 로농적위대렬이 나아간다

5월 창공에
서슬 푸른 총창 비껴들고
노한 파도마냥 대지를 흔들며
끝없는 대렬이 한사람처럼
척 척 손발 맞춰
다 앞으로!

그는 갔으나, 오늘도 이 땅에……

'라성교 렬사의 국제주의 정신을 조선인민은 영원히 보존할 것이다'
(김일성 원수 친필의 조문 중에)

라 성교의 고귀한 넋을 지녀
열화로 타오른 줄기찬 로력
갈수록 극악한 원쑤들의 발악을 뚫고
재해 전해…… 넘고 또 넘어
풍성한 오곡으로 결실한 가을,

이랑마다 배미마다 물결쳐 넘치는
황금 낟알과 함께
속속들이 여물고 익어 온
마을의 념원
새로운 감격에 나래 돋쳐

드디여 여기, 매봉 왼죽지
락엽지는 이 철에도 딱나무꽃 향기로운
예로부터 어린이들의 즐거운 놀이터
그를 묻어 더욱 다정한 땅에
천추의 기념비는, 루각은 솟았어라

사람들이여
그대들은 묻는가,
그 가혹한 싸움의 날에
이 거창한 공사는
어떻게 이루어졌느냐고

우리는 보았다,
단풍 타는 산정에서 성성한 백발에 안겨
아름 아름 내려 밀리는 오리대며
젊은이들의 등어리에서 앞까지 다투는
아름드리 통나무며 바윗돌이며

기러기 울어 예는 달 밝은 밤
어린이들의 어깨를 탄 기왓장의 장사진이며
굳은비 뿌리는 스산한 새벽에도
녀인네들의 머리에서, 등에서,
떨어질 줄 모르는 모래 함지며, 자갈 삼태기며……

하여 우리는 발한나, 그섯은 정녕
그 어떤 물자나 물력으로써가 아니라
오그미 마을 전체 인민들의
끓어 넘치는 감사와 애정과
불타는 로력과 정성으로 이루어졌으며
그것으로만이 이루어질 수 있었다고

혈액도 금색 찬연한
'만고류강' '라 성교정'
철 따라 새록새록한
꽃다발에 묻혀
더 황홀하고,

다함없는 조국의 영예인 양
광휘로운 오성 부각 머리에 이고
경애하는 우리 수령의

찬양 넘치는 조문을 지녀
눈부신 비석,

루에 오르면
그 짧은 생애에
그 많은 이야기와
참나무소 굽이치는 여울물 소리
가슴마다 목메여 듣고

비를 우러르면
스스로 머리 숙는 그 위훈의 하나하나
심장마다 핏줄마다
인민의 불멸한, 친선과 단결과
영웅적 전진에로 불태워 올리는데,

포연 가신 푸른 하늘 저 멀리
조중 량국 기치 높이 휘나는 천 리 방선
철벽으로 굳은 고지마다, 릉선마다
복구 건설 불꽃튀는 마음과 거리, 산과 들마다

갈수록 높아 가는 그 노래 그 불길
력력히 보이나니, 들려 오나니
아, 중국 인민의 우수한 아들
조중 친선의 빛나는 구감
위대한 국제주의 전사
라 성교
그는 갔으나, 그는 오늘도 이 땅에 살고

그의 빛나는 청춘
그의 고귀한 정신은
아름다운 이 나라의 산과 숲과 강과 더불어
인민 조선의 다함없는 승리와
륭성과 영광 속에
길이 푸르리라, 푸르리라.

— 서정 서사시 『불멸의 청춘』 중에서

한 전선에서

아프리카라면 사람들은 흔히
불타는 태양과, 사막과,
끔찍한 배암과 짐승들이 날치는
천고의 쟝글반을 련상하였다.

마을도 길도 농구도
지어 수'자와 의복까지도 없는,
원시 그대로의 몽매의 땅으로
얼마나 많이 선전되여 왔던가.

그 그늘 밑에서 뻔뻔스럽게도
문화와 진보의 사도로 자처하던,
그 두터운 낯짝을 후려 갈기며
아프리카여 그대는 일떠섰구나.

머리를 번쩍 들고 눈을 크게 떠
다시 보는 조국 강토는
그 얼마나 그대들의 가슴을 부풀게 하고,
새삼스레 주먹을 부르쥐게 하는가.

아득한 예로부터
번영과 부를 자랑하던 대왕국들,
그 규모 그 정교도 놀라운 유적들이
오늘도 찬연히 빛을 뿌린다.

그 지혜 그 재능을
수세기나 후퇴시키고
노예 사냥으로, 매매로,
황금 상아 략탈로 맘껏 살진 자들.

바로 그 놈들이구나, 그 아귀들의 괴수,
지금도 인권을 짓밟고 온갖 만행을 뒤'받침하며
앞문으로 쫓으면 뒤'문으로
그 피 묻은 아가리를 원조의 보자기로 가리우고 기
여 드는 것은.

과녁은 정확하다, 모든 예봉을 공동의 원쑤 미제에로
그 어느 한치 땅에도 그 발톱이 남아 있는 한
그 어떤 인민의 진정한 개화도
있을 수 없나니, 생각할 수도 없나니,

장엄하구나, 이미 얻은 혁혁한 승리로 앞길을
밝히며
무장엔 무장으로의 구호도 높이,
온갖 환상과 미화 분식을 걷어 차고
노도처럼 나아가는 그대들의 전진.

어렵고 힘겨운 고비마다
멀리 눈을 들어 조선을 보라—
극악한 미제를 무찌른 영웅 조선,
도시와 마을이 락원으로 꽃피는 조선.

원쑤들의 발악이 제 아무리 악랄하여도

자기의 총, 자기의 피땀으로 일어서 싸우는
단합되고 용감한 인민의 힘은 필승 불패라는,
생생한 증거가 여기 있다.

그들의 광활한 대륙에 백과 주렁지고
야자수 짙은 그늘에 자유의 춤, 노래 무르녹을
그 날을 부쩍 당기기 위해,
형제여 더 튼튼히 손을 잡자, 한 전선에서.

생각

층계를 내려, 유보도를 거닐어
로타리를 지나 일터로 가는,
아침마다 되풀이하는 이 평범한 길이
얼마나 많은 것을 생각케 하는가

굳게 손잡아 흔들고 산지사방
활기차게 흩어지는 이웃들이며
끼리끼리 깔깔거리며 노래 부르며
흡사 녕설날처럼 몰려가는 어린 것들

그 어깨너머 환히 트인
드넓은 대통로로, 푸른 하늘로
온 도시와 마을들의 벅찬 소식 밀려오고
그 어느 먼 나라, 친선의 새 사절이라도 날아들듯……
하이얀 포장, 휘늘어진 수양따라
춤추며 흐르는 대동강 마냥
내 심장 깊이 물결쳐 힘있게 앞으로 이끄는
이 정열, 이 기쁨,

없어졌노라, 밤안개처럼 말가니,
크고 작은 생활의 걱정 근심은
갈수록 두터운 사랑으로, 도움으로 눈시울 뜨겁게 하는
이 시대에 그 무슨 딴 괴롬인들 있을 것이랴.

굴욕과 기한의 기나긴 그 밤,
잿더미우의 스산한 그 새벽만이 아니라
사람들의 마음속 그 숱한 낡은 것까지
내 어린 것들에게 옛이야기로 들려주어야 하는

그럴 때마다 더욱 사무쳐
백번 천번 절하고픈 당이여
은혜로운 어버이 수령님이시여!
이 화창한 날에도 그 높으신 뜻 다 못받드는
받들고 더 빨리, 더 잘 못나가는 안타까움

날마다 되풀이하는 평범한 길
변변히 잠 못잔 이러한 아침에도
내 사업에 대하여, 작풍에 대하여
생각에 생각 거듭케 하노라.

길을 열자

지척의 부모 형제
안부나마 알았으면,
자나깨나 이 한 념원
애를 끊어 그 몇 핸가
애를 끊어 그 몇 핸가

검은 머리 희여지고
어린것들 다 자라니
낯도 모를 이 비극을
눈 뜨고야 어이 참나
눈 뜨고야 어이 참나

꽃 피는 땅 맞닿으면
생지옥도 옛말 될걸
양키놈들 몰아 내고
우선 당장 길을 열자
우선 당장 길을 열자

터지라 터지라

불안과 무더위로
잠 못이루는 밤
파월 '국군' 장병들이여
그대들은 뼈저리게 생각하리라

안개짙은 새벽부두에서
이리 밀리고 저리 쫓기면서도
한사코 군복소매에 매달려
몸부림치던 어머니들

어두운 김포공항에로
속속 돌아가는 한 줌의 재
쓸어만지다 낯을 비비다 금시 숨질 듯
땅만 허비는 그 정상 눈앞에 그리며,

어찌하여 그대들을 팔아먹는 그 원쑤들에게
눈물지는 어머니 손길에서 빼앗아가는 그 원쑤들에게
불벼락을 안기지 못한단 말인가
4월의 그 거리 그 광장에서처럼
"내 아들 장하다!" 부르짖게 하지 못하는가

아 오동지달 풀잎 같이 쪼들어만 가는 그 어머니들께
더없이 신성한 것에 떳떳이 바친
수천수만 사람들 속에 길이 살

그 긍지 그 신념조차 주지 못하는
그 부정의를 두고, 개죽음을 두고
그대들 어찌 뼈저리게 생각만 하랴

한 사나이로 아들로
정녕 참을 수 없는
그 치욕 그 죄악에서 깨끗이 벗어날
길은 오직 하나

터지라 터지라 활화산처럼
피비린 양키들의 턱주가리 맞받아
하나의 운명으로 잇닿은 그 땅, 그 형제만이 아니라
수억만의 부릅뜬 눈이
그대들을 다시 보고도 남게……

서슬푸른 총창 틀어쥐고

채벌 끝나기 바쁘게
서슬푸른 총창 틀어쥐고
훈련장으로 다그치는 오늘따라
더 선한 천안 삼거리……

가렬한 포화속에서도
능수버들 휘늘어지고
늦감 빨갛게 익어가던
석비레길이여,

너나없이 마구 손목 잡아들이고도
물밖에 못끓인다고
토굴 다름없는 부뚜막에서
안절부절하던 그 어머니,

그렇듯 그리던 공화국 깃발을, 간판을
받들어올리는 그 벅찬 마당에서도
깁고기운 삼베적삼 섶 여미고 여미며
가리마 반듯 쳐들지 못하던 그 처녀들……

기쁠수록, 즐거울수록
가슴을 파고들어
바로 철천의 그 원쑤들과
다시 맞선 그 격정, 그 기백으로

도끼자루에; 톱잡이에 부쩍 힘을 주며
맞고 보낸 해와 달 그 얼마던가,

그 얼마던가, 한시바삐
그 마을에도 밝은 창문 늘어서라도
그 처녀들이 즐겨입을 비단이 되라고
분초를 다투어 베여낸 아름다리나무
쫓아가며 주어모은 그 토막인들,

아, 닿지 못하는 사랑을 두고
끓어넘는 원한을 두고
가슴만 친다면, 이만 간다면
내 무슨 사나이랴, 조선의 아들이랴

하늘을 쓰다듬는 밀림
밀림을 누비는 무쇠바퀴들도
그 어느 때보다도 높은 목소리로, 발구름으로
내걸음 재촉하는 듯

자나깨나 눈에 선한
그 마을, 그 거리
천근으로 무거운 자국마다
피눈물로 다진 맹세
새기고 되새기며

내 오늘도 북변의 아슬한 산정
회오리치는 눈보라 뚫고
두세뭇 해제낀 팔뚝에

천리길 단숨에 달려
양키들을, 그 졸개들을 일격에 쓸어눕힐
서슬푸른 훈련의 총창 틀어쥐고 틀어쥔다.

김일성 장군의 노래

장백산 줄기줄기 피어린 자욱
압록강 굽이굽이 피어린 자욱
오늘도 자유조선 꽃다발우에
력력히 비쳐주는 거룩한 자욱
아 그 이름도 그리운 우리의 장군
아 그 이름도 빛나는 김일성장군

만주벌 눈바람아 이야기하라
밀림의 긴긴 밤아 이야기하라
만고의 빨찌산이 누구인가를
절세의 애국자가 누구인가를
아 그 이름도 그리운 우리의 장군
아 그 이름도 빛나는 김일성장군

로동자대중에겐 해방의 은인
민주의 새조선엔 위대한 태양
이십개정강우에 모두다 뭉쳐
북조선 방방곡곡 새봄이 온다
아 그 이름도 그리운 우리의 장군
아 그 이름도 빛나는 김일성장군

김일성장군 찬가
위대한 김일성장군님을 모시고 함흥호텔에서 읊은 즉흥시

장군이 오시는것은 아, 아무도 몰랐으나
장군이 오신것은 누구나 알았다
장군은 가리울수 없는 우리의 빛
장군은 감출수 없는 우리의 태양

우리의 절대의 환영에 장군은 장군이 아니신듯
우리의 무쌍의 광영에 장군은 〈위원장〉만으로도
　족하신 듯
장군은 인민을 위한 한때도 심히 귀중히 여기고
장군은 인민속에 특별한 인민됨을 완강히 거절
　한다

누구나 장군은 젊다 한다
그렇다, 장군은 젊다, 우리의 장군이 늙어서야
　되랴!
만고풍상 혈전혈투의 과거가 그렇고
오매불망턴 재건조국의 오늘은 더욱!

장군의 따사로운 초양은 이미 령세한 논밭우에
　드리우고
이제야 중천에 혁혁한 장군의 백광은
온갖 불순물을 불사르며 불사르며
얼어붙었던 굴뚝마다 칠연을 치솟군다

아, 장군의 씩씩한 보무를 따라
바야흐로 무르녹으려는 북조선의 란만한 봄을
 보아라!
장군은 바쁘다 바빠야 한다
기억하자, 장군은 우리만의 장군이 아니요

장군은 남조선도 비칠, 남조선도 비쳐야 할
아아, 삼천리 전 강토의 위대한 태양
장군은 만민의 령장, 인류의 태양
동방에서 솟은 태양 온 누리를 비치리!

밀림의 홰불

짓밟히는 조국땅과 부모형제를
앉아서 눈물로만 보고있으랴
무장을 높이 드신 장군님 따라
일떠선 혁명무력 첫 대오여
아 밀림에 타오른 그 홰불에
백두의 눈보라도 숨을 죽였네

억천만번 죽더라도 원쑤를 치자
자욱마다 되새긴 불같은 맹세
장군님 두리에 굳게 뭉치여
원쑤를 쳐부신 그 용맹이여
아 찬란한 서광을 비쳐준 홰불
온 나라의 밤하늘 붉게 태웠네

인민들의 친형제로 한마음으로
길이 남길 그 전설 얼마이던가
해방전의 총성을 높이 울리며
조국땅에 개선한 영광의 대오여
아 그 홰불 오늘도 불타오르네
싸우는 온 누리에 불타오르네

그 손길 이르는곳마다

래일도 지방으로 가신다건만
밤 늦게까지 농촌예술소조축전 보아주시고
그들의 손길
일일이 잡아주시고

자리를 권하며
다과를, 담배를 권하며
더없는 기쁨, 넘치는 찬양으로
그 생동한 예술에 대하여 말씀하시는
자애로운 우리 수령님!

연분홍 옷고름 만지작거리며
그림같은 가리마 쳐들지 못하여도
다녀가신뒤 새땅, 새집 늘고
살구, 복숭아도 첫 수확 본 기쁨
그대로 엮은 노래라는 처녀며

세세년년 대풍작에
쭉 허리를 편 3대 머슴군의 집안
어찌 모두 가야금 타고 춤추지 않으랴
몸 마음 아직 다 청춘이라는 칠순아버지
우러르는 그 눈시울에 이슬까지 맺히는데

그이께서 북받치는것 지그시 누르시는듯

조용히 자리를 일어
눈덮인 먼 산발을 바라보시며
"참 좋은 세상이요
이런 세상 위해 얼마나 많은 사람들이
피흘려 싸웠소……

생활이 높아지면 예술도 높아지고
누구나 다 그것을 향유하게 될게요
반드시 또 그렇게 되여야 하오
그러면 조국통일도 빨리 되오
그날 위해 더 많이 노력합시다……"

심장 깊이 사무치는
그 영상, 그 교시
피줄마다 더 잘, 더 빨리 나아갈
정열로, 결의로 불태워올리거니

누가 의심하랴, 500만톤고지우에
휘날릴 또 하나의 기발
보다 눈부신 우리 예술의 화폭을,
그 손길 이르는곳마다
자랑찬 이 땅의 새 력사는 더 활짝 꽃피네

풍막의 등불

밀림의 눈보라 기승부리고
고깔불도 가물가물 사그러지는데
장군님 계시는 풍막의 등불은
한밤이 지새도록 꺼질줄 몰랐네

고난의 행군길에 혈전만리에
날알빛도 못보신 날 얼마이시랴
주전자의 끓던 물도 식어가는데
풍막의 등불은 꺼질줄 몰랐네

암담한 조국땅에 새봄 주시려
지도우에 그으시던 붉은 화살이여
밀림속에 새벽은 밝아오건만
등불은 밤마다 꺼질줄 몰랐네

수령님 기어이 떠나시여라

이슬머금은 꽃송이들도
미처 머리를 쳐들기전
장마철 날씨를 가늠하시는듯
발그레 물들어오는 동녘을 유심히 살피시며
벌써 정복차림으로 뜨락에 내려서시는
 어버이수령님

간밤도 밤깊도록 도당청사에서
손수 도면에 줄을 그어가시며
관문도시의 새 륜환선거리며
수도로 통할 큰길을 두고
자리를 못뜨시던 그이
잠은 언제 주무셨는가
이러한 현지지도의 길 벌써 며칠째신가

당황한 수원들 약속이나 한듯
"수령님 오늘만은 쉬여주십시오"
"건강이 념려됩니다
오늘은 일요일이니 이 하루만이라도
푹 쉬여주십시오"

"아니요 미루벌에 꼭 가봐야겠소
내 더 늙기전에 가봐야지
언제 가보겠소"

아, 미루벌은 첩첩 산 넘어 구름 넘어
몇백리 두메길
삼복 불볕 숨막히는 이 날씨에
어떻게 가시렵니까
사람들 저저마다 옷소매에 매여달릴듯
"오늘만은 쉬여 주십시오
장마로 하여 길도 험합니다"

"념려 마오
내 젊어서부터 험한 길을 가리고
행군한적은 없었소
정 그렇다면 나혼자 가겠소"
수령님 단호한 말씀 남기시고
승용차앞으로 걸음을 옮기시여라

미루벌, 미루벌은
백자 땅밑에서도 물 안나던곳
못살아 찾아들었다 울고 떠나던 불모의 땅이
수령님 은혜로운 해빛아래서
오늘은 천지개벽 이룩했건만

멀수록 더 심려되시는 그 심정
온 나라 인민들을 하루라도 더 빨리
골고루 다 잘살게 하시려는 어버이사랑
피곤도 로고도 마다하지 않으시고
아, 이 아침도 머나먼 두메길 향해
수령님 기어이 떠나시여라

우리는 수령님만 따르렵니다

자유로운 조국땅에 노래넘치고
행복한 새생활의 꽃이 핍니다
한평생을 인민 위해 바쳐오시는
김일성원수님의 크나큰 사랑
하늘이 무너지고 땅이 꺼져도
우리는 수령님만 따르렵니다

온 세상이 우러르는 주체의 기치
세월을 주름잡는 천리마시대
밝고밝은 새세상을 펼쳐주시는
김일성원수님은 인민의 태양
대를 이어 영원히 오직 한마음
우리는 수령님만 따르렵니다

수령님의 광망 일월과 함께

그 누구나 심장 가장 깊은 자리에 모시면서도
그 누구보다도 친근히 불러 서슴없는 그 이름
가렬한 싸움의 앞장에 몸소 계시는
친근한 그 영상 우러르면

그 어느 늙은이의, 아낙네의
어린이의 가슴에도
다함없는 흠모와 믿음이 용솟아
몸과 마음 저절로 그 누리에 쏠리는
귀중한분이시여

오늘은 수령님의 탄생 40돐 ―
초연 서리인 산천에도
그림처럼 피여오르는
꽃망울, 꽃망울
저마다 아름다움 다투어
이날을 축하하고

나라의 거리거리
마을과 마을들은
새로운 감격과 감사에 설레이며
수령님을 이야기하고
수령님을 우러릅니다

로고의 긴긴세월
그 날과 달이 그대로
조국의 자유와 독립과
민주의 줄기찬 걸음

온갖 간난과 신고를 헤쳐오신
그 걸음마다가 또한 그대로
위대한 창조의 기록이신 수령님

진실로 간고하고도 장엄한
이 나라 새 력사의 그 어느 마디가
수령님의 피어린 충절을
소리 높이 말하지 않으며
수령님의 뛰여나신 영명을
자랑 높이 노래하지 않으리

그 충절
전체 인민의 피줄마다
불타는 애국심 불러일으키고
그 영명 온갖 계층과 신앙과 정견 우에
'조선조선' 기치로 힘차게 날리여

수령님이 친히 이끄시는
우리 당의 령도밑에
그 모든 애국의 힘이
뭉치여 한덩이로
눈부신 개혁에, 건설에
강도 미제를 여지없이 격멸하여

백전백승의 위력으로 떨쳐서게 한
수령님의 위훈 정녕 만고에 빛나오리다

오늘도 수령님의 부름앞에
그 어떤 난관도 애로도
아까운 그 무엇도
있을수 없어

재더미 황량한 터전에도
보잡이녀인들의 의기도 놀라웁게
적기춘경 파종의 노래
하늘땅 흔들고

지하 천길막장속에서도
줄기차게 뻗어오르는 붉은 도표
건설의 노래 흥겨웁던
지난날을 뛰여넘을듯

청소한 그 가슴을 철벽삼아
비발치는 원쑤의 불아가리 침묵시키고
한치땅 지키여 꽃잎처럼 흩어지는
이 나라 아들딸들의 슬기론 모습이

가없는 대지의 끝에서 끝까지
영웅적인민의 전설로 퍼지고
평화와 자유의 기발로 나붗겨
온 세계 방방곡곡
친선과 단결과 성원과

찬양의 목소리
날로 높아오나니

그 이름이 또한 그대로
삼천만인민의
반석의 신심이요, 광활한 전망인
우리의 김일설장군
우리의 수령이시여

오늘은 수령님의 탄생 40돐
끓어번지는 축복속에
우러러 수령민 앞에
새로운 맹세로 벅찬 온 강토가
한결같이 불태우는 하나의 념원 있나니

조국을 위하여
인민을 위하여
후손만대의 번영을 위하여
인류의 행복 주렁지는
세기의 새아침을 위하여

수령님의 광망
일월과 함께 더 빛나시라!
수령님의 수복
일월과 함께 무궁하시라

몸과 마음 다 바쳐 우리는 받들리

혁명의 거센 풍랑 헤치고 넘어
긴긴세월 싸워오신 하나의 일념
자유롭고 부강한 인민의 나라
락원의 강산을 펼쳐주셨네
아 절세의 애국령장 김일성원수
몸과 마음 다 바쳐 우리는 받들리

갈라진 절반땅을 한품에 안아
새봄을 수시려는 숭고한 사랑
높이 드신 손길따라 강산은 끓고
제주도 한끝까지 불길 치솟네
아 통일의 길 밝혀주신 김일성원수
몸과 마음 다 바쳐 우리는 받들리

주체의 찬란한 빛 누리에 떨쳐
수억만이 우러르는 희망의 등대
반제반미 진두에 몸소 서시여
공산주의 새아침을 당겨오시네
아, 위대한 혁명의 태양이신 김일성원수
몸과 마음 다 바쳐 우리는 받들리

어버이수령님이시여 부디 이 하루만이라도……

화창한 봄날의 명절
한폭 그림같은 산과 강과 숲과
갖가지 꽃에 둘러싸인 만경대
꿈결에도 그립던 그 집앞에
달리고 달려가 옷깃 여미며
수천수만 사람들과 더불어
가장 큰 영광과 감사를 드립니다

비록 키낮은 초가지붕이나
민족의 큰뜻을 품은 이 집에
대를 이어 탄생하시여
열네살 어리신 나이에 눈덮인 천리 먼길로
사립문을 나서신 그날로부터
연연 40여년 ―

애오라지 조국과 인민을 위하여
그 빛나는 주체의 기치높이 날리시며
그 간고하고 험난한 길을
어느 하루 멈춘적 있으셨습니까

자립경제의 위용 떨치며
세상에 부러운것 없고 두려운것 없는
힘있고 존엄있는 민족으로
력사무대에 뻐젓이 나선 오늘

어버이수령님의 자애로운 영상이
더없이 친근하게 어려옵니다

아, 설한풍 회오리치는 20성상
고깔불도 사그라져가는 밀림의 풍막안에
밤마다 꺼질줄 모르던 그 등불이여!
간고한 행군길 진대나무우에서도
언제나 놓지 않으시던 그 책, 그 연필

왜놈들을 무찌르고 드시는 부락
동지섣달 찬날에도
선참 도끼를 찾으시여
가난한 농가의 장작부터 패여주시고
낡은 삿자리, 그물거리는 등잔불밑에서
농민들과 무릎을 마주하신 잊지 못할 밤과
 밤이여!

"장군님 밤이 깊었습니다"
어린 전령병이 또다시 아뢰면
그 어깨 다정히 쓰다듬어주시며
"내 넘려는 말아라
조국이 광복된 뒤 푹 쉬기로 하자……"

아, 만민이 환호하는 조국개선의 날에도
만경대갈림길 스치며 지나시여
로동계급의 심장깊이 불부터 지피시고
어제는 토지개혁, 오늘은 산업국유화……
세기적변혁의 그 바쁘신 날에도

보통강 그 질척한 강반에서 첫삽을 뜨시며
인민들과 함께 흘리시던 그 구슬땀이여!

준엄한 싸움의 날엔 군복을 입으시고
넓은 전선을 진두에서 이끄시면서도
락원의 열명당원의 세포회의며
남편 대신 보탑 잡은 녀성들을 찾으시여
품앗이반까지 무어주신 어버이수령님

도시를 일떠세울 설계도도 보아주시고
지하기계공장의 터전도 잡아주시고
전쟁고아들까지 보살피시여
경치좋은 안전지대에 애육원도 세워주
 시였거니
어느 하루인들 편안히 쉬시였으랴

부관이 걱정어린 어조로
"최고사령관동지!
또 휴식시간이 지났습니다"
그러면 환하신 그 얼굴에 미소 지으시며
"동무나 어서 쉬오
난 괜찮소 승리하는 날 푹 쉬지……"

아, 전승의 며칠뒤 그이를 뵈온것은
그 어느 휴양소 아닌 우리의 철의 기지,
헝클어진 철을, 깨여진 벽돌더미를 헤치시며
건설의 대진군을 불러일으키시여
주체공업의 억센 기둥

철의 1211고지는 거연히 솟았고

온 나라가 세월을 주름잡는 장엄한 길에서
어려운 고리 하나하나 몸소 풀어주시여
하늘만 쳐다보던 황주긴등이며
빗물 눈물 다 가둬놓고 함지 타고 다니던
봉산나무리벌에도 춤추며 흘러드는 천리
 수로가 뻗고
가대기, 물동이 등은 박물관으로 보내야 할
문화농촌 새 마을들이 일떠섰습니다

이를 위하여 눈비를 맞으시며
수천도 쇠물이 사품치는 용해장,
그 많은 농촌의 오솔길과 보뚝
그 숱한 구내길과 천길막장이며
동서해안 포구들과 북변의 림산마을까지
얼마나 헤아릴수없이 거듭 찾으셨습니까

진정 옮기시는 자욱마다
천지개벽 이룩하고 기적을 낳아
로동과 생활이 그대로 노래 되여
사람들을 60청춘으로 즐기게 하신
인민의 수령, 위대한 민족의 태양이시여!

한마음한뜻으로 뭉친 우리들은
오늘도 경건히 우러릅니다
밤마다 밤깊도록 우리 당중앙위원회
그 높은 창가에 흐르는 불빛을……

"수령님! 얼마간 휴식하시는게 좋겠습니다"
어느 간부 한분이 말씀드리니
그의 얼굴 이윽히 쳐다보시며
"갈라진 절반땅을 그대로 두고야
내 어찌 휴식을 생각하겠소……"
엄숙한 수령님의 목소리 들려옵니다

아, 우리 당 5차대회 높은 연단에서
휘황히 펼쳐주신 새로운 진군로—
명문고개 높은 령마루를 넘으시여
희천의 기계전사들속에 몸소 지펴주신
새 기술혁신의 거세찬 불길

불길은 온 나라 공장마다 타번져
6개년계획의 2년분과제를
래년봄 이 명절까지 넘쳐낼 결의로
혁신 또 혁신!
물안개 무지개처럼 서린 분수식관개의
  포전마다
두벌농사 앞그루, 밀보리 덧거름주기로
  흥성이고

우렁찬 건설의 노래는
타래쳐오르는 먼지로만 이름났던
내 사는 도시에도 힘차게 울려퍼져
수양버들 휘늘어진 푸른 운하에
화려한 고층건물들이 거울처럼 비끼여
수도 관문도시의 풍모는 나날이 꽃피여

나고있습니다

나라에서 고되고 힘든 일 쓸어버리고
녀성들의 무거운 가정부담까지
옛이야기로 되게 하시려는 숭고한 일념 —
하루 빨리 짓밟혀 신음하는 남녘인민들도
후손대대 행복을 꽃피우게 하려고
일터마다 초소마다 대고조의 불길 높이는
우리 인민의 전진을 가로막아낼 힘
이 세상에 없습니다

그렇습니다
암흑의 절반땅 남녘에서도
오직 한분 수령님을 민족의 태양으로
감옥에서도, 교수대에서도 만세높이 부르며
이국땅에서도 공화국공민의 영예와 자랑
 드높이
승리에서 승리에로 나아가고있습니다

멀리 대륙을 넘어 대양을 건너
희망의 등대로, 새삶의 모범으로
친선과 단결의 목소리 갈수록 높아가고
다함없는 흠모와 존경으로 수령님을 우러르며
따라배우는 수억만의 대렬이 나날이 늘어
 갑니다

위대한 수령님이시여!
우리 인민은 모두다

수령님의 전사된 한없는 긍지와 자부심 안고
그 빛나는 주체사상을 뼈와 살로
살아도 죽어도 오직 수령님을 위하여
걸음마다 맹세다지며
백전백승 확신에 넘쳐 전진 또 전진할
 것입니다

오늘은 화창한 봄날의 명절
혁명의 요람 만경대로 달려오고 달려오는
우리들 뜨거운 마음들의
한결같은 소원은
조국을 위하여, 온 세계 인민들을 위하여
부디 오늘 하루만이라도 편안히 쉬시옵기를……
부디 수령님께서 만수무강하시옵기를……

우리는 충직한 수령님의 전사

하늘땅에 꽃향기 차넘치는데
마음은 밀림에로 달리여가네
수령님을 높이 받든 항일투사들
피로 헤친 눈보라길 몇만리던가
아 불멸의 그 자욱 이어받드는
우리는 충직한 수령님의 전사

모진 세월 이겨가며 원쑤를 치며
어깨걸고 부르던 혁명의 노래
숙영의 밤마다 글읽던 소리
걸어가도 배우던 행군길이여
아 불멸의 그 자욱 이어받드는
우리는 충직한 수령님의 전사

가난한 겨레들의 친형제 되여
함께 가고 함께 웃던 투사들이여
조국땅 흙을 움켜 볼에 비비며
눈물로 맹세다진 봄은 왔어라
아 불멸의 그 자욱 이어받드는
우리는 충직한 수령님의 전사

아오미나루

들국화 향기로운 양천마을엔
밤내 한글공부소리 랑랑하고

아오미나루는 평양에의 나루여서
야밤준령 50리길도 멀지 않았다

보름달이 휘영청 밝은 백사불엔
금파 은파 드나며 춤추는듯 노래하는 듯

나룻배는 한척인데
평양손은 백에도, 또 몇몇백

몸보다 마음 먼저 건네는 나루를
숱한 새 소식이 새 소식을 부르니

나루지기할아버지의 쪼들은 볼에도 저절로
 잔웃음이 떠오르며
아오미나루의 긴긴밤도 휘연히 동터오는
 것이었다

새 소식
함남인민일보 편집실에서

이 소식 받아들고
층계를 오른다
이리도 이 층계가 높았던가
내 마음은 바쁘다

연필끝을 빨지 않아도 좋았다
치받쳐오르는 감동이 저절로 적는
감격의 불도가니, 감사의 선풍!
'도지는 드디여 밭살이하는 농민들에게……'

뜨거워오는 눈두덩
내 살던 마을 마을
맨발로 얼음장우를 거닐던 그 어린이들이
 떠오른다
물길이에도 누덕치마를 돌려 앞을 가리던
 그 아낙네들이 떠오른다

그 저녁 발버둥치며 술집으로 팔려가던
 열여덟 순이의
핼쑥한 얼굴이 떠오른다
그 새벽 보따리 지고 북만주로 흘러가던
륙순 박첨지의 하얀 머리털이 떠오른다
그 아침 낫자루 호미자루 틀어쥐고

놈들과 맞서던 숱한 얼굴이 떠오른다

아, 괴로움의 긴 세기여
너는 갔구나!
피눈물의 긴 력사여
너는 끝났구나!

이제야 휘연히 밝은 농촌
밭두렁마다 논이랑마다
앞다투는 파종 흥겨운 코노래도 구성지고
한덩이 흙, 한줌 거름에도 백천송이
 이삭을 맺어

가을이면 울 넘는 거두매 뒤
달밝은 동구앞을
할아버지도 손주도 한데 엉클어져
소고치며 꽹매기치며 어─널널 상사듸야……

꿈아닌 이 현실, 거짓 아닌 이 사실
진정 오늘을 난생처음 넘치는 웃음으로
 맞을 농민들이여
이 기쁨 굳게 뭉쳐
그 고마운 인민조선 길이길이 지켜가자

우리는 이 봄을 노래한다

우리는 이 봄을 노래한다

춘궁에 더욱 주린 창자를 움켜쥐고
그래도 메마른 논밭이랑으로
다시 고혈의 채찍에 휘몰리던
원한의 봄이 아니고

남부녀대하여 터벅터벅 걸어가는
고향의 마지막 강나루
미여지는 가슴 터지는 호곡으로 산천도 울던
리별의 봄이 아니고

지금 우리는 노래한다 이 봄을
다함없는 승리와 영광과
부풀은 희망과 즐거운 로력에 빛나는
우리의 봄을

금수산 제일봉인 모란봉아래
청류벽의 물빛 푸른 능수버들도
새날의 감격에 춤추는듯
대동강 세찬 물줄기는 민족의 오랜
 치욕을 씻어주고

여기 우리의 수도 평양은

오늘도 밤을 이어 짜가는 새 력사의
 쾌속한 바디소리
또다시 온 세계의 이목을 쏠리게 하고

보아라, 북조선산야에 타오르는 건설의
 불꽃
북조선 천지가 떠갈듯한 증산의 함성
온 마을과 거리, 두메와 벌방이
오직 한덩이가 되여

온갖 고난을 뚫고
불가능에서 가능을 쟁취하며
아무것도 없는 무에서 유를 창조하며
이 한해 인민경제의 북조선은
천만년 번영의 첫 지점에 도달하려 한다

열려오는 봄과 함께
보다 씩씩히 전진하는 민주북조선을
우리는 노래한다, 목청을 돋구어
넘치는 찬양과 높은 긍지와 뜨거운 뜨거운
 사랑속에……

그날아침

벨트소리가 갓난애기의 울음처럼 들리던
그렇게도 애끓는 울음처럼 들리던
날에날마다의 그 어머니의 애절한
 일기속에서
귀동이의 서글픈 력사는 시작되였습니다

스산한 탄광에
설한풍 휩쓸어치는 날이면
손발도 일어든나는 그속의 아버지를
 생각하여
못견디게 아픈 가슴
어린 귀동이도 몇번이나 주먹을 틀어쥐였
 습니다

그 모습 아득한 아버지도 편지마다
"씩씩히 자라라" "굳세게 자라라"하시였으나
때이르게 쓴 로동모밀, 마지못해 밤을 낮에
 잇는 귀동이의 볼은
시시로 깎이고 여위기만 하는것이였습니다……

아, 오늘은 로동법령실시
끓어번지는 경축의 날 이른아침을
활개치며 광장으로 나아가는
청년 귀동이의 가슴엔

서글픈 력사의 마디마디 되살아 솟구치고

저기 벌써 한대렬의 선두에 선 아버지도
만면 웃음으로 손들어 흔드는듯
"아, 아버지!"하고 감격에 떨리는 부르
  짖음이
선후도 없이 치받쳐오르는것이였습니다

무심히 거닐지 말라, 보통강뚝을

이 땅의 하많은 강, 하많은 유원지
그 어디에 그이의 손길 미치지 않은곳
 있으랴만
사람들이여 후대들이여 그 아름다운
 보통강뚝을
더욱 무심히 거닐지 말라

해마다 넘쳐나는 황토물로
병들어 쓰리지던 농민들
여름날이 더 걱정이던 시민들이
땅을 치고 가슴을 쥐여뜯게 하며
갈수록 도시를 위협하던 원한의 강

거기 초가마구리 게딱지같은 황토뚝에
오래 서시여
몇번이나 모자채양을 높이시던
김일성장군님의 이글이글하신 안광이
얼마나 깊이, 얼마나 멀리
이같은 조국땅 구석구석을 살피시였던가

바로 거기였다
새 조국을 창건하여
주권을 틀어쥔 인민
민주개혁으로 들끓는 수도시민들을

대자연개조의 첫 전투에로
힘차게 불러일으키신곳은

력력히 들려와라
비록 곤난이 있으나
모두다 건국사상, 불굴의 혁명정신으로
이 공사를 우리 손으로 해내여
민주수도를 보위하고
온 나라에 모범을 보여야 한다시던
우렁우렁하신 그 음성

몸소 질척한 강반에 들어서시여
튕겨오르는 흙탕물 아랑곳없이
힘있게 박으시던 첫삽
무랍없이 우리와 어깨 겯으시고
함뿍 땀에 젖으시던 5월이 날이여

장구한 세월, 숨막히는 지붕밑에서
일일천추로 고대하던 희망의 태양
전설의 영웅이신 그이를 모시여
사람들은 감격의 만세도 못부르고
목이 터져라 억억 소리만 쳤더라

삽과 곡괭이 질통 같은것이 고작이던 그때
무릎까지 빠지는 감탕속에서의 공사
어찌 쉬운 일이였으랴만
온 평양이 끓고 또 끓어
이웃 마실도 삼가던 아낙네들마저

솥까지 이고 나오고
백발성성한 늙은이들도
밤을 낮에 이어 돌격 또 돌격

창대같이 쏟아지는 장마비를 맞받아
금시 터져나갈 새 동뚝 몸으로 감싸며
사나운 강줄기의 목덜미를 틀어쥐여
남들이 10년 걸려도 못한다던 일
단 55일에 해제꼈더라

치욕의 굴레를 벗어던진 새 조선의 기개인양
민주수도를 우뢰처럼 울린 함성속에
억년성새로, 대유원지로 전변시킨 보통강뚝
이를 어찌 다만 민주건설의 첫 열매라 하랴

강뚝은 불멸의 성새마냥 뻗었거니
수령님의 혁명사상을 뼈와 살로 삼고
오직 그이 따를 때 못해낼 일 없다는 신념
제힘을 믿고 제손으로 해야 한다는 정신을
사람들은 심장깊이 새기고 새겼더라

그 신념, 그 정신이 없었다면
어찌 청소한 조국이 떨쳐일어나
오랜 세월 메말랐던 온 강토에
생명수 춤추며 흐르게 하고

불비를 뚫고 재더미를 넘어
천리마의 발굽소리 그렇듯 우람차게

당당히 제발로 걷는 나라를 이룩하고
두메산골도 활짝 꽃피게 할수 있었으랴

그림같이 아름다운 강뚝에 올라
날로 웅장하고 화려해가는 수도를 바라보며
이제 대사변맞이 감격을 지척에 그리면
한많은 강바닥에 첫삽을 박으시던 그날
벌써 천지개벽의 오늘을 내다보신
위대한 수령님의 원대한 구상이여!

첫걸음부터 우리 수도시민을 앞세우시고
인민대중을 백전백승의 대오로 키우신
그 영상 삼가 마음속에 우러를수록
감사의 노래, 충성의 노래 드리곺어라

8·15부터

오밤중에도 애써 책을 펼침은
8·15부터 시작한 습성입니다

하냥 배우고 또 배우건만
자꾸만 모자라는듯 따라 못갈듯

아무리 피로해도 눕던 습관은
8·15부터 저 멀리 버리었습니다

누군가 부르는듯 기다리는듯
마음 한없이 송구스러워

만사 허허하던 그런 표정도
8·15부터 슬며시 사라졌습니다

오다가다 생긴 일 하찮은 일도
진정 모두 내 일만 같고 소중만 하고

아, 술마시고 울어보던 슬픈 버릇도
8·15부터 깨끗이 잊었습니다

한없이 큰것에 포근히 안긴듯
마음 하냥 밝기만 하여, 뛰놀기만 하여……

록음

해발 천여척의 지리산줄기에도
계절은 무성한 록음을 데리고왔다

푸나무 향기 목메고
해종일 뻐꾸기 울음 풍기는 록음
지금은 출전을 앞둔
쉬임의 한때

호활한 구름바다우
줄기찬 소백산맥 저 멀리
가없이 푸른 북녘하늘 우러르니
그리운 민주수도 평양
영아, 널 보내던 그날이 눈앞에 선쿠나

그때도 이즈음
휘늘어진 수양그늘 무르녹던
섬진강나루
상처깊은 몸 이끌며 너는 북으로
우리 석별의 손길 굳게 맞잡고

"나아갑시다, 더 힘차게
가나 오나 한길을,
보다 큰 애정을 위하여
그리움을 이기고……"

그 뒤로 어언간 한해
날을 이어 불꽃 튕긴 싸움의 마당
그 언제나 나를 채쳐 앞서게 한것
그것은 진정 끓어번지는 원쑤에의 증오와
내 가슴깊이 지닌 너와의 이 굳은 약속

이 약속속에 또한
튼튼히 서있을 너를
넘쳐뛰는 인민경제 새 계획의 선두에
모범방직공 영이로 두드러지게 빛날
너의 나날을
나는 너의 애정처럼 굳게 믿는다

진정 그 우람찬 건설에 발맞추어
그 악착한 초토화전술에도, 무차별학살에도
그 아버지의, 형의, 오빠의, 남편의
아들의 시체를 넘어
나날이 세차가는 우리 유적대

무엇이 막아내랴 우리의 힘을
백두밀림 20성상의 고귀한 전통

피줄마다 높이 뛰고
평화와 자유와
조국의 통일과 독립에의 불타는 정열
오로지 한길―불굴의 투쟁에로 용솟음치는
인민의 힘을

믿어다오, 오늘도 그리고 또 래일도
령을 넘고 또 넘어
우리의 발길이 뻗어나가는곳
거기는 반드시 충천하는 화염속에
공화국 만세소리 울려퍼질것을

승리는 반드시 우리들의것
영아, 나아가자 더 힘차게
보다 큰 애정을 위하여
그리움을 이기고

나는 벌써
너와의 즐거운 휴일의 오후를
그 어느 평양 근교
이같은 록음속에 그리며
오늘도 튼튼히 구두끈을 죄여맨다

어느 고지에서

탄환 윙윙 날고
포탄 간단없이 터져
나무 한그루
바로 못서는 고지에

흙두엄물 얼룩진 치마자락 휘날리며
성성한 백발이 오른다
한사코 오른다

두툼한 솜옷에 동지달 차디찬 눈비가 내려
내려서 얼어
한기 뼈속까지 스며드나

거기 사태처럼 무너져드는
원쑤들의 퇴로를 가로막아
벌써 사흘째
한 발자국도 드팀없는 용사들에게

끓어넘치는 마을의 정성
두두룩한 음식보퉁이 걸머진
성성한 백발이
한사코 오른다

정녕 어려운 고비 있어

땅우에 웅크리면
금시 가슴가득 안겨드는
고향 향기속에

멀리 가까이
무참한 연기로 사라지는
오붓한 마을과 정들은 거리
그 친근한 사람들과 귀여운것들의
원한에 찬 울부짖음
애끓는 목소리도 들려오는듯

내 어찌 이 길에서
일각인들 주저하랴
음성도 날카로이 불러일으키며
앞으로 채질하는 뜨거운것이여

그 어떤 힘이 이 일념을
오로지 승리와 복수와 뜨거운 원호에로
 타오르는
이 인민의 일념을
막아낼수 있으리

늙은이의 소원이라고
겨우 나선 이 길에
걸음마다 무사하기를 바라는것도
죽음이 두려워서가 아니다

아, 가버린 청춘이

그 기력 싱싱하던 날이
일찍 이처럼
그리운 때가 있었던가

탄환 윙윙 날고
포탄 간단없이 터져
나무 한그루
바로 못서는 고지에

흙두엄물 얼룩진 치마자락 휘날리며
성성한 백발이 오른다
한사코 오른다

조국 만세

아침마다 푸르러오는 창앞에서
례사로이 듣다가도
의례 숨죽이고 귀기울이게 되는
우리의 라지오보도

언제나 시간이 모자라는듯
빠른 말로 다우치는
보도는 이 아침도 얼마나 커다란
커다란 혁신의 소식으로 차넘치는것인가!

들리누나, 사품치는 로앞에서
용해시간 단축한 감격의 목소리!
새 대형정밀기계 창조의 기쁨 나누는
구리빛 얼굴들의 호탕한 웃음소리 ―

들리누나, 보기 드문 풍수해도 이겨넘기고
전야에서 올리는 드높은 개가
그 어느 지방산업공장이며 건설장,
저 먼바다 한끝에까지 울려퍼지는
기계화 자동화의 고동소리도……

어찌 자랑치 않으랴 이르는곳마다에서
평범하고도 수수한 보통사람들
천리마기수들의 어깨에 받들려

날마다 전변하는 이 땅을!

이는 진정 나라의 위대한 전변
새 인간들의 우람찬 탄생을 아뢰는 대교향악
이 황홀한 선율속에서
나는 보고 듣는다
그 모든 난관을 제힘, 제 지혜로
끝가지 뚫고나가는 줄기찬 투쟁을

설한풍 회오리치는 백두밀림에서
활활 타오른 자력갱생의 불길이여
도끼와 톱 마치와 줄칼만으로도
'연길폭탄'과 재봉친바늘까지 만들어낸
그 정신, 그 기개여!

가렬한 포화속에서도 처참한 재더미
 우에서도
그 숱한 전설과 기적을 낳은
그 어느 순간에도 안일과 해이를 모르고
일하면서도 배우고 또 배우는 불패의 힘이여!

막지 못하리라 원쑤의 그 어떤 발악도
이 땅 깊이 뿌리박은 자랑찬 그 줄기에서
갈수록 커가는 승리와 영광
천리마조선의 이 눈부신 전진을
랑랑한 라지오소리 흘러가는
푸른 하늘에 우련히 떠오르는 휘황한
 내 나라

아, 사무치는 내 가슴 한 바닥으로부터
'사회주의조국 만세!'
만세소리 저절로 용솟아오른다

더 자랑차게 휘날려라, 오각별 기치여

구리빛이마 번쩍 치켜들고
이글이글한 눈망울에서 불꽃 튀는듯
마디마디 다짐도 새로운
그 사나이의 활기찬 목소리며

함박꽃같은 얼굴에 홍조 띠우고
상기도 소녀같은 애티가 흐르건만
새로운 창의고안 펼쳐보이는
그 녀인의 정열어린 이야기에 귀기울이면

금시 푸른 하늘을 쳐들고
뒤따라 일떠서는 용광로
분초를 다투어 콸콸 쏟아지는
쇠물의 교향악도 울려오고

가물에 물방아까지 울리던 두메에도 관
 개수 뻗어
물결치는 황금나락이며 싱싱한 남새
초원을 흐르는 소떼 양떼……
무르익는 과일향기도 풍기고
어찌 들리지 않으리까
그 모든 거리와 마을에서
층층이 솟아오른 푸른 창문을
흘러넘치는 웃음소린들

얼마나 아름다운 화폭입니까
얼마나 즐거운 노래입니까
수령님 안겨주신 설계도우에
환히 내다보니는 이 땅의 래일은

어머니조국이여, 공화국이여
끓어오릅니다 그대에의 사랑
그대를 낳아 오늘처럼 키워준
우리 위력한 당에의 뜨거운 감사

상상인들 하리까 그대 없이
이렇듯 넘치는 행복의 주인으로
온 세계를 향하여 당당히 걸어가는 긍지며
저 창창한 하늘에 마음껏 나래펴는 기쁨을

진정 무엇을 바쳐 아끼우리까
이 나라 선구자들의 피어린 자취
그 기나긴 밤의 뼈저린 설음
생각할수록 감격도 새로운 그대에게

이미 보았습니다 그대 공화국
그 부름 받든곳에
이 나라 아들딸들이 무엇을 해내는가를,
가렬한 불비의 날에도, 재더미 처참하던
 날에도

가장 깊이 심장마다 뿌리박고
전설과 기적으로 영웅조선의 이름

갈수록 빛내는
그대는 민족의 영예
평화와 민주의 허물수 없는 성새

오늘은 그대 창건 열돐 맞는 기쁨 날
새 정신과 새 다짐으로 뭉치는 이 힘은
마주선 5개년의 저 봉우리우에도
반드시 장엄한 개가 울려퍼지리니

세세년년 더 흥겹고 더 부유해질
그날을 당기며
영광 끝이 없을 우리의 조국이거니
더 자랑차게 휘날려라, 오직별 기치여!

첫잔

새해 첫아침
햇빛 눈부시게 흘러드는 방
방 가득 차려놓은
푸짐한 음식상

상앞엔 이름난 용해공 둘째
어엿한 대학생인 셋째
얼마전 뜨락또르운전수된 막내딸
그리고 첫번째배엔 꼭 타게 되리라는
맏이 소식까지 날아왔는데

무릎에 올라 응석을 부리던
손주아이 놀랜듯 웨치는 소리
"아이 저 눈물, 왜 우세요……"
할아버지 허허 웃으시며
"아니란다 눈이 시여서……"

할머니여, 망녕이라고 나무람 마시라
우신들 어떠랴 이 행복겨운 아침에
그런 눈물은 온 세상 사람들께
보이고싶어라 자랑하고싶어라

긴등벌 70리땅은 많아도 못쓸 땅뿐
허리가 휘여들고 손가락이 모지라져도

물 한바가지 맘대로 못먹던고장
더구나 왜놈의 과수원, 계절로동의 설음은
땅속에 들어가도 못잊겠다던 그

설상가상 푼전이나마 보태던 맏이
피비린 배길에 '보국대'로 빼앗기고
올망졸망한 어린것들 포대기 하나 못덮어주던
삼동 이 철엔
잠조차 바로 자본적 없다는 그

뜨락또르 우렁우렁
사래긴 이랑 푹푹 갈아엎고
3단양수 퀄퀄 흘리들이
황금나락 더미더미 솟아오른 이 등벌

새집에서 도시가 부러울것 없고
이고 지던 일까지 말끔히 없어질 눈앞을
 내다보며
마음껏 나래 펼칠 아들딸 불러앉힌
그 가슴 얼마나 벅찰것이랴

그렇게 말려도
도무지 일손을 놓지 못하시는
할아버지앞에 저저마다 다가앉아
장수를 비는 념원 가득
잔을 부어 권하는데

할아버지 자리를 바로하시고

"우리모두의 마음을 담아
크나큰 은인이신
수령님의 만수무강을 축원하자"고
수령님의 초상화를 우러러 첫잔을 높이
 드시네
모든 잔이 일제히 높이 들리네

맹세

불꽃튀는 기계직장
사방 환한 채광창으로
밀물처럼 밀려드는것은
싱그러운 봄향기만이 아닙니다

치차처럼 맞물고 돌아가는 모든 공장
저 멀리 땅밑 천길막장이며
두메산골 비탈밭에서까지
우렁차게 울려오는 창조와 혁신의 노래……

나아갑니다 천리마는
보수와 소극 걷어차며 갈수록 위세차게
강토는 날을 따라 더 살기좋은곳으로
철벽의 기지로, 요새로 다져집니다

주체의 위력으로 눈부시게 빛나는
백전백승의 새 정강을 안고
충천하는 기세, 기적에 기적으로
사회주의 휘황한 빛 더욱 펼치며……

빈 터전에서 일찍 구경도 못한
그 우람찬 기계설비
끝내 제 지혜, 제 힘으로 만들어내여
나라의 반석같은 토대 이룩한 우리

오직 수령님의 손길에서만
민족의 타번지는 념원과
인류의 오랜 꿈이 활짝 꽃필
그날을 내다보는 우리의 신념

한시바삐 수령님의 품에 안길
뜨거운 그 소원으로
생지옥의 남녘형제들도
그 잔악한 총칼의 숲을 뚫고
피어린 싸움의 불길 높이고

수륙 수만리 이국살이동포들도
민족의 존엄과 혁명위업 받들어
한결같이 몸과 마음 다 바쳐갑니다

그 이름이 그대로 조국의 영예며
민족만대의 번영이며 행복인
우리 인민의 위대한 수령이시여

사방 환한 채광창으로
밀물처럼 밀려드는 봄향기에 젖어
한결 신바람나는 기대앞에서
다시한번 맹세합니다

우리모두 조선의 로동계급답게
서로 돕고 이끌어
혁명화에서도 앞장으로
그 어떤 바람에도 흔들림없이

수령님 계신 당중앙 목숨으로 지키며

오직 하나 수령님 가르치심을 지침으로
480분을 매초로 다투며
온 땅과 산과 바다
그 모든 초소와 방선을
대형기계군단으로 뒤덮고

자력갱생의 기치 더욱 드높이
천리마의 새 진군 질풍같이 이끌어
웅대한 수령님 구상대로
공산주의령마루, 인류의 화창한 새아침을
부쩍 당기고야말것입니다

드리자, 다함없는 영광을!

사람마다 이렇듯 황홀케 함을
꽃피는 산야를 발판마냥
거연히 솟은 네 모습
한폭 그림만 같아서이냐

4천마력송풍기의
바람소리도 우렁차게
끓어번지는 네 심장에서 콸콸 쏟는 쇠물이
그 무슨 음악처럼 들려서이냐

그 처참하던 쇠범버기우에
청소한 우리 힘만으로 해를 당기여
배의 위력으로 숨길 돌린 용광로야
너는 참으로 영웅조선의
그림중의 그림, 노래중의 노래

너는 보았다, 그 거창한 철재와 벽돌더미와
　제도판우에서
꼬박 새는 그 숱한 밤이며
그 매짠 날에도 아슬한 고공에서 번개
　치는 섬광
그를 누비는 제비 아닌 제비들을

그 어느 철골 하나에서

당에의 불타는 충성이 빛나오르지 않았으며
그 어느 음향 하나에서
애국의 높은 숨결이 풍겨오지 않았으랴

지금 여기 조국이 보내는 영예 눈부시고
파종의 노래 흥겨운 들에서도
기중기팔 휘젓는 건설장에서도
아름아름 꽃다발을 앞세우고
뜨거운 인사들이 달음쳐오는데

모두가 다 친히 이끌어주신
당과 수령님의 덕분이노라
마디마디 감격도 새로운
저 수수한 사람들의 목소리를 너는 듣느냐

진정 생생한 체험으로 얻은 고귀한 교훈
그 어떤 난관에도 당의 길은 승리의 길
그 한길에서 물불도 가리지 않을 결의
다시한번 가슴깊이 새기며

자랑과 신심 한결 부푼 가슴도 뻐젓이
평화와 통일과 건설의 앞장에로
한걸음 더 힘있게 내디디는
강철의 대오 저들에게
꽃피는 산야를 발판마냥
5월의 창공에 거연히 솟은 용광로야
끓어넘는 기쁨과 찬양의 목소리를 합쳐
드리자 영광을 다함없는 영광을!

첫대답

로장은 보안경에 못박힌듯
우리도 바싹 다가섭니다
1,600도 고열로 홧홧한 로앞
밤도 거진 밝아오는데

천만송이 불꽃속에
사품치는 쇠물 가늠하며
금시 녹아내릴듯
백열한 천장을 지켜 —

흔히 이맘때면
하나 둘 선풍기앞에 모여
탄산수 몇병씩 단숨에 마시며
연신 눈을 비비던 동무들도

모두다 제 위치에 달라붙어
공구 한가지라도 차근차근 정비하며
로장의 표정 하나 놓칠세라
긴장한 시선을 돌리군하네

틀어쥔 주먹으로 하여
팽팽해진 이 긴장
그 어느 한땐들 늦춘적 있으랴
수령님 다녀가신 그날부터, 그 시각부터

이 순간에도
덥석 손을 잡아주시며
함빡 땀에 젖은 어깨 어루만지시며
마디마디 가슴을 울리던
그 음성 들리는듯

"고되지 않소?"
"부식물은? 주택조건은?"
"당은 동무들을 믿소
여기는 바로 1211고지요"

아, 그 어떤 정이 이보다 더 뜨거우며
그 어떤 신임이 이보다 더 두터우랴
만일 여기 원쑤들의 화구가 있다면
당장 가슴으로 맞받아 서슴없을 우리의 심장

타입삽의 률동도 아직 더딘듯
맹세대로 하는 일일에 부족만 느껴져
저저마다 자신에게 더 채찍을 얹으며
부쩍 고삐를 당기는 고속도용해……

시료를 떠보네
일제히 모여들어 단침들을 삼키네
묵중한 로장의 말없는 눈웃음에
누군가 못참는듯 터지는 환성
"800톤은 넘려없네"

수령님이시여, 800톤 돌파로

지성어린 첫대답 드리는 우리
보다 높은 봉우리로 나래쳐오를
불타는 의욕으로 뭉쳐섭니다
황홀한 새아침 해발속에
미소 넘치는 그 영상 가슴깊이 그리며

성장

한 룡마루밑에 살건만
몇달째 살아오건만
별로 주의를 끌지 않던
젊은 부부

보기에도 살림살이 알뜰하고
혈색좋은 얼굴들에 맵시있는 차림
휴일이면 밤거리 즐긴다 해도
이 로동자구에선 조금도 신기할 것 없는 일

이 지구 대개의 집들이 그러하듯이
문은 잠겨있는 때가 더 많아도
두리의 위생문화 알뜰히 하여
반원들의 입에 오르는 일 없이
칭찬이 자자한 로동자부부

어찌 알았으랴, 대야금기지 한끝
출하장 대형기중기운전공들로
하루에도 몇천톤 강재를 실으며
3년을 하루같이 무지각, 무사고……

당의 부름 받들어
한결같이 기술혁신으로
새 천리마작업반의 한쌍의 꽃으로

영예의 게시판에까지 소개될줄이야

신계 곡산 깊은 두메에서
기계라고는 리발기계밖에 못보고 자라
남모르는 근심걱정 품고 오던 때도
어제만 같던 그들

일하고 배우며
줄창 앞장서는 일
어떻게 해내느냐 물으니
모든것 이끌어주는때문이라 하고는
더 말을 못잇고

약속이나 한듯 이슬어린 눈망울 들어
우러러보는 흰벽우
정성다해 모신 수령님의 초상화
책상우에 놓인 수령님의 로작들……

내 무엇을 더 물으랴
몸소 만나주신 그 뜨거운 말씀
그 빛나는 가르치심 그 고귀한 피줄에서
자라고 자라나는 보통사람들

몇천이랴 몇만이랴
갈수록 늘어가는 충성의 대오여
더없이 휘황한 조국의 미래여
새삼스레 사무쳐 나도 오래오래
초상화에서, 로작에서 눈을 못떼네

전변

정련기의 마지막고비
붉다 못해 흰 쇠물에서 눈을 못떼며
몇번이나 시료를 에워싸던 구리빛얼굴들에
좋구나, 일제히 미소가 떠오르는 이때는

너나없이 방열모채양 치켜올리고
화끈 단 이마에 맞받는 선풍기바람
단숨에 들이키는 탄산수맛에
금시 날것만 같아라

투입삽의 률동에도 분초를 다투며
밤도와 다그친 고속도용해의 성과
치받아 까마득턴 900톤고지도
확신성있게 넘어서는 8월의 아침이여

넘쳐냈노라, 더없이 화려하게 단장하는 수도에
수천년래 피땀밴 누더기 훨훨 벗어던지는 대지에
보다 질좋은 강철의 비단
더 많이, 더 빨리 보내자던 명절맞이 맹세도

오, 15년의 세월이여, 어머니당이여
만년잡부 아니면 머슴과 그 아들딸이였을 우리들이
그 뜨거운 그대의 품속에서
얼마나 자라고 또 자란것이냐

허허벌판같이 된 수십리구내에
오로지 제힘만으로 보다 훌륭히
불구름도 장엄한 철의 보루 쌓아올리고
제강기술의 최신요새까지 속속들이 점령한 우리

우리모두 되였노라
제발로 당당히 걷는 사회주의조국의 기둥
천리마의 싱싱한 기수
새조선의 어엿한 주인으로……

이같은 휴식의 한때에도 황황 타는 눈망울로
자작 도면들 펼쳐들고
전민적기계화에 대하여, 자동화에 대하여
기사들과의 토의에 여념이 없는,

뿐이랴, 서로서로 활기찬 목소리로
가장 아름다운 생활과 사랑
문화와 예술에 대해서까지 이야기하는
오늘의 우리를 어찌 자랑치 않으랴

위대한 전변이여, 꿈같은 현실이여
갈수록 벅찬 나날, 공훈에 공훈을 쌓아도 성차지 않아
수령님 가르치심 되새기며
쇠덩이보다 더 붉게 달구는 심장
1211고지 그 기세로 나아가는
강철공의 전진 막을 힘 세상에 없어라

쏟아지는 쇠물폭포에 어리는 황홀한 화폭

남녘땅 한끝까지 일떠설 수천수만 건설장
복된 살림 나날이 늘어갈 그날
그날을 부쩍 당길 결의도 새로이
수천도 고열로 사품치는 로에
출강의 종소리 높이 울린다

더없는 행복

일어났습니다, 놀라운 전변이
그 넓은 공장구내만이 아니라 온 도시에
수령님 몸소 다녀가신 이 나라 방방곡곡
그 숱한 지구와 전야에서처럼

단 며칠새 대통로가
싱싱한 가로수를 안은채
곱으로 넓어지고
빼곡이 자갈까지 깔렸습니다

쨍쨍한 가을볕에 회벽들이 몽땅
새옷 갈아입어 눈부신데
색색 꽃밭이며 올망졸망한 물웅뎅이에
록화근위대와 아낙네들이 떼지어 웅성이고

남새전문이 된 조합포전들에선
가을배추가꾸기에 부쩍 열을 내는데
드넓은 온실들의 첫삽마다
우리의 간부들이 직접 들었습니다

불시에 과일사태가 쏟아졌다는 역으로
한시가 바쁜듯 우차 마차까지 떨쳐나서고
손달구지까지 구하러 간다는 이들도
움쭉 그뒤를 따라섰습니다

800톤의 쇠물정상화의 소식이
불밝은 창가마다 웃음꽃으로 피는데
밤새워 일떠서는 새 다층주택들에서
젊은패들은 얼싸안고 춤까지 춥니다

춤까지 춥니다, 로동에서 생활에서
은근히 기다리고 바라던것
순시에 풀려가고
문화사업에서도 앞장서는 기쁨 사무쳐

사무쳐 사람마다 되뇌입니다
그 영명한 가르치심
그 세심한 배려에 대하여
수령님 받든 더없는 행복에 대하여

새 철길

노을비낀 언덕길을
색색 옷자락 나불거리며
아름아름 꽃다발들이 밀려들고
흥겨운 농악소리 역두를 흔드는데
나는 새 철길에서 눈을 못뗀다

풋나무 한짐에도 허기지던 산을 날리고
산새도 발못붙이던 벼랑을 뚫고
준엄한 산협을 넘어
검푸른 강을 건너
곧추 뻗은 새 철길

아, 평산—지하리 이 깊은 두메에도
불타던 숙원을 풀어주고
지상락원 당기여주는 대동맥
그 한뼘 한뼘이
얼마나 뜨거운것을 안겨주는가

떠오르누나 생생히
콱콱 숨막히는 절벽의 막장에도
솔잎 물고 앞다투던 그 나날이며
허리치는 강물속 기초굴착에서도
외태머리까지 감추고 물러서지 않던 그 밤밤이

어찌 잊으랴, 활활 타오르는 우등불앞에서
피곤이 겹쳐와도 물러설수 없었고
서로 손잡고 일깨워주던 그 경쟁이며
지어 끼니를 건느고 잠까지 잊으며
붉은편지에 대답한 그 숱한 창안들

하여 우리는 해냈구나, 단 몇달에
왜놈들이 10년이나 측량만 하다 나자빠진 일을
이는 진정 새 기적 발기자들의
타번지는 일념의 기록
영웅조선의 또 하나 우렁찬 개가

자랑하자, 이 승리와 힘께 디 억세여진것
우리들의 얼굴이나 체력만이 아님을
미처 첫기적소리도 울려오기전에
수령님을, 당을, 사회주의조국을 불러
힘껏 웨치는 저 만세소리……

나가리라 질풍처럼
삼등, 세포, 아니 부산, 제주도까지
철도의 풋내기 내 가슴과 팔뚝에서도
솟구쳐오르는것 지그시 누르며
나는 새 철길에서 눈을 못뗀다

비단폭포 쏟아지네

아득히 펼쳐진 직기바다에
신호등도 정다운 자동화기대
일등급의 비단공장 마련해주신
수령님의 그 사랑에 목이 메이네
아 눈비오는 궂은날도 한밤중에도
건설장을 돌보시기 몇번이던가

어버이 그 사랑의 흐름선 타고
폭포처럼 쏟아지는 고운 꽃비단
필필이 살피시고 만져보시며
해빛같이 웃으시던 그 영상이여
아 이보다 좋은 옷감 없다 하시며
우리 몸에 대보실 땐 눈물이 났네

다기대운동에서 무인기대로
충성의 길 달음치는 방직공들
수령님은 우리 어깨 쓸어주시며
더 빨리 나아갈길 밝혀주셨네
아 크나큰 사랑의 그 손길아래
무늬고운 비단폭포 쏟아진다네

고향

오래간만의 고향
나서자란 땅
꿈에도 보던 고향이언만
걸음걸음 물어가네

가도가도 눈뿌리 도는
거리거리
골목안의 새집들도
쳐다보고 다시 봐지는데

도시바람 한번 쐬일래도
함흥 3백리는 가야 한다던 말
어느 세상 이야기냐는듯
손님들을 청하는 문화봉사시설들이며
이곳저곳 새 간판 빛나는 학교들은
그대로 지나갈수 없게 하네

길섶의 천년진펄에도
싱싱 뻗어오르는 과일나무들
저기 산등성이 잘라놓으며
우뚝우뚝 솟은 굴뚝들에선
그 무슨 필수품들이 쏟아져나오는가

포화에 자취도 없어졌다던 약수터에도

네귀 번쩍 들린 옥류정
색색 화초 피여난 정원을
손풍금소리 맞춰 나풀나풀
춤추며 돌아가는 어린이 쌍쌍

해 기울어도 찾는이마다 만날수 없네
륙순 넘은 할아버지도 들에서 안돌아오시고
지금쯤은 집에 있어야 할 아주머니도
야간 뜨락또르강습에 다닌다고……

고루한 농촌읍이던 내 고향의
벅한 오늘의 모습이여
그 하나하나가 그대로 노래로 되고 춤으로 된
황홀한 화폭이여

이 놀라운 전변앞에서
어찌 다시한번 생각지 않으랴
이 벽지까지도 몇번이나
몇번이나 오셨던 어버이 수령님

지금도 고향내기들의 류달리 거친 손길 매만지시며
갈수록 헐하게, 더 흥겨이 나아갈 곧은 길
찬찬히 가리켜주시는듯
그 영상 눈앞에 떠올라 가슴에 꽉 차
내 진정 발길을 옮길수 없네

물의 노래

눈뜬 첫새벽부터 떠올랐다
화창한 해볕아래
아침 일손 다그친 때도 사라지지 않았다
그가 만일 살아계시다면

봄붙임에 팔 걷고 나섰던 관리위원들도
저렇게 모두 걸음을 재촉하는데
쌍지팽이 짚고 어정거리며라도
오늘민은 누워있지 못했으리

누워만 못있으랴 춤이라도
평생 못춰본 춤이야 어떻게 추랴만
웃기는 했으리라 난생 처음 큰소리로
못살게만 굴던놈들아, 보라는듯 들으라는듯

아, 해를 당겨 달려온 천리수로여
금시 넘실거리며 흘러들 푸른 물줄기여
흐느끼는 대지우에 령혼들도 소스라쳐 일어서는듯
정녕 그속에 내 아버지도 있는듯

떠오르누나 생생히
석달 열흘 하늘만 쳐다보다가
논밭이랑에서 하얀 먼지만 날리다가
해묵은 도지, 최후통첩까지 받고온 저녁

눈물 안보이려 무척도 애쓰던 그가

보다 못해 참다 못해
왜놈의 물고 터치고 줄매에 쓰러진 그
그예 일지도 못하는 가는 마지막 밤에도
그 몇마디속에서도 잊지 못하던 물이야기가……

아, 물, 루루수천년을
파고 파도 보기 어렵던 땅에
억년 생명수를 안겨주는 당의 손길이여
그 손길따라 악전고투해준 형제들이여

사무쳐 달려간 어지돈이였기에
한겨울 강물속에서도 앞을 다투고
하고도 더 못해 죄여드는 심장
활활 타오르는 우등불에 달구고 달군 우리

펼치리라, 그 기세로 저기 사래긴 전야에
앵두꽃 살구꽃 만발한 언덕에 초원에
항시 출렁이며 넘노닐 호수에
더없이 풍만하고 다채로운 화폭을

화폭을 펼치며 더 빨리 나가리라
내 지금 첫 물줄기 보려고 그리하듯이
울려퍼지는 농악속에, 노래속에
들어도 목메는 지상락원 향하여……

두메산골

황해도도 막바지
온종일 딱다구리소리만 외로웁던 두메산골에
우렁우렁 정미기며 제재기 소리
소떼, 양떼 물결쳐흐르고
회벽 새하야니 일어서는 새집들

얼마나 달라졌느냐, 륙순할아버지도
젊은 피 되살아 솟구치듯 밝은 얼굴로
"폐우다마다요, 해마다 느는 살림
올핸 낟알만 해도 일가마니 나라에 바치고도
저렇게 푸지게 먹고 쓸 것 남었시다……"

좋은 세월 만나 쇠사슬은 벗어났으나
가물타기 돌자갈밭에서 굽은 허리는 채 펴지 못한다던
3년 불소나기에 송아지마저 잃었다던 이 할아버지에게
이같은 행복 누가 상상인들 했으랴

"이 모두가 수령님과
조합 덕분입지요"
가슴뜨거이 외이는
서리앉은 그 눈섭밑에
구슬처럼 맺히는것 나는 보았다.

그러기 석달 뙤약볕아래 우물파기며

푸른 바위 까부시며 물도랑내기
이른봄 밤도와 랭상모가꾸기
그 어디서나 젊은 또래
뒤지지 않았다는 그

이제는 끝날같이 자란 둘째 배필 맺고
팔간 기와집 덩실 세울 그날도
큰길처럼 내다보이나
지척의 남녘땅
딸형제 생각하면……

바로 그날을 위하여
더욱 늙을수 없노라
봄철이면 진달래꽃 피여나는 동산 오솔길
예전처럼 종종걸음쳐오는 그들의 자국소리
금시 들리는것만 같다는 두메산골

할아버지는 한시가 새로운듯
하던 말도 채 못맺고
갈바람에 성성한 백발 흩날리며
벌써 다음해의 풍년씨앗
알알이 고르기에 달라붙는것이였다

수로천리

오가던 행객이 물을 청하면
흔히 막걸리사발이 나왔다는 이야기
봉산아가씨들의
그 고운 마음씨만 전하는것일가

사람마다 철만 들면
하늘을 쳐다보는 버릇부터 배웠다함은
그 수정같이 맑고 푸른 빛이
더없이 아름다워서만일가

열길을 파도 물보기 어려운 땅
조상대대 혹심한 물기근에
아랑곳없이 도지를 내라 채찍질하는 지주들
거머리처럼 달라붙어 뼈저리던고장이여

이고장에서도 보기 드문 왕가물
옛날같으면야 땅밖에 쳤으랴만
연연 삼십여리를 전동기소리도 우렁차게
밤도와 퍼올려주는 3, 4단양수기들

홍건한 물속에 푸르싱싱한 벼포기
포기마다 그 큰 은혜 슴배인듯
진종일 김매여도 허리아픈줄 모르겠다는
류순의 할아버지

저기 락조 물든 지평선을 달음쳐오는
천리수로에 가느스름한 눈길 보내더니
못참는듯 부르짖누나
"참말 꿈같시다
갈수록 좋아지는 이 세월이"

못할 일 있으랴

지주 셋이나 다가들었다 나자빠졌다고
망골이란 별명 붙은 준엄한 계곡에서
젊은 대오와 어깨 결어
우람찬 저수지 앞당기는 늙은이 한분

이 힘든 일 어찌 하시느냐 하니
대답대신 보라는듯
곡괭이 번쩍 쳐들어
언땅을 내려찍네, 찍어넘기네

내 만일 알았다면 묻지 않았으리
이 늙은이가 바로 소작살이 30년
가물타기 돌자갈밭에서
허리띠 한번 못늦춰봤다는 그인줄을

이 늙은이가 바로 지척의 남녘땅
아들딸 삼형제를 생각하여
벅찬 분배에 새집들이 그밤을
울기까지 했다는 그인줄을

이미 그 손길따라
놀라웁고도 행복한것 흐뭇이 맛본 그
념원 꽃필 날도 그림처럼 내다보이는
당을 따르는 길에서 못할 일 있으랴

들끓는 대오속에서 결의도 새로운듯
머리수건 질끈 죄인 그
곡괭이 번쩍 쳐들어 꽁꽁 언땅을
힘껏 내려찍네, 찍어넘기네

천지개벽

달빛어린 고개길을
그렇게도 늦어진것은
다그치던 퇴비도 넘쳐내고
한숨 놓아서만이 아니였다네

그 두툼한 어깨에도
년말총화끝에 짊어지워준
가지가지 세찬이
무거워서만도 아니였다네

나서자란곳은 아니여도
검은 머리 희여진고장을
이밤따라 걸음걸음
바라보게 한것

하늘이 불과 3천평이라는
이 깊은 두메에 휘황한 등불
푸른 달빛 타고흐르는
라지오음악소리도 꿈만 같은데

어찌 상상이나 했으랴
먼 앞날도 아닌 바로 새해부터
더 많은 수차를 돌려 로력을 덜고
공장까지 세운다고

저수지마다 부채살같은 수로 더욱 펼치여
강냉이밭은 거지반 사료전으로
소떼도 점차 젖소로 만들 계획앞에
이렇듯 빨리 나서게 될줄이야

쪽바가지 데룽거리며 넘어들던 고개길에서
끓어오르는 감회에 젖어
당과 수령님께의 다함없는 감사에 젖어
제대로 발길도 못옮기였다는 칠순할아버지

회벽내도 새로운 기와집
훈훈한 방안에서 한잔 드시더니
흥겨워 노래하시네 춤까지 추시네
"얼씨구 좋구나, 천지개벽이 아니냐……"

북청사과

갑산까지 흘러갔다 왔다 해서
지금도 갑산집이라 불리우는
그리 머지 않은 일가집에
내 손님으로 되었네

가득히 차린 음식상 비집고
사과 한쟁반 가져다놓는 아주머니
"닭, 계란같은게야
어느 농사집엔들 없겠소만
이런 것은 보기 드물겝메"

"그렇다마다 그게 어디 보통 사관가
수령님 주신 황금사과지
떠돌던 우리네까지 허리 쪽 펴고
로동도 흥겹게 해주시였으니……"

노래하듯 어조도 즐거웁게
어서 들라 권하고 권하는 얼굴
사뭇 화기롭고 밝기도 한데

"저것까지 다 열리는 때면
우리고장은 정말 놀랍게 될게요"

그 보람찬 일에 모든것 바치기 위해

저도 원예기수 되기를 다짐했다는 아주머니
타번지는 그 눈길따라 바라보는
층층 과수로 덮힌 산발들이여
산더미로 쏟아질 '황금노다지'여

어제런듯 쪽바가지 데룽거리며
이고장을 떠나가던 사람들
이들과 함께 맛보는
붉고 붉은 북청사과맛
아, 진정 목이 메는구나

물지게

친숙하던 동네할아버지 찾았더니
백발은 성성하나 아직은 정정
새 주택 넓은 툇마루에서
새끼퉁구리 밀어놓으며
자랑중에도 자랑이시네
"우리 손주 대학생 어서 오너라"
"우리 손녀 중학생 어디 갔느냐"

손자손녀 불러 내세우며
야단법석이던 할아버지
그 눈길 조용히 벽우에 멎네

귀닳고 빛바랬으나 그 시절 방불한 사진
학생복의 청년은 불행히도 일찍 간 나의 옛친구
그 손을 꼭 쥐고 선이는
장년때의 할아버지

기억도 생생코나
서울 골목골목을 삐걱이던 물지게소리
비바람 눈보라 속에서도
진종일 삐걱이던 물지게소리……

벗어지고 벗어지는 어깨보다도 '북청물장사'로
고향까지 팔리는게 더 가슴아프다고

어금이 옥물면서도 기어이 공부시켜려던 일념……
악착한 채찍아래 아들과 함께 짓밟혀
땅치고 가슴치던 일

북받치는것 못참는듯 낯을 돌리는
그 눈시울에 반짝이는것
아, 웨치고싶고나 젊은이들이여
저 뜨거운것 길이 간직하라고
더 큰 열의, 더 큰 충성으로
배움의 길 활짝 열어준 당
온갖 지혜와 재능 맘껏 꽃피게 하신
수령님의 그 크낙한 은공에 보답하라고

어머니의 노래

아담한 새집 따스한 방에
두 아들 저녁상 알뜰히 차려놓고
꼼꼼히 래일 계획까지 짜놓은 어머니
명절차림 서둘러 부녀절 회장으로
 나서는데

노을비긴 들 사래긴 이랑을
푹푹 갈아엎는 뜨락또르 조종대에서
일시에 안겨드는 목소리
"인제 가세요 어머니, 축하합니다"

벅차오는 기쁨우에
문득 떠오르는 것
이맘때면 "여보 죽이나 끓였소?" 하고
등허리나 쳐달라던 어설픈 그 음성
아, 일년치고 안들은 날 그 며칠이던가

죽도 목굻인 오막살이 초가막에서
허기져 쓰러진 어린것들 붙안고
설상가상 피비린 '보국대'에서
돌아 못오고만 그 이름 목메게 부르던
눈물의 그 시절이 어제같건만

구수한 흙내음새에 함빡 젖어

머리를 번쩍 들고 활개를 치며
지금 어머니는 가는구나
어엿한 관리위원장으로

걸음걸음 사무쳐라
근친 하나 없는 신세 하루같이 보살피고
기윽자도 모르던 그에게도 넓은 길 열어
전변하는 대지에 튼튼히 서게 한 뜨거운
 손길이여

그러기 그 모진 불비속에서도
녀성보잡이로 이름 떨치고
그 가슴에 메달이 무거워져도
하냥 자신의 부족만 느끼는 어머니

이제 들려오리라
회의장을 격동시킬 열렬한 그 토론
비록 머리는 희였으나 당의 딸답게
고향을, 조국을 더 빛낼 불같은 결의
그 무슨 노래처럼, 음악처럼

청춘

그 이름만 입에 올려도 가슴울렁이는
청춘의 세대여, 청년들이여
오늘 우리는 두번다시 돌아갈수 없는
 것에의
애틋한 마음을 안고
그대들앞에 선다

무엇보다도 진리와 정의에의
불덩이같은 정열
그 정열로 하여 만난을 뚫고나아가는
강인성과 투쟁력은
진정 영원한 청춘의 강렬한 향기

그러기에 동서고금 력사는 언제나
그 새로운 날의 광영의 경륜을
그대들의 쌍수에 맡기고
인류는 래일의 물결 거센 항로의 타수로
하냥 그대들을 첫손가락에 꼽았다

오, 비바람 사나운 조국의 긴긴 밤
백두산상에 혁혁한 봉화 올리며
청년전위들의 그 높은 기개
인류사에 빛나는 광망을 펼치고

저 찬란한 민주조국기발을 높이기 위한
강철같은 그대들의 미더운 대렬……
이 땅의 귀한 아들딸이 아니냐
이 땅의 청년들이여 !
오늘 우리는 3천만의 이름으로
끝없는 영예를 그대들에게 드린다……

크나큰 이 영예에
가슴벅차는 오늘
오늘로 하여 그대들의 눈시울은
더욱 뜨거워지는것이 아니겠는가

비록 이 순간에도 남녘땅
수많은 부모는, 형제는, 자매는
원쑤의 총검에 찢기며 쓰러지며
그것을 맞받아나아간다

우리는 본다
그 혈관마다 맥맥히 뛰는
그 고귀한 정열
영명한 김일성장군님의
만고불멸의 혁명전통을……

우리는 또한 력력히 본다
그 피, 그 전통이
지금 그대들의 혈맥에
그 어느때보다도 더 강렬히 끓어오름을

하늘도 휘영청 들리여
우렁찬 청년들의 노래 들려오고
뻗치는 굳센 그 손길
승리는 반드시 그대들의것

나아가자,
자랑찬 민청기발 휘날리며
조국의 국토완정 자주독립을 위하여
온 세계의 민주와 자유와 평화를 위하여

오, 친근하고 미더운 우리의 청년들
도도히 나아가는 대렬이여
보다 앞으로 앞으로!!

밝아오는 남녘의 밤

만민이 우러르는 주체의 태양이신
김일성원수님의 빛나는 전기
등잔심지 돋우며 읽고 또 읽는
남녘땅의 긴긴밤은 밝아옵니다

혁명의 거센 풍랑 몸소 헤치시며
조국땅에 이룩하신 지상의 락원
영광에 찬 전기의 구절구절이
한없는 힘과 신심 안겨줍니다

위대한 령도자로 수억만이 따르는
수령님을 높이 모신 민족의 영광
온 세상에 자랑하며 투사로 자라
조국통일 한길에서 싸워갑니다

형제여 신심도 높이!

보통 먹는 음식도
목에 걸린다
따스한 잠자리도
괴로울적이 있다

온 가족이 일터와 학교로
활개치며 나서는 아침에도
동지들과 함께 보람찬 하루를 총화하는
 저녁에도
갈수록 가슴아프게 하는 내 조국 남녘땅

거적짝 두른 판자집에서나
삿자리도 없는 다리밑에서만이 아니구나
한창나이인 제 목숨마저 스스로 끊는
그런 참극이 무시로 벌어지는것은

간신히 달리는 기차와 선박
겨우 돌아가는 발전기며 기대 앞에서도
더는 서있을수 없어
앉아있을수도 없어
마침내 들고일어난 나의 형제여

물거품같은 '공약'에야 애당초 기댄들
 했으랴만

'관영료금' 인상으로, 군사비 증강으로
류례없는 물가고에, 민생고에 부채질하며
목청을 돋구어 '내핍'을 강요하는자들

미처 그 침도 안마른 아가리에
진수성찬 처넣으며
미제상전들과 로동귀족들과
새 모략에, 홍정에 밤가는줄 모르는
청와대와 워커힐의 휘황한 등불이
여기서도 보인다

끓어오르는 원한과 증오로
천만번 정당한 요구로
한결같이 높이 쳐든 주먹이여!
오직 하나 삶의 길이여!

'암흑의 대륙'에서도
'고요한 뒤동산'에서도
폭풍은 휩쓸어 피비린 아성 들어엎고
신생의 기치 높이 휘날리는 이 장엄한 시각

유구한 력사와 찬란한 문화
혁혁한 애국혈통 자랑하는 그대들
어찌 그 흉악한 '로동법' 앞에서, 간계
 앞에서
순간인들 투쟁을 멈출수 있으랴

굳게 잡으라, 지체없이

멀고 가까운 그 모든 손을,
추수철부터 산야를 헤매고
뒤주바닥의 몇되 종곡, 부뚜막의 솥까지
가차없이 차압당하는 갈구리같은 손,
눈물과 한숨으로 학교문고리 놓고
어깨죽지 드리우고 거리를 방황하는
애젊은 그 손……

이끌고 나오라, 그 대오의 앞장에서
전투에서도, 전설에서도 위훈을 떨친
북반부로동계급의 본때로
걸음마다 원쑤에게 수습할수 없는
 타격을 주머
승리에 승리를 이어
서로 얼싸안을 감격의 광장에로……

반석같은 공화국의 위력
필요하다면 당장 살이라도 떼여줄
이 뜨거운 애정에, 지원에
필승의 신심도 높이

부록 I

북한 개작시

아침

해가 솟는다
동쪽하늘의 시꺼먼 장막을 뚫고
아침햇발이 솟는다.

진홍 진홍!
이것은 오고야말 새날이
만상을 흔들어 깨우는 장엄한 첫빛이다.

문턱에 매달린 시악시야
그 언제 나간 네 사람은
아직도 돌아 오지 않았단 말이냐

그러나 쉬 — 찾지도 말아
그 젊은이는
인류의 길라잡이다

그의 화살같이 날래고도 기운찬 몸은
으스름한 지하실 책상앞에서
큰일 꾸미기에 눈코뜰 새 없느니라

저들은 무엇을 하고 있는 것이냐
백주 행길에서 밀치며 당기며
희희닥거리는 저 신사숙녀는.

포만을 모르는 향락의
달콤한 회상
아니면 새로운 그 출발의 첫수작이리라

그렇다고 시악시야
언제 그것을 구경하고 있겠니
누데기 속의 갓난이는 배고픔에 깨여 발버둥치고

때 절은 홑옷에 감긴
잔약한 네 몸은
싸늘한 갈바람에 덜덜 떨리여 오리니

그리고 그 우락부락한 직업 소개소
털보 녀석의 얼굴이
해맑은 네 사색에 떠오르며

"우리만 왜 이렇게 고생하는가
 한 시라 못잊던 그이는
 어찌 나를 두고서……"

헤아리지 못할 회의와 울분에
네 몸과 마음은
달아 오르기 시작하리니

시악시야
진홍빛으로 진홍빛으로 밝아오는 이 아침
너는 비로소 너의 오늘과 래일을 깨달음이로다

기계 같던 사나이

공장의 시꺼먼 돌담 기슭에서
저도 모르게 부딪치던 입술이였다
메마른 심장은 타고 또 타도
가난으로 하여 열매 못 맺는 사랑이였다

어둔 밤
자국도 없이 다가든
감독 녀석의 시뻘건 낯짝
시니이는 기듭 채여
개굴창에 어푸러졌다

그리고 덜미를 잡힌
가냘픈 그림자
깨문 입술 바르르 떨며
어둑컴컴한 지하실로
끌려 갔다……

그 아침도 고동은 울어
음산한 하늘을 뒤흔들고
삐드득 강철의 우악스런 문은
시뻘건 그 아가리를 벌리였다

그러나 용광로는
여직 푼전을 위하여

기계 같이 쉼없던 그 사나이의 팔뚝이
자주 멎는 것을 보았다
깊은 생각으로, 황황 타는 눈망울로……

그대들을 보내고

밤이 퍽은 깊었나보다
사방은 숨죽은듯 고요해지고
창살에 서리였던 달그림자도 거중 스러져간다

춘삼아 영길아
그대들을 보내고
나는 여태 쪽한잠도 못 이루고 있단다

이리 뒤굴 서리 뒤굴 뒤굴만 지다가
푹 이불을 뒤여 쓰고
무척 많이 세음도 세여 보았다만

참, 정말 몰랐더라
그대들이 그렇게 될 줄은
그렇게까지 될 줄은

하냥 이글이글하던 눈들은 움푹 패이고
광대뼈 앙상한 볼
반이나 줄어든 팔목……

오, 여섯달 하고 보름이나
모든 것을 단둘이 걷어 안고
치떨리는 그것을 참고 견디고 뻗댄 그대들

하여 무거운 쇠고랑 철렁이며
언제라 돌아올 날 기약 못할 길
늙은 부모 외로이 남기고가는 그대들이였만

한결같이 텁수룩한 머리 치켜올리며
은근히 보이던 그 미소
말없는 그 미소 속에서도
그 한 마디 부탁만은 똑똑히 들었다

안심하라, 남은 우리
날을 잇는 샛바람, 제아무리 거셀지라도
반드시 키우리니
그대들이 몸 바쳐 지킨 그 뿌리는,

그것만이 우리가 감사하는 길이며
그 어떤 원호보다도 그대들을 기쁘게할게다

그렇게도 쇠약하고 헐벗은 몸
첩첩 산길에 차멀미나 안 나는지
이 맵싼 날씨에 손발이나 얼구지 않는지

오 불러 이름도 목메여 오는
두 동무
우리들의 춘삼아, 영길아……

만기

얼마나 기다렸던가
오늘이 오기를

반밤에도 잠만 깨면
손꼽아 세여 보고
사오 일 앞에 다가 왔어도
새삼스리 따져 보고

허구한 세월
그리도 쌓이고 뭉친
권태여 우울이여
다 어디 갔느냐

웃음으로 맞아
콧노래로 보태여
삼추같던 하루가
오늘은 벌써 밤도 깊었다

철창을 휘여 때리는 비바람 소리
이따금 삐걱이는 야근의 자국 소리 뿐
기결 4동은 숨죽은듯 고요하건만
잠이 오랴
졸음인들 오랴

샐녘부터 기다리다
눈물 젖은 얼굴
떨리는 목소리로 맞아주실 어머니여
씩씩한 자태 억센 손으로 달려들어
두 팔목을 걷어 잡아 줄 동지들이여

오, 그리고 마음껏 거닐고픈
정든 거리여 골목이여
잔디밭 숲속이여, 맑은 강 모래불이여,

몇 번이나 때 질은 목침 돌려 베고
붉은 이불 뒤여 써도
눈은 더 말뚱해만지고
머리는 더 해맑아만 오고

저 북행 막찬가
우렁차게 울려 오는 기적 소리

이젠 몇 시간밖에 안남았구나
나는 다시 한번 꼼꼼히 살펴야겠다
첫걸음부터 힘있게 내디딜 마음의 차비를.

달밤

아마 자정은 넘었으리라
동정숫가 옥루정에서 와글대던 무리들도
사라진지 이윽하고,
성내 술집에서 어렴풋이 울려 오던
장구 소리 노래 소리도 이제는 그치었다.

저기 잎 떨어진 버들 방천을
감돌아 흐르는 냇물 소리와
저 밀리 쿵넝이는 물방아 소리 뿐,

서천에 걸린 열 아흐레 달은
닦은듯 밝아지고
달빛 아래 무연히 뻗은 모래불도
씻은듯 희여졌다.

이 모래불을
외로, 우로
지향없이 헤매는 나,

三년 속앓이 고되여져
이 봄도 채우기 어렵다건만
그 몸으로도 샐녘부터
음식장사로 허덕이는 어머니,
그만두세요, 누워계세요 소리

한 번 못 하고,
저 가엾은 이를 저렇게도 괴롭히다 보내나
약 한 첩 변변히 못 대접하다 보내나,

갓서른에 홀과수되어
억세게도 살아 오신 어머니
어떻게든 내 공부 끝까지 시킨다고
로쇠한 몸으로 이 일도 서슴치 않으신 어머니

그러나 바라던 성공은 고사코
'이단'의 딱지 붙어
가나 오나 걱정 근심
걸핏하면 몇 달씩 소식조차 막히고
그여 철창의 삼사 년을
쪼들 대로 쪼든 어머니여,

하건만 원망 한 번
책망 한 마디 없고
은근히 일자리 바라는 기색도 없고
다만 그지없이 내 건강만 넘려해주시는 그……

오, 비웃는가 꾸짖는가
대낮같은 밤이여,
정겨운 고향의 산천이여
너만이 그런 어머니를 가지고 있느냐고,

그렇다 그리 쳐 봐도

어이하랴 뼈살을 에이는 이 아픔을,
이 밤도 끝내 이렇게 새우려나.

어화

씻은듯 해맑은 하늘
하늘엔 별이 총총

총총한 별빛아래
물결은 잔잔

잔잔한 한바다에
점점한 어화여,

청, 황, 적, 백
백, 황, 청, 적

풍획의 기를 날리며 돌아오는 밴가
풍획의 꿈을 싣고 나가는 밴가

오는 듯 가는 듯
가는 듯 오는 듯

오든지 가든지 저속엔 배사람들
잦은 하품 깨물며 무슨 생각에 젖었을가

고대할 임, 여윈 임, 그 임의 생각인가
잡은 기쁨 잡을 궁리 그것 뿐인가

동해의 어획은 래년에 곱가도
배사람들의 호주머닌 여전히 하루살이,

하건만 오늘밤도 어화는 점점
창망한 한바다에 어화는 점점

출범

물새도 한잠 자는
이르나이른 새벽
망망한 동해바다
배 떠나간다.

그물 싣고 뱃줄 감고
돛 올리고
어슬렁어슬렁 노 저어
배 떠나간다.

떠나는 뱃사공들의
잔교에 던지는 침통한 눈길이여
묵묵히 이를 받는 저 녀인네는
어머니들인가 안해들인가
해풍에 탄 검누른 얼굴들에
무거이 서리는 애수여.

날을 잇는 폭풍에
간밤에 간신히 살아 온 저들
아직도 십여 척 아득한 배 소식에
공포 감도는 이 바다
떠나구푼 이 누구리
보내구푼 이 누구리.

오, 고용살이 바다의 형제들아
제 배 가진 사공은 모두 쉰다는 오늘
오늘도 깊이 생각지 않느냐
그 울분의 키를 바로 어디로 돌려야 할가를.

대망

함경도 동녘바다 조그만 어촌
어촌의 늦은 가을 시월 중순 밤,

중천에 뚜렷이 걸린 명랑한 달
달빛 아래 아득히 뻗은 하이얀 백사장

백사장가에 기여 드는 잔잔한 파도
파도 가까이 충천하는 검붉은 우등불,

우등불 두리에 옹기종기 모여 앉은 사람들
늙은이, 젊은이, 아낙네, 어린이, 애기 품은 시악시,

누구 하나 말도 않고 까딱도 않고
멍하니 바라다만 보는 먼 수평선

수평선엔 난들거리는 금파 은파 뿐
수평선엔 난들거리는 금파 은파 뿐

한 시간 두 시간 밤이 깊어 달이 기울고
문득 우렁차게 울려 오는 남행차 고동

고동 소리에 놀랜 듯 웨치는 한 시악시
"아이구 오늘밤에두 아이 오는갭습메"
"죽으라고 내몬거지, 그 바람에 어찌 사니" 하고

어푸러져 왕 우는 이웃 아낙네,

아낙네 따라 그 시악시 울고
마침내 모두들 운다.

목놓아 "옥순 아바" "쇠돌 아바"
"난 어쩌람메 ―" "이 아덜 어쩌겠습메 ―" 부르짖기도 하며

그러면서도 못떼는 눈망울들에 피가 맺히고
우등불도 거즘 스러져 가는데,

수평선이여, 어서 말해 주려무나
내 사람들을 찾아야 할 곳은 딴 네 있나고……

우후

밤내 내리던 비
무엇을 느낀 듯 걸음을 멈추고
쓸리듯 희검은 구름 사방으로 흩어지며
닭개무리 웅크린 토마루 우에
오월의 다양한 해별 살며시 내려 앉는다.

무슨 속삭임인가 살랑이는 실바람
바람길에 나붓기는 구수한 향기
길섶 애기풀도 기꺼움에 몸 비꼬고
추녀끝 지저귀는 새소리조차 한결 간드러지다

덜그럭 무거운 마구의 빗장이 빠지며
더벅머리 총각들의 연잦은 기지개
메두던 밭이랑에 나물광이 든 애기네의
미끈한 종아리 아롱지자
터져 나오는 이리여디여 밭갈이 소리도 구성지구나.

휘유— 보기엔 더없이 즐거운 이 한낮에
걸걸은 한숨 짓는 인 누구이뇨
초라한 오막살이 쓰러져 가는 사립문 앞에
호미자루 거머쥐고 나서는 늙은이
덧없이 흘려 보낸 젊은 시절의 탄식은 아니리

아, 그대는 무연히 뻗은 저 들에서
벌써 안타까운 안타까운 가을을 보는구나.

백산령상에서

여기는 백산령, 령에도 령상
속칭 하늘의 두 길 반의 아아한 령상,

령상의 한 개 바위
바위에 기대여 서 굽어 보노니

눈 가는 곳 그 어디나,
높고 낮은 산발이여
크고 작은 화전이여,

산발에 붉은 잎은
그 뉘의 피맺힌 원한인가
화전을 스치는 갈바람 소리는
그 뉘의 하염없는 한숨인가.

고향 땅 뒤에 두고 바가지쪽 데룽거리며
령을 넘고 또 넘어 터벅여 온 형제들
열 손가락 모지라지도록 긁고 허비는
애처러운 그 모습도 력력히 보이는 듯,

거기 띠엄띠엄 통이깔 오두막
쓰러져 가는 울바자 앞 낟가리 자리엔
벌써 지푸라기만 남았구나.

겨죽 쑥떡으로 연명해 온 三 년
올해 같은 황얼굼에도 깡그리 바쳐야 하는가,

게다가 신탄조차 있어도 없는
눈물의 지대 삼수의 두메여,

나는 바위를 거머잡으며
나도 모르게 부르짖누나
네 어찌 이대로 살아 가랴……

떠나는 마을

수력 전기로 떠난다는
마을이 있었다,

안수, 안산, 능귀 등
가는 곳마다,

몇 대나 물렸던가 물리려 했던가
이끼 앉은 동기와 통이깔 기둥들,

"헐벗고 굶주려도 떠나자니 서러웁소
　그나마 그 값으로야 어느 타곳 가 산단 말유……"

어디서 들었던가
임자 모를 그 탄식,

듣고 천 리길
날도 갔는데,

두고 온 그 임의 하소연처럼
자꾸만 생각키네 오밤중에도 생각키네.

눈내리는 보성의 밤

―○월 중순이었만 함박눈이 퍽 퍽
보성의 밤은 한 치, 두 치, 적설 속에 깊어 간다.

깊어 가는 밤거리엔 "누구냐!" 소리 잦아 가고
압록강 굽이치는 물결 귓가에 옮긴듯 우렁차다,

강안엔 경비등 경비등
그 속에 번쩍이는 삼엄한 총검,

포대는 산벼랑에 숨 죽은듯 엎드리고
그 기슭에 나룻배 몇 척 언제나의 도강을 정비코 있다.

오, 북만의 十五도구 말없는 산천이여
어서 크낙한 네 비밀의 문을 열어라,

여기 오다가다 깃들인 설음 많은 한 사나이
들어 목메던 그 빛, 그 소리로 한껏 즐거워 보려노니.

등대

캄캄한 밤

꺼졌다 밝았다
밝았다 꺼졌다……

드높은 파랑 속에 튼튼히 발 붙이고
끊임없이 쉬임없이 명멸하는 등대여

오늘밤도 너로 하여 키 바로 돌린 배 몇 척이료
오늘밤도 너로 하여 암초 뚫은 배 몇 척이료,

등대 네 공적은 크다
그러나 등대여 너는 언제 한 번
스스로 네 공적에 취해 본 적이 없다.

그렇다, 네겐 오만도 존대도……
그러므로 꿈속의 한때도 남다른 후대를 바라지 않는다

너는 오직 네 의무에 충실할 뿐이다
— 년이 하루, —○ 년이 하루 같이,

등대여, 우리는 충심으로 리해한다
때로 엄습하는 네 고독을, 네 우울을

네겐 아무런 위안도 없다
네겐 말 못할 폭풍 폭우가
그리고 이 괴로운 네 일의 앞날은 길다.

그러나 등대여
너는 언제 한번 이에 주저앉은 바 있었던가.

뭇배들의 곧바른 항로에 모든 것을 바쳐
오직 그들의 밝은 래일에서 생의 참뜻을 찾는,

장하다 등대여
너는 길라잡이
참다운 참다운
암해의 길라잡이!

포플라
조그만 자화상

저로도 무슨 영문인지 모르게
키 큰 포플라,

키가 커서 포플라는
속속들이 모든 겨레의 빈궁을 보고
멀리 이웃의 고난조차 제 것으로 하나니

마침내 그의 몸, 마음에 좀이 친 벌레
"어떻게 하면 살 수 있을가……"

이로 인해 포플라는
그렇게 말라깽이가 되었단다.

북방의 길

령이 령을 불러 밀담을 주받는 곳
길이 눈꼴 틀린곳 비꼬기만 하고

차는 갓 시집온 시악시 같이
그 서슬에 옮겨 놓는 자국도 조심겨워

북으로 칠백 리 나른한 려로에
시름은 졸음인양 살포시 안겨 드노니.

가도 가도 무거운 눈두던 거들어 주는 청신한 풍경도 없고
가도 가도 막막한 가슴 열어 주는 호활한 전야도 없고

우울타 '먹기 위한' 북방의 길이여
그러나 차바퀴는 아무렇지도 않은듯
제 의무를 반복하는구나.

국경의 밤

준령을 넘고 또 넘어
북으로 七백 리.

여기는 압록강
강안의 한 마을,

동지도 못 되었건만
이미 적설이 자 가웃,
오늘도 휩쓸어치는 눈보라에
령하로 三〇여 도,

강은 첩첩 평지마냥 얼어 붙고
밤은 깊어 오가는 행인의
삐걱이는 자국소리도 그치였다.

강가에 한 개 삐뚜로 선 장명등
희미한 등빛 아래 웅성거리는
무장 삼엄한 순경들
오늘밤은 그 몇이나
전설의 대오가 쳐든다 하드냐

저 강 건너, 아득히 뻗은
북만 광야
이름모를 마을 마을에

어렴풋이 꿈벅이는 점점한 등화여

순아, 여윈 지 三 년
갈수록 그리운 순아
오늘밤도 우리 고향 오리강변 꿈에
몇 번이나 소스라쳐 깨느냐.

그렇다, 그 꿈
부풀은 네 가슴에 고이 간직코
기다려라 기다려라,

이제 머잖아 충천하는 화염으로
밝아 올 이 마을처럼
애끓는 고국에의 그 길은
마침내 휘연히 열리리라 열리리라

샛바람 휩쓴 뒤(폭풍 후일담 개작)

몹시 거센 새바람이였다.

입입이 중얼대되
난생처음 보는 변이라 하였다.

숫한 집에서 꽃같은 아가씨들마저 휩쓸려 가고
밤낮없이 떠도는 흐느낌과 비명에
풋짐승들조차 옹조그라졌다
샛바람 휩쓴 뒤 —

이 구석 저 구석엔
한개 '각성'이 깃들었다
살 길은 '갱생'의 한 길밖에 없다는,

급자기 거리엔 서투른 장사치가 늘었다
그리고 풋내기 관공리 나으리들도……

뿐인가 교회엔 경건한 새 신자들
거기서 런달아 흘러 나오는
웨딩마취의 달콤한 음률이여,

누가 말하는가 이리하여
세월은 극히 평온 무사하다고
지심깊이 불ㅅ길은

더 세차게 타오른다, 뻗어 나간다.

록음방초

날씨 하도 포양하야
일자리 쉬여 버리고
쫓기듯 쫓는듯
내 여기 왔네,

맨머리 노타이로
옛성 밑 오솔길을 굽이굽이 감돌아
수양버들 실실이 늘어진
내둑을 지나.

지금 가쁜 숨 가다듬어
담배 한 대 피워 물고
메두던에 올라 앉아 사면을 살피노니
들 가득 무르녹은 록음이여 방초여,

더없이 청신한 자태
상냥한 향기
삼사월의 꽃이여 머리를 숙이라
구시월의 단풍도 머리를 숙이라

여겐 철없는 향락이 없고
여겐 값싼 절망이 없고
오직 보다 더 성장하려는 정열
아름다운 열매 맺으려는 의기만이 불타고 있나니

청춘 그렇다 나는 참된 인생의 청춘을
여기서 본다
메마른 내 가슴에 생기가 솟고
잠자던 일만 가지 욕망이 꼬리치고 일어 나누나

오, 싱싱한 계절의 정화여
록음방초여

강

강은 우울한 산악과 더불어 오래 이야기하기를 즐기지 않고
항상 명랑한 들과 어울려 뛰놀기를 좋아하며

강은 낮잠의 무의미를 깊이 느끼여
눈얼음의 무료한 날 누워도 아직 한 번 코곤 배 없고

강은 몇번 팔뚝총에도 주저앉은 줄 몰라
언제나 새 용기와 꺼지지 않는 정열을 안고
그의 뒤를 따르나니

아는가
그대 !

강의 그 늙음 없는 청춘과
바다와의 즐거운 비밀이 오직 이에 있음을.

희망

희망은 입입이 하늘타는
잠자리 나래,

하늘 해도 몸을 들어 창공에 솟구는
잠자리 나래,

갈 길 잃은 어둔 밤, 고달픈 꿈속에도
펴고 못 걷우는 잠자리 나래,

거미줄의 그 수난에 생은 잃어도
편 채 남기고 가는 잠자리 나래,

그러기에
잠자리 나래는 곱다,

부록 II

산문

동무에게 보내는 편지

낭월(朗月)군! 너는 내 동경(東京) 생활의 일개 년이 듣고 싶다고, 또 오늘의 내 마음이 알고프다고 하였지?

무엇을 주저하겠느냐? 비록 잡연(雜然)하나마 그의 대략을 적어보자……

동경 무슨 감격과 자극이 많고 청신(淸新)하고 발랄하고 또 듣는 바 보는 바의 소득이 클 것 같아서 오랫동안 한없이 경경(憬憬)하여 왔고, 졸업을 계기로 어머님의 마다하심도 억지로 우겨서 권태와 우울로 찬 오개년의 경성(京城) 생활에 추호의 애착도 없이 바로 갱생의 의기야야하여 도동(渡東)하였다. ─그 속에서 보담 더 새로운 나를 나은 살림을 찾아내고자 하여 얻고자 하여─그러나 마침내 이것은 현실 속에서 현실을 탐구하는 무모한 노력이었고 갈망이었다.

홍등·청등·째즈·낫슈·시보레·씨─커·무─비·토─키 훼르드의 구두·낙타털의 오─버·프리 소데·웨이브진 머리…… 이런 것의 착종(錯縱)한 훤잡(喧囃)한 거리와 거리는 골목과 골목은 라디오의 음방(淫放)한 요곡(謠曲)과 아울러 소위 가두철학(街頭哲學)이나 움직이는 산 소설 희곡 등이라고 명명할 그런 것에라도 묵상할 촌분(寸分)의 여유조차 주지 않았다. 자리에 누워도 책상을 대하여도 머리는 번열(煩熱)하고 사색은 헛갈렸다. 동경의 주거적 프로필은 여지없이 내 몸을 피로케 하고 마음을 교란시켰다. 모름지기 이런 것에 단련 못된 시골떡이(서울을 시골이라 부름을 용서하라!)의 비애인지 모른다. 고독을 사랑하고 칩상(蟄想)을 사랑하는 편파(偏破)된 내 성벽(性癖)의 소이인지 모른다.

그러나 그것은 내가 영합(迎合) 못할(금전상 시간상 온갖 관계로─) 혼합 못할 별세계적 이단적 존재임에 나의 기념(忌念)과 불쾌는 컸다. 그리고

학교는 어떠하였느냐? 학문의 독립, 자유의 학원, 나를 도취케 하던 그 미명의 조도전(早稻田)은 내 생활의 핵심을 잡은 학교는 어떠하였느냐? 오, 현금(現今)의 사회에 있어 그것이 기적에 가까운 존재와 형태를 상상하던 나의 우둔함이여! 나날이 더해가는 반동화. 거의 극오(極奧)에 달한 감이 있다. 대산(大山)·좌야(佐野)·편산(片山) 등 그들이 있던 옛날의 조도전은 이제 생각도 마라. 다만 아름다운 과거의 한낱 환영에 지나지 않는다. 연구의 자유, 월사금 저하, 백치권(白治權) 획득, 학생 신문 공인(지금 교내에는 어용신문 하나가 생겨서 반동적 역할에 충실하고 있다) 소비조합 교내 설치 등등 대중적 요구를 지고 꾸준히 싸워주던 수많은 동지들은 거의 퇴학 정학 혹은 영어(囹圄)의 몸이 되어 더없는 수난을 당하고 있다.

환멸이다 크나큰 환멸이다.

그리고 보는 바 듣는 바 가장 바램 많고 믿음 많은 우리 학생 그분들은 어떠한가? 그 모두가 그렇다면 물론 아니로되 거의 태반이 룸펜이다. 귀와 눈이 있어 유행을 보고 듣기는 하여서 급진적 모보화 모가화하는 와중에 있다. 그 외에 무엇이 있다면 타기할 룸펜 인테리의 고민이고 엑조틱(exotic)한 연애 매매(賣買), 그것이리라. 하휴(夏休)나 그 외에 이따금 종로 거리 등에 나타나는 그들의 차림의 차림을 상기해 보라. 전전(轉轉)히 굴러가는 소문을 수습해 보라. 한심한 일이다. 통곡할 일이다. 그리고도 호소할 것도 발표할 적소(適所)에서 얻어들은 건데기 이론도 없는 모양이다. 이 『학지광(學之光)』이 근근히 대두하여 세상에 진출을 꾀할 때는 원고난 원고난으로 ×절기일(切其日)을 늘이고 늘려서 이때까지 침통하는 형편이다.

만리 이역에 그래도 고객된 몸이니, 그 무슨 달큼한 향수나 회고의 푸념이라도 있으련만은⋯⋯⋯

(그러나 의식적으로 혹은 계급적 양심에 주저하여 집필치 않는 동무가 있는지 모른다. 그러나 우리는 온갖 기회에 임하여 무엇이나 헤아림 없이 그것을 이용하여야 될 것이 아니냐?)

그리고 우리의 유일의 기관지요, 전초적 지도적 임무에 노력하는 무산자는 어떠하냐? 발금(發禁)에 또 발금 우없는 경제적 궁경(窮境)과 피압에 천식(喘息)하고 있다. 카페 바에서 웨이트레스의 값싼 웃음을 살 돈은 있어도 부유한 우리 학생분들의 고국을 위한 인류를 위한 우리의 일에는 일문(一文)의 기조(寄助)가 없다. 개탄함은 발분망식(發憤忘食)하고 활동하는 어느 동무의 말이다. 더욱이 근일(近日)에도 오륙 인의 동무가 끌려갔다가 다행히 나오기는 하였다만, 그러나 임화 형만은 아직 그 속에서 신음하고 있다.

그리고 고학생, 그들은 어떠한가. 어느 때랴 다르랴만 금년에 와서 배곱이나 그 생활은 절통하다. 불경기!! 나날의 생활을 지지(支持)하던 일터는 줄어들고 사직(辭職)의 날은 명절날의 꽃전차같이 뒤를 이어 닥쳐오니 너는 헤아려 알고도 남음이 있으리라. 그 속에서 성공의 아름다운 상아탑을 꾼 꿈도 어리석으려니와 또 도저히 불가능한 본연적 충동의 억지로 해보려는 눈물어린 애치로움이 있다. 더욱이 근일에 와 동경시의 노동 수첩 배부의 간계에 의식에 눈뜬 얼마의 그들은 완전히 직업권 외에 배격 당하고 있다.

이러한 음산한 혼돈한 환경 가운데서 나는 어떠하였느냐? 너는 요새 왜 아무것도 쓰지 않느냐고 물었다. 대답은 간결하다.

"새론 출발의 차림으로……"라고

그러나 내가 여기까지 이르기의 고민과 초조는 컸다. 언젠가 네게 이런 말을 한 일이 생각킨다.

"시는 나에게 온갖 것을 주고 또 온갖 것을 빼앗었다"고 ―.

그렇다 시는 간날의 내 생활에 있어 그 가치와 의의의 전부를 좌우하였다. 한 편의 시를 쓰지 않고는 울울하여 하루의 생활을 견디어 지지할 수 없었다. 그러나 수많은 그 시 가운데서 내가 무엇을 읊조렸으며 또 사회에 대중에 아니 우리의 운동선에 기여한 바 동작한 바 공적이 무엇이냐? 아쉽다. 부끄럽다. 미묘한 문구로 간지러운 운율로 눈물나는 상념이나 미지근한 개념적 껍질만 건드린 한치도 뚫고 들어가 현실을 파변질 용감이 없는 간신히 우리에게 용납될 그 외에 아무것도 아니었다.

신문의 공백 채우기나 뿌띠부르주아 명예욕의 도구로는 조그만 노즙(勞汁)이 있었는지 모르나…… 물론 우리로의 평가나 소요(所要)는 벌써 문제 밖이며 관심 밖일 것이다. 이런 것을 비로소 깨달을 때, 그리고 또 내 의식이 점점 더 선명해 짐을 따라 (이것은 내 자신의 구색(究索)보다 이삼(二三)동무의 편달에 의함이 많다) 내 자신을 쥐어뜯고 쉽게 미가(迷家)하였던 내가 추열(推劣)하였던 내가 가증스럽고 거의 명일에의 절망까지 느꼈다. 그러나 내가 다해야만 될 사명과 의무의 큼과 적어도 예술가로 시인으로 자부하며 소망하는 나로서 살아 있는 그 날까지는 힘 마음을 다한 창작 행동에서 벗어져 못날 것을 또 다시 돌이켜 생각해볼 때 더욱이 오늘의 번뇌와 고충을 계선(界線)으로 하여 크나큰 정열과 꾸준한 노력으로 오로지 전진하는 곳에만 새론 생명의 약동이 있고 또 과일(過日)의 죄화(罪禍)를 보상하고도 남음이 있을 참 우리의 요구하는 소용하는 작품의 생산을 얻으리라 생각될 때 나는 쾌연(快然)히 새론 출발의 차림에 몰두하였다. 협일(狹溢)한 재래(在來)의 형식 그로부터의 해설과 혼잡한 시상(詩想)의 취택(取擇) 등에서 얼마동안 실로 분망(奔忙)하였다. 그러나 너도 아다시피 고질인 신경쇠약증과 또 둔부의 수종아리, 고향 할머님의 별세로 육체상 정신상 평형의 파열로 인하여 나의 그 기도와 포부는 마침내 실현하지 못하였다. 그러나 이제 내 가슴에 부글부글 끓어오르는 열이 있다. 결념(決念)이 있다. 실지의 전야(戰野)로 주저와 축칩(縮蟄)을 목비를 베어던진다 참 우리 작품의 제작으로…… 마지막 가는 햇수레 위에 아낌없이 헌식짝같이 나의 이십 전생의 온갖 기록을 뭉치어 실려 보내면서 맥진(驀進)하기를 돌진하기를 네 앞에 약속한다. 선서한다.

그리고 동무야 네가 회의하는 A와의 관계(關係)는 미지근한 벗으로의 이외에 아무것도 아니다. 사랑은 꿈에도 생각지 마라. 성교에 이르기까지의 서투른 수작, 그것은 헛된 정력의 소비다. 시간의 말식(抹食)이다.

마지막으로 너의 건강과 분투를 빌고 바래며 시험이라 홀홀(忽忽)하여서 글의 추잡함을 관용하라.

북관 점경(北關點景)

곧장 가두 이러우

신문의 보도(報導)를 기다릴 것도 없이 삼월도 이미 그믐인지라 남(南)은 그야말로 양춘가절(陽春佳節)일게다. 남천(南天)의 다양한 햇별 남해의 훈훈한 조풍(潮風)에 동구 앞 수양버들 파아란히 물오르고 먼산 가까운 들 파릇한 풀나무 속에 재바른 개나리 벗꽃 피여서 흐느대리라. 북청(北青)만 하여도 겨우내 주렴주렴 추녀 끝에 매달렸든 고드름이 녹아내린 지 이윽고 풀려 흐르는 개천두던에 빨래하는 젊은 처자들의 눈초리 무엇을 그리는 듯 한결 가늘어졌다.

좋은 시절 삼월의 날이여 그러나 북관(北關), 여기는 아직도…….

북청을 떠나 북으로 북으로 달리기 두시간여 직동(直洞) 근처에 이르니 만원인 차 속에서 오—버 갖고 온 것이 다행스리 느껴졌다. 곁에서 객들의 부질없는 농에 쌓여 킬킬거리며 재깔대며 오던 충청도 사투리의 색시 한 분 목도리없는 저고리 섶을 연해 여미며

"북청이라드니 아직두 더 가야 되우?"

하고 옆에 무슨 고관인 양 점잔히 뻗치고 앉은 사십 전후의 양복쟁이를 흘겨본다. 그 위인은 못들은 체 대답이 없다.

차는 달리기를 계속한다. 후치령(厚峙嶺) — 이윽고 안전(眼前)을 가로막은 일대 거악(巨嶽)이여 차는 기어오른다. 이리 비틀 저리 비틀 연해 가뿐 숨을 허덕이며 굽이를 돌고 또 돌고 돌고 돌아도 또 굽이다. 해발로 사천 척 이수(里數)로 사십 리! 아 영상(嶺上)에 이르니 멀리 침울히 내리누른 북만(北滿)의 하늘 밑에 만목일도(滿目一圖) 백설담담(白雪曇曇)의 천산만악(千山萬嶽)! 귀에 익은 풍경이언만 으쓱 몸서리쳐진다.

아까 이후 입을 닫아매고 묵묵히 앉았던 그 시악시 한참이나 멍하니

바라보더니 불연듯

"아이구 곧장 가두 이러우"

하고 두 손으로 얼굴을 가리며 푹 엎드려버렸다.

총살할 사(事), 유(有)할지라

봄은 독신자의 한결 괴로운 시절이다. 미혼시대며 사별의 경우도 그러하겠거든 두고 못먹는 떡이 있다면 그 심사 어떠할겐고 오지(奧地) 관리 양반들의 경지(境地)는 정히 이 비유에 맞는다. 십일월 얄누장 팔백리 얼음이 마질 무렵부터 기나긴 겨울 오월도 다 갈 때까지 씨(氏)들은 흔히 독수공방의 고배를 드신다. '오쯔카나쿠테 소파코 아케나이(オツカナクテ ソパコ オケナイ)'니 피녀(彼女)를 마음없는 향리행(鄕里行)을 식히고 산천은 동절(冬節)이라도 마음에는 철마저 깃들이는 봄을 어이하랴. 게다가 위신상(!) 쏟을 데 없는 정열에 죄 없는 이부자락만 공연한 욕을 본다. 그러나 토벌대는 말 말고라도 제일선의 경관대 야반(夜半)에도 게―돌 못풀고 총자루 못놓고 새우잠자는 그들을 생각하면 제이다꾸나 이약이다. '부ク水ガトケタラナ'―방과후의 정적한 교사(校舍) 활활타는 페치카 앞에서 위풍당당한 교장씨(氏)의 이같은 푸념을 들으며 나는 눈을 감았다.

망막한 북만 광야, 휩쓸어치는 거센 나희, 거기 쏠리는 무수한 총구, 이를 무릅쓰고 동치서주(東馳西走)하는 소위 수다(數多)한 비적이며 그 행동의 선악을 논외로 하고 그들도 젊은이 그들의 가슴엔들 봄이 깃들이지 않으랴만 그들껜 이처럼 봄을 탄식할 한가(閑暇)인들 있을 것인가. 북만 산천에도 때늦은 봄이 무르녹아 두만강 도도한 물결 옛노래 부르며 피씨(彼氏)들의 품으로 피녀들이 아픔 다투어 귀환하는 땐들 그들껜 돌아올 무엇이 있을 것이고

눈을 들어 창 밖을 내다보니 농사 시험장 입구 커드란 게시판이 줄다

름치듯 눈앞에 다가왔다.

'오후 오시 이후 장내에 침입하는 자는 비적 우(又)는 그 밀정으로 인(認)하고 즉시 총살할 사(事) 유(有)할지라.'

일 원만 주세요

삼덕(三德)에로의 팔십 리 외로운 산길에 어둠이 깃들었다. 어렴풋한 장명등 별에 한 개 초라한 여인숙을 찾아 들어 하룻밤을 청하니 젊은 시악시 한 분 행주치마로 손길을 닦으며 나와 공손히도 맞아준다. 청하지도 않았는데 세수물을 떠오고

"곧하실 텐데 저녁 지을 새 누어계서요"

하며 목침을 갖다 주고 음침한 방 때 절은 이부자리 스신한 가구 빔질에 어울리지 않는 이대 위에 수집둥이 나는 그만 얼굴이 달아올랐다.

허릿문 없음을 기화(奇貨)로 흘끔흘끔 정주간을 겻눈질해 보니 육십대의 노파 한 분 부엌에 불을 때고 있고 가마목엔 이도 그 연대의 노인 한 분 무슨 병을 앓는 듯 요를 허리에 걸치고 드러누워 있다. 피녀는 무슨 '성찬'이나 준비하듯 도마를 끼고 앉아 분주히 칼질한다. 갸름한 그 허리 아담히 쪽진 머리 뒤 잠시 쳐다본 용모를 아룰러 상기하며 나는 속으로 이중지옥(泥中之玉)이구나 하였다. 모처럼 차려준 상이언만 실미(實味)없는 성식(盛飾)이라 끄므럭이는 남포 아래서 몇번 젖가락질하다 물려놓으니

"아이구 안잡수시네 뭐있어야지요!"

하며 남이나 한 일인듯이

"맨 배추밖에……"

하고 상 위를 휘둘러보며 물러가는 것이었다.

시골의 봄밤은 한결 젊은 듯하다. 아홉 시도 못됐건만 개 한 마리 짖는 소리도 들리지 않는다. 목침을 세워 베고 어렴풋이 잠을 들이려니

"손님! 손님! 바루 누으세요!"

하며 간즈러운 손길이 가슴살을 흔든다. 일어나 벽에 기대 앉아 넥타이를 끌르며 기다리려니 자리는 깔렸건만 그는 나가려 않고 벼갯모에 돌아 앉아 고래를 돌리고 잘근잘근 치마꼬리만 씹고 있다. 무엇을 기다리는 듯 바라는 듯 나는 한참이나 멍하니 보다 쑥쓰럼을 무릅쓰고

"색시"

하고 불렀다……

심으라 심으라는 아마(亞麻)는 심었으나 비료대라 조합비라 일금 이원을 첨부해 내놓고 작년 농작도 삼년 연흉(連凶) 얼에 씨알도 못남기고 홧김에 괭이를 던지고 목재상 따라간 남편은 소식도 없고 춘궁(春窮)! 먹어야 살겠고. 아, 아침자리를 일며

"일원(一圓)만 주세요"

하든 가엾은 그 여인의 애처로운 손길이여!

잘가거라 초월아

S군청의 R군이 이민 안내역으로 만주행이라 야단이다. 그도 바라줄겸 차부까지 따라가니 놀라웁다. 나란이 늘어선 네다섯 대 트럭 위에 마치 하물(荷物)처럼 만적(滿積) 만적한 노소 남녀 장속에 깊이 갈망했던 단 한벌 치장옷이리라. 겉만은 모조리 살때 오른 청·황·적·흑 가지가지 색복으로 성장(盛裝)을 하고 있다. 큰 보따리 작은 봇짐 들고 안고 지고 끼고 그들은 약속이나 한 듯이 모두 무겁게 입을 다물고 주위의 이곳 저곳만 응시하고 있다. 시선을 따라 돌아보매 거기는 친척인가? 지구(知舊)인가? 여저기 옹기종기 모여 앉기도 하고 혹은 우굴쭈굴 몰켜들어서 그들 역시 묵묵히 이편을 바라보고 있을 뿐이었다.

이윽고 계원(係員)의 점검이 끝나고 차가 발동을 시작하니 어인일인가? 소위 낙천지(樂天地)로의 장한 등정에 터져나오는 이 울음소리는! 차

상(車上)에서 느껴우는 소리, 지상에서 목놓아 울불르는 소리, 조그만 S시가 금시 이 소리에 자지러질 것만 같다. 어디서 나타났는가? 일견 머슴인 양한 젊은이 하나 오른 손에 사이다 병 한 개 왼 손에 큰 종지 한 개를 들고 맨 꽁문이 차로 다가들더니 같은 풍모의 차상 친구께 연해 잔을 들어 마시기를 권한다. 잔을 받는 차상 친구의 손길은 떨리며 한편 주먹으로 이따금 눈두덩을 썻곤 한다.

엿반대기를 들고오는 노파가 있다. 꽁꽁 매엿는 두루주머니를 끌러 동전 몇 푼을 억지로 들이미는 중년 여인이 있다.

"게삼아! 잘가거라!"

"잘가거라! 초년아!"

하는 나찬 계집애들의 목멘 부르짖음이 들린다.

이것 저것 가림없이 차는 떠난다. 차는 속력을 가한다. 몽몽한 연기 속에 구슬픈 울음의 꼬리를 끄을고……

아아, 선발된! 이민들은 고향의 봄을 등지고 밍얼거우(明月溝)로 밍얼거우로……

강철공–신인들에 대한 생각

나는 현지 생활을 통하여 황해 제철소의 적지 않은 강철공들을 알게 되었다. 그들의 대부분은 유능한 문학 신인들인바 지금도 끊임없이 계속되는 그들과의 교제는 남모르는 나의 기쁨 가운데의 하나이다.

최근도 문학 대학 특설반에서 씨나리오를 전공하게 되었다고 찾아 주는 동무들이 있는가 하면 근 300매의 장편 씨나리오를 써서 보아 달라고 보내 온 동무도 있고 자기의 일터를 노래한 시가 처음 중앙 신문에 게재된 감격을 전하는 동무도 있다.

내가 확신성 있게 말할 수 있는 것은 이들은 다 로동에 성실할 뿐만 아니라 그 초소마다에서 혁신적 성과를 올리고 있는 청년 로동자거나 기술자들로 우리 시대의 자랑찬 천리마 기수들이다.

그들은 작년만 하여도 우리의 설계, 우리의 설비로, 25만톤 능력의 제2호 용광로를 불과 반년이라는 짧은 기간에 건설하여 영광스러운 우리 당 제4차 대회에 그 결의 대로 첫 쇠'물을 선물한 붉고 붉은 강철 전사들이다.

금년에도 120만톤 고지에서 자기들 앞에 맡겨진 50만톤 고지를 영웅적으로 진공하고 있는바 내가 있을 때만 하여도 700톤 고지가 목표로 되던 제강에서 매일 1,100톤 수준을 정상화하고 있다는 사실 하나만으로써도 이를 넉넉히 알 수 있는 것이다.

그 불꽃 튀는 강철 전선, 그 들끓는 생활 속에서 힘껏 땀 흘리고, 즐기고, 사색하는 그들임으로 해서 그들은 그렇게도 건실하고 강의하고 락천적이며 그들의 작품은 그렇게도 생동하고 진실하고 혁명적 랑만으로 충만되어 나로 하여금 도리여 많은 것을 배우고 또 배우게 하는 것이다.

일하면서 배울 뿐만 아니라 일하면서 쓰는 것은 우리 사회, 우리 제도에서 이미 하나의 생활로 되였다. 어느 공장 어느 기업소 어느 농어촌에 문학 써클이 없는 곳이 있는가, 나는 여기서 문학에 대해서만 이야기하지만 다른 모든 예술 부문도 마찬가지이다.

일하면서 문학한다는 것이 본인의 노력 하나만으로 되는 것은 아니며 되기도 어렵다. 우리 당의 정확한 군중 문화 정책과 특히 수상 동지의 각별한 배려의 덕택임은 말할 것도 없다. 우리 당은 창건 첫날부터 우리의 문학 예술이 전 인민적으로 개화 발전되게 하며 근로 대중 속에서 예술적 재능이 활짝 꽃 피게 하기 위하여 만반의 대책을 취하였으며 수상 동지께서는 매계단 매시마다 강령적 교시를 주시는 일방, 현지 지도의 그 바쁜 가운데서도 지도의 편달을 아끼지 않으셨다.

문학 부문에 대해서만 보더라도 작가들의 현지 생활을 신인 육성 사업과 밀접히 결부하여 진행케 하며 개별 담당지도제를 강화케 하는 한편 작년 겨울과 같이 현지 강습을 조직케 하는 등으로 근로자들이 생산에서 리탈됨이 없이 미학 리론을 체득하고 기량을 련마할 수 있는 온갖 조건을 지어 주었다. 뿐 아니라 작가 동맹으로 하여금 전문 신인 문학 잡지를 발간케 하고 출판 기관들의 문을 그들 앞에 널리 개방케 하였다.

이리하여 오늘 우리의 붉은 작가 대렬이 이들 로동 출신의 생신한, 력량들로써 얼마나 많이 보충되고 강화되였는가. 내가 현지를 떠난 지 어언간 1년 수개월이 되나 그 공장 당 위원회와 행정의 따뜻한 보살핌 속에서 로력과 창조생활에서 자기들의 재능과 정열을 마음껏 꽃 피우는 강철공들의 활기 찬 나날이 눈 앞에 선하다.

하루 일이 끝나면 수천 수만의 불꽃이 하늘을 아름답게 수놓는 밤 모르는 강철의 도시 송림, 어깨를 맞비비는 고층 건물, 그 어느 아늑한 방 아니면 구락부에 모여 자기들의 쩨흐나 브리가다에서 일어 난 감격적인 일들을 자랑스럽게 이야기하며 또 읽은 작품을 중심으로 열렬히 토론하고 저저마다 습작과 구상을 내여놓고 진지하게 상론하여 호상 방조하는

것은 하나의 일과처럼 되여 있다. 그 때 이미 그 그루빠에 망라된 인원이 60여 명이나 되였고 년중 중앙 지방 출판물들에 발표되는 작품이 7~80편을 넘었으니 그후의 성장과 발전이 얼마나 더 클 것이랴. 이렇게 떨어져 듣고 보는 소식과 작품들만으로써도 그 면모를 넉넉히 엿볼 수 있다.

나는 금년 이른 봄 카이로에서 열린 제2차 아세아 아프리카 작가 대회에 참가하여 50여 개 나라 대표들 중 적지 않은 사람들과 담화할 기회를 가졌었다. 우리 나라 작가들의 행복한 생활 특히 신인들의 활발한 장성과 활동에 대해 이야기할 때 너나 없이 경탄을 마지않았다는 것을 아무런 과장 없이 말할 수 있다.

해방 전 우리 나라 상태는 류례조차 찾아 보기 어려울 정도였다. 황철 로동자들의 처지만 돌이켜 보더라도 구들에서 갈'대가 솟고 부엌에서 게가 바라나는 우중충하고 습기찬 부다바꼬(도야지 우리―왜놈들은 이렇게 불렀다.)에서 생활 아닌 생활을 하며 하루 불과 몇 십전의 푼전으로 '삽질' 하나도 기술이라고 배워 주지 않아 만년 잡부로 허덕이지 않았는가. '철들기 전부터 등'짐을 지느라고 어깨와 등에서 나온 피와 고름이 누더기 적삼에 붙어 사철 홑적삼을 벗지 못 하던' 그들이 아니였는가. 이들과 문학은 애당초부터 관련도 있을 수 없는 일이지만 문학을 전공하고 전업한다는 우리들의 형편도 나을 것은 없었다. 나 같은 것도 글을 쓴다 하여 '요시찰인 명부'에 올라 사건이 있을 때마다 류치장에 끌려 들어 가 매맞고 콩밥을 먹었으며 문학 작품이 중요 증거물의 하나로 기소되여 여러 해 동안 철창 신세까지 졌다. 국문 야학도 금지되고 아니 인민 학교에서까지 국어 교육이 금지되고 국문 출판물들이 강압 폐간되는 한편, 일문 집필이 강요되였으니 더 말하여 무엇하랴.

오늘 남반부의 사정은 또한 어떠한가.

미제의 침략 정책의 결과 민족 산업은 더욱 급격히 파산 몰락되여 지난 1년 동안에 1천여 개의 공장이 문을 닫았으며 금년에 들어 와서만도 근 400개의 공장 기업소들이 조업을 중지하였다. 이로 말미암아 수백만의 실업군이 거리와 골목을 헤매고 있으며 농촌에선 310만 이상의 절량 농민들이 초근목피로 겨우 연명하고 있다. 이런 조건에서 근로자들은 10~18시간의 중세기적 노예 로동을 강요 당하고 기아 임금마저 수개월씩 받지 못 하는 형편이니 그 어떤 천재가 있던 로동자 농민들이 문학을 해 볼 념인들 낼 것이랴.

반동 문학의 '거장'이라는 렴 상섭 같은 자조차 병중에 생계가 막연하게 되어 아동들이 구제금을 모아 주었다고 저들의 통신이 전하는 사회에서 설사 문학 신인들이 있다한들 그들에게 그 어떤 고려나 혜택이 돌려질 것인가. 비위에 안 맞는 언론 출판 기관들은 모조리 폐쇄하고 평화 통일을 주장했다는 다만 그 한 가지 죄 아닌 죄로 언론인들을 교수형에 처하는 그 악당들의 '군법' 밑에서 옳은 글 한 줄이라도 썼다면 극형 사형의 운명을 면치 못 할 것은 뻔한 일이다.

공화국 북반부! 이 얼마나 좋은 사회이며 좋은 제도인가. 이를 낳아주고 키워 준 당과 수령께 대한 다함없는 감사와 감격에 사무치지 않을 사람이 있을 리 없다.

특히 황철 강철공들은 어려운 문제가 제기되였을 때나, 기쁜 일이 있을 때마다 친히 내려 오셔서 그 문제 해결의 중심 고리를 찾아 주시고, 기쁨을 함께 해 주시는 그 이, "이렇게 동무들과 함께 있는 것이 나는 제일 행복하오" 하시며 시간이 없어 더 자주 오시지 못 함을 사뭇 안타까와하시는 그 이, 젖소가 모자라면 콩국을 만들어 우유와 섞어서 더 많이 공급하라고 콩우유 만드는 법까지 가르쳐 주시고 많은 사람이 결혼을 하고 아이도 낳고 하니 주택도 계속 더 많이 지어야 한다고 오실 적마다 당부하시는 그 이에게 더 없는 존경과 신뢰와 사랑을 품고 있으며 당의 결정, 그 이의 지시라면 그 어떤 곤난도 이겨 낼 붉은 일념에 불타고 있는 것이다. 그렇기 때문에 그들은 지금 제2호 용광로 조업식에 참가하여 그 성과를 높이 평가해 주시고 7개년 계획 수행에서 금년도 6개 고지 점령이 가지는 중요 의의에 언급하시면서 그 모든 것을 푸는 기본 고리는 바로 철이라는 것을 강조하시고 그러니까 강철은 언제나 1211고지라고 하신 그 이의 교시를 심장으로 받들고 한 그람의 강철이라도 더 내기 위해 수천 도 고열로 자품치는 쇠'물 앞에서 온갖 지혜와 정열을 다 바치고 있는 것이다.

특히 우리 강철공─신인들은 문학을 지향하는 우리 나라의 모든 청년들이 그러한 것처럼 진실한 애국자만이 애국적인 작품을 쓸 수 있는 것과 같이 선진적인 근로자만이 선진적인 작품을 쓸 수 있다는 진리와 실생활만이 가장 훌륭한 문학의 어머니라는 교훈을 가슴 깊이 간직하고, 천리마의 정신을 고도로 발휘하여 서로 도우며 이끌면서 당면한 고지에 날과 달을 주름잡아 눈부신 승리의 기발을 휘날리고 그에 상응한 사상 예술적으로 우수한 작품을 보다 많이 창작할 의욕에 불타고 있는 것이다. 이러함으로써 이들 강철공─신인들은 "로동 계급 가운데서도 제일 선봉대인 당의 가장 믿음직한 강철 로동자들인 동무들이 꼭 맡겨진 임무를 수행하리라는 것을 나는 굳게 믿소"라고 하신 수상 동지의 높은 기대에 이바지하며 "로동하는 사람들이 도처에서 문학 활동에 참가하고 마음껏 즐길 수 있도록 해야만 한다"고 한 영광스러운 우리당 제4차 대회 결정을 자기들의 생활에서 보다 빛나게 구현하여 타의 모범이 되며 나아가 황금 예술의 자랑을 더욱 높이 떨치게 함에 보다 많이 기여하리라는 것을 나는 믿어 의심치 않는다.

우리 시의 변방 체험과 북국 정서

이찬 시의 민족문학적 성격

1.

　분단의 저편에서 또 다른 분단의 역사를 살다간 시인 이찬의 삶과 작품 앞에서 잠시 우리의 근·현대사를 생각해 본다. 일제 강점으로부터 곧장 이어진 분단의 역사, 이 비감한 역사가 만들어 놓은 이산(離散)과 불신, 분열의 모습은 이 시대의 진행형 테마이다.

　20세기 전반기를 식민지로, 그 후반기를 분단의 역사로 살아온 민족의 왜곡된 현실은 생각보다 그 저변에서부터 훨씬 심각하다. 식민지와 분단이 만들어낸 심리적 거리와 소통의 부재, 근대사 전반의 분열과 단절이 역사의식의 부재로 이어지고, 이러한 부재의 상황은 민족의 의미조차도 회의하는 상황을 초래하고 있다. 그것은 민족 내면의 토착적 삶의 정서와 관습을 해체하고 가족사의 계보조차도 무의미한 것으로 만들어 가고 있다. 그러나 분명 우리의 현실이 분단과 이산의 아픔이 엄존하는 역사의 한가운데임 것을 생각할 때, 역사는 하나의 거대한 집단적 경험을 의미한다. 따라서 민족의 의미는 식민지 시대나 현재 우리들의 삶에서나 중요한 표상이다. 그런 의미에서 식민지 시대, 질곡의 역사, 바로 그 현장에서 들려오는 시적 언어를 통해 우리는 역사의 내면 속에 면면히 흐르는 민족성 속에서 참된 삶의 근원에 접근할 필요가 있다.

홀러간 1930년대는 과연 어떠한 시대였던가? 일제의 식민 통치 체제가 강화된 파시즘적 억압 질서로 접어들면서 일제의 폭압 정치는 식민지 구성원의 삶을 집단적으로 파괴시켜갔다. 그리고 그 구성원의 팔십 퍼센트 이상을 차지하던 농민과 농촌의 해체, 붕괴 과정은 민족의 삶의 형태와 그 내용을 바꾸어 버렸다. 1930년 한 해만 해도 대부분의 농민이 소작농으로 전락해갔고, 약 150만 명이 북만주와 시베리아 등지로 이주해갔다. 이러한 사태는 1918년 '토지조사사업'의 결과로, 27만 여 정보를 웃도는 조선인 토지의 대탈취 사건이 일어난 후 1920년대 중·후반에 이르러서는 그 정도가 극에 달해 조선 농민은 급속히 감소, 분해되어 버렸다. 그리하여 그들 대부분은 만주 시베리아 등지로 유망민이 되어 떠나고, 국내에서 유리 걸식하는 이도 생겨났다.

말 그대로 민족 말살, 경제 파탄의 위기 앞에서 민족문학의 위기 또한 극심한 것이었는데, 1930년대 후반의 민족문학은 식민지 상황의 장기화와 이념의 상실 등 현실적 고립감과 허무주의에 쌓여 그 내면적 허무를 형상화하는 체념의 세계로 빠져갔다. 이 위기의 시대에 시인 이찬(李燦)은 고향 북청을 중심으로 국경과 변방 지역을 오가며 독특한 민족의 토착정서를 시집 『대망(待望)』(1937년)과 『분향(焚香)』(1938년)·『망양(茫洋)』(1940년)을 통해 보여주었다. 흔히 북국 정서로 불리는 시적 정취를 우리는 일찍이 김소월과 백석, 혹은 이용악과 김동환의 시에서 찾을 수 있다. 이찬은 그들의 시와 일정한 정서를 교환하면서도 변방의 비극적 실체에 적극적으로 다가감으로써 식민지 시대 삶의 구석과 그늘진 곳을 한 폭의 스크린처럼 보여주는, 가히 생생한 리얼리즘의 성취라 할만한 시편들을 발표하였다. 이러한 그의 시적 형상에서 그의 정신이 늘 토착민의 생활과 함께한 이유에서부터 민족의 시대적 상황을 아우르는 역사적인 인식으로까지 발전해간 모습을 알 수 있다. 특히 그의 시는 슬픔과 고난의 모습이 각색되지 않은 날 것 그대로의 생생한 모습으로 드러나 있어 북방의 거친 바람과 함께 독특한 아름다움으로 형상화된 미학을 보여준다. 무엇보다도 이찬의 시는 그렇게 민족의 모습과 함께하면서 식민지 민중의 변방 생활을 구체적으로 담고 있어, 그것 자체로 일제와의 분리를 이루고 있는 민족시의 또 다른 모습을 보여준다.

사실 이찬의 시는 분단 시대 오십여 년의 세월 동안 한국문학사의 어느 장에서도 찾을 수 없는 매몰의 시간을 경험했다. 이는 우리 민족사에 어떠한 굴절과 은폐와 이질적인 것들이 존재했던가를 보여주는 것인데, 그 과정은 민족 주체성의 분열과 망각에 맞닿아 있는 것이다. 이제 비교적 제한된 폭이지만 몇몇 연구자들의 노력과 문제 제기가 있고, 그의 작품의 전모를 밝히려는 과정에서 우리는 다시 한 번 민족 주체성을 잃어버린 일제 강점의 시대를 생각해본다. 더불어 다시금 민족 주체성 확립의 이름으로 잃어버린 모국어와 민족문학의 모든 것들의 복원을 생각해야 할 것이다.

그러나 여기엔 여전히 몇 가지 문제점이 남아 있다. 우선 남북한 정부 당국의 지배 체제 내적 통일 정책에서 기인한 미해금 조치가 그 하나이다. 이찬과 조영출 등은 아직까지 해금이 되고 있지 않은 것은 우리들의 인식의 한계를 보여주는 것이기도 하다. 그리고 연구자들의 시각과 연구 방법이 작품과 일정한 거리를 두고 연구자의 기호에 따라 평가가 이루어지는 것이나, 과거의 이데올로기적 환영에서 벗어나지 못한 반문학적 일도양단의 시점은 우리 문학 연구에 아직까지 치명적인 모습으로 남아있다. 따라서 몇 안되는 자료들에서 시인 이찬을 여전히 좌익적 사회운동가, 정치인 등으로 이해하는 것이나, 이찬의 작품에 대한 편향적인 배척 등은 관점의 철저한 교정이 요구되는 부분이다. 다시금 통일 시대를 앞두고 우리 문학에 대한 진정한 자세와 편향되지 않은 탐구의 모습이 절실하다 하겠다.

이찬은 경성제2고보 4학년 재학 시절인 1927년 9월부터 작품 활동을 시작하여 1946년 해방 직후 「피난민 열차」를 『중앙일보』에 발표한 후 남한의 지면에서 사라져 북한에서 주요 활동을 한 것으로 알려져 있다. 극한적인 식민지 상황의 30년대를 고스란히 그 속에서 살아야 했던 민족 성원과 개인으로서의 시인 이찬은 식민지의 모습을 그대로 닮아 있다 해도 과언이 아니다. 특히 이찬의 고향 체험과 변방 지역 주민들의 삶의 모습은 가난과 추위와 뿌리를 잃어버린 반인간적 반민족적 식민지 상황에 더욱 대응되는 것이었다. 이찬의 이러한 현실에 대한 대응은 우리에게 이미 반세기 동안 잊혀진 북극의 풍경과 변방의 생활을 담은 시 작품에서 쉽게 찾을 수 있다. 그것은 식민지 시절 국경 지역이라는 특수한 현실에서의 구체적인 삶을 또 다른 위치에서 보여주는 충실한 문학적 보고서이기도 하다.

그동안 이찬의 시에 대한 평가는 우선 당대의 절친한 문우였던 박세영과 박아지 그리고 권환, 임화를 통해 단편적 언급이 있었다. 그들은 이찬의 시에서 북국 정서와 호연(豪然)한 작품의 스타일을 이야기한 바 있다. 또한, 당대 젊은 시인들의 공통의 정서인 애상의 물결과 그 구조의 다양성이 독특하다는 평가를 전하고 있다.

2.

이찬의 시작에서 그의 카프 경력과 관련한 몇 작품을 제외하면 대부분의 작품이 비극적 정서를 담고 있음을 볼 수 있다. 식민지 당시 전민족에 걸친 비극적 운명론은 생활의 당연한 표현이었다. 이러한 시대적 비극을 가장 첨예하게 읽어낸 사람들은 바로 당대의 시인들이었다. 그들에게 이러한 비극 읽기는 당대의 비극적 상황에 대응하는 또 다른 예술적 구조로서 시대적 질곡에 대한 저항 장치로서의 의미가 있다. 사실 우리는 비극적 세계관을 그 역사적 배경에서 고려하지 않고 단순히 허무주의적 감상으로 가볍게 보아넘긴 측면이 있다. 그러나 그 비극적 상황이 주체의 선택적 상황이 아니라 강제된 것이었다는 역사적 맥락을 전제로 할 때, 폐쇄적 허무주의는 결코 우리 문학의 본질적인 면이 아니라 현실의 강압적 분위기에 의해 부과된 것임을 알 수 있다.

이찬의 시는 이러한 비극성과의 정신적 생활적 조우를 통해 비극에 대한 문학적 해석과 저항의 일정한 시각을 형성하게 된다. 여기서 비극은 식민지에서의 진실의 분열, 그 불일치에 대한 질문이며 대항의 개념으로 시인의 내면에 자리잡게 된다. 그리고 시인은 그 비극적 상황을 시 작품 전면에서 생생한 대화체를 적극적으로 활용하는 등 입체적으로 제시하고 있어 시대 정서와 직접적인 만남을 생생히 느끼게 한다. 이러한 시적 형상화는 시인의 삶에 대한 깊은 애착을 통해 얻어지는 바 시인 이찬의 당대 민중에 대한 관심의 일단을 읽을 수 있겠다.

비극에 대한 시인의 태도는 비극적 상황 제시를 통해 시인의 운동성을 보이는 작품에서 찾을 수 있다.

우선 이러한 성격을 보이는 대표적인 작품은 시 「가구야 말려느냐」·「출범(出帆)」·「대망(待望)」·「아내의 죽음을 듣고」 등이다.

현실의 사실적 장면 제시와 구체적인 인물을 통한 시적 화자의 운동적 지향을 보여주는 다음 작품에서 구체적으로 살펴보자.

　가구야 말려느냐
　순(順)아
　너는 참 정말 가구야 말려느냐

산길로 삼백 리 물길로 육십 리
저 낯선 마을 낯선 거리 실 뽑는 공장으로
가구야 가구야 말려느냐

응— 가난한 네 집을 위해서거든
가난한 네 집 살림을 위해서거든
칠순에 풍 나 누은 네 아버지와
육순에두 품팔이하는 네 어머니를 위해서거든
(……)
네가 가려는 그 공장이
그의 말같이 그 모집원의 말같이
'일 헐하구 돈 많이 나구 대우야 아주 좋구—'하면야
했으면야
(……)
오오 샛별 같은 네 눈초리
붉은 네 볼— 조그만 네 손길
일후일후 만나도 다시 볼 수 없겠구나 찾아볼 수 없겠구나
오오 가구야 말려느냐

　　　　　　　　　　　　　　　　—「가구야 말려느냐」 부분

정말이냐
정말이냐

옥순아 옥순아
네가 죽다니
오 이게 참 정말이냐
(……)
오 가난에서 나서 가난에서 자라
열넷의 늦은 봄에 두 어버이 다 여의구
행길가 주막집의 머슴이 되어
(……)
사 년의 기나긴 동안 뼛살이 늘어나게 불리우든 너
오 시집이라구 잔치두 없이 온 뒤론들
네게 며칠이나 편한 날이 있었드냐

와서 한 달두 못 가 파업으로 공장을 쫓겨난 나
(……)
왼 집안의 목숨을 호올로 둘러메구
허덕여온 너
(……)
언문으로부터 틈틈이 가르친 글이
반밤에두 일어나 하는 가긍한 열성에
겨우나마 '팸플릿' 한 권까지 뜯어보게 되었었지

실상 나는 아내만으로의 너에게 만족지 못하여
은근히 너를 동무로
그렇다한 사람의 동무로 맨들려 했구
이 훗날 너는 그리 되기에 어김이 없었다.

—「아내의 죽음을 듣고」 부분

　일제하 빈민 여성의 고달픈 삶을 시적 화자의 직접적 서술을 통해 보여주는 위의 시들은 이찬의 시에 자주 등장하는 여성 인물의 리얼리즘적 전형들이다. '순이'라는 어린 여공을 주인공으로 등장시킨 시 「가구야 말려느냐」에서 현실은 "풍 나 누운 아버지"와 "육순에 품팔이하는" 어머니의 모습 등에서 확인된다. 이 비극의 현장은 당시로 볼 때 전민족에 걸친 것이며, 동시에 일제 강점의 상황과 맞물린 상징들이다. 그 현장에서 시인은 가난한 집안 살림을 위해 낯선 방직 공장을 찾아가는 '순이'를 찾아낸다. 식민지적 조건과 계급적 구조에 결부되어 현실의 비극적 삶의 형태가 '순이'라는 어린 여공을 통해 드러나고, 시인은 안타까운 장면 연출로 시대적 상징을 말하고 있다. '순이'라는 식민지적 존재를 통해 시인은 모든 식민지적인 것들이 비극적 공감 속에 놓여 있음을 보여준다. 여기서 순이로 상징되는 민족 구성원들의 삶의 모습이 분명히 드러나면서 시인은 그 삶의 실체를 파헤친다. 그 실체의 확인 과정에서 이 비극의 원인은 자연히 들추어지는데, 그것은 반인간적 정치 권력에 맞닿아 있다는 것이 시인의 판단이다. 반인간적 정치 권력이란 일본의 자본적 제국주의이다.

결국 시인은 식민지 민족의 삶의 모습을 구체로부터 확인하고, 곧 이 비극의 결절점(結節點)에 일본 제국주의의 세계적 전횡이 있음을 확인한다. 그런 인식 과정에서 시인은 또 다른 세계적 정치 구도의 하나인 사회주의적 이해와 정치적 투쟁을 선언하게 된다.

지극한 감정적 절제와 이를 정치적 이해로 전환시키려는 노력이 노골화 된 시 「아내의 죽음을 듣고」는 이러한 선언의 하나이다. 흔히 시의 객관화, 정치화가 확연한 작품이다. 이찬의 시에서 이러한 인물의 객관화를 통해 정치적 선전을 보여주는 작품은 위 작품 이외에도 「사과(謝過)」·「지구야 말다니」·「이꼴이 되다니」 등이 있다.

그러나 이러한 이찬의 정치시가 지닌 독특함은 무엇보다도 지나친 구호 보다는 비극적 정조 속에서 프로시를 전개하는 비극적 낭만성에 그 기초를 두고 있다는 것이다. 이러한 비극성은 이찬 시 전반을 흐르는 품격 같은 것인데, 시대적 정서의 실체이기도 하다.

시 「출범」에서 시인은 자신의 고향 북청에 돌아와 당시 식민지 백성들 공동의 피폐상을 변방민의 어두운 삶의 편린을 통해 생생히 묘출해내고 있다.

물새도 한잠 자는 이르나 이른 새벽
망망한 동해 바다 배 떠나간다

그물 싣고 뱃줄 감고 돛을 올리고
어슬렁어슬렁 노 저어 배 떠난간다

오 떠나는 뱃사공들의 잔교(棧橋)에 던지는 침통(沈痛)한 일별 (一瞥)이여
묵묵히 이를 받는 저 여인들은 어미넨가 아내들인가
해풍에 탄 검푸른 얼굴들에 그윽히 떠도는 일말의 애수여

오 어젯낮 폭풍에 간신히 생환한 저들
게다가 아직도 십여 척 묘연한 뱃소식에 공포 감 도는 이

바다
오 떠나고픈 이 누구리 보내고픈 이 누구리

눈물겨웁다 제 배 가진 사공은 모두 쉰다는 오늘
오호 고용살이 저네들의 가슴 아픈 정경이여

—「출범」 전문

　북만주에 이웃한 북청 땅은 지리상 국경에 인접해 있고, 동해에서도 멀지 않은 한반도의 북방 지역이다. 시는 북청에서 가까운 동해를 배경으로 "고용살이"하는 어민들의 비극적인 삶을 그리고 있다. 당대 민중들의 궁핍한 삶을 시화한 비슷한 유형의 시작품에서 독특한 어촌 분위기를 보여주는 위의 시는 특히 서경 묘사를 통한 서정성이 돋보인다. 이 시에서 시적 자아는 이른 새벽 위험한 뱃길을 떠나는 뱃사람들과 그들의 가족이 보여주는 가슴 아픈 정경을 응축해 보여주면서, 타인과의 내화와 공감을 이루어낸다. 즉 '옆으로의 자기초월'을 통한 소중한 공존 의식이 드러나는 것이다. 공존 의식이란 생존의 개념이며 공동체 정신의 본질이다. 이러한 긴박한 현실의 삶과 죽음 그것의 집단적 불안이 자아내는 식민지 백성의 정서는 당대의 주요한 정서 중의 하나였다. 시에서 또한 "오호" 등의 집단적 감탄사는 시적 자아의 비탄적 시선 속에 모든 장면이 비극적 비명을 지르는 모습이다. 특히 4연의 생사여탈의 공포스러운 바다와 애절한 가족들의 이별은 현실의 무게에 밀착된 극적 효과를 보여주고 있다. 이때 "제 배 가진 사공"과 "고용살이" 어민의 대조는 시인의 사회적 모순을 바라보는 구체적인 일례이다. 비록 위의 시에서 모순의 본질을 밝히지는 않았지만 그것은 오히려 시인의 비극적 세계에 대한 분명한 시각을 보여주고 있어, 비극이 빚어내는 시대적 의미를 민족 동질성 속에서 인식하는 보다 상승된 비극적 공동체를 자연스럽게 보여주고 있다. 그러므로 비극 정서를 동질로 하는 공동의 모습, 즉 비극적 공동체란 일제 강점의 비극 상황을 극복하는 민족의 튼튼한 주체를 세우려는 역설적 대응력을 말하는 것이다.

불의 공간 집중과 종합을 통해 이러한 비극적 생활을 더욱 환기시키고
있는 시 「대망(待望)」은 비극 정서를 더욱 분명히 보여준다.

함경도 동녘 바다 조그만 어촌
어촌의 늦은 가을 시월 중순 밤

중천에 뚜렷이 걸린 명랑한 달
달빛 아래 망망히 뻗은 하이얀 백사장

백사장에 기어드는 잔잔한 파도
파도 가까이 충천하는 검붉은 우둥불.

우둥불 뒤에 옹기종기 모여 앉은 사람들
늙은이 젊은이 아낙네 어린이 애기품은 시악씨……

누구 하나 말도 않고 까딱도 않고
멍 하니 바라만 보는 머언 수평선

수평선에 한들거리는 금파 · 은파뿐
아아 수평선에 난들거리는 금파 · 은파뿐

한 시간 두 시간…… 밤이 깊어 달이 기울고
문득 우렁차게 울려오는 남행차의 고동

고동 소리에 놀랜 듯이 외치는 한 시악씨
'애구 오늘 밤에두 아니 오는 겠슴메'

뒤받아 '죽었다니까 죽어 그 바람에 어찌 사니' 하고
엎드러져 와앙— 우는 이웃 아낙네

아낙네 따라 그 시악씨 울고…… 마침내 모두들 운다
목놓아 '○○야……' '○○아바!' '난 어찌람메'

'이 아아덜 어쩌겠슴메'……에 부르짖기도 하며

그리면도 간간히 부비고 바라다들 보는 머언— 수평
선 사흘래 바라다들 보는 머언

수평선엔 난들거리는 금파·은파 뿐
아아 수평선엔 난들거리는 금파·은파 뿐

—「대망」 전문

　앞의 시 「출범」에서 연장된 비극적 상황을 시화한 이 시에서 시인은
시적 대상에 보다 밀착하여 있다. 비극의 현장에서 직접 들려오는 비통한
목소리는 그 장면과 함께 상황을 피부로 실감케 한다. 어느 어촌 마을 백
사장에서 돌아오지 않는 남편을 기다리는 "아낙네"와 "시악씨"의 모습은
동시대 민중적 인물에 대한 집단 이미지를 선명하게 보여주는 것이다. 이
들의 대화는 그네들의 삶의 비극과 그 극점에서 지르는 비명이며 또한
시적 상황을 극적으로 보여주는 장치가 된다. 시는 전체적으로 정적 이미
지와 동적 이미지를 결합하여 보여주고 있으며, 동적인 울부짖음으로 정
적 이미지로의 반전은 오히려 극단의 절규로, 절망의 시적 효과로 되살아
나고 있다. 그러나 이 시는 비명과 절규의 비극적 포즈만이 아니라 보다
소중한 집단적 의식의 일단을 보여주고 있어서 매우 주목된다. '우둥불'
뒤에 모인 사람들의 모습에서 우리는 전통적인 굿 의식의 그것과 매우
닮아 있음을 느끼게 된다. '우둥불'을 중심으로 동일한 상황과 감정과 목
소리로서 집단적인 소망과 원(願)을 바라는 공간 즉 무의식적 동일성과 현
실적 상황이 일치함으로써 모든 것들이 합일의 공간 속에 놓여지는 것이
다. 이 공간은 '우둥불'이 본질적으로 수직의 역동적 이미지로서, 삶을 넘
어 삶을 연장시키는 초생명적인 비약의 의미를 지니고 있을 때, '우둥불'
둘레에서 이루어지는 집단적인 기원의 모습은 원시적인 집단 비원의 원
초적인 공동체를 느끼게 한다. 초생명적 희원체(希願體)로서의 '우둥불'은

개체와 개체의 근원적 동질성을 환기시키며 시작품 전반에 투사된 비극적 이미지를 보다 집중시키는 효과로 기능하고 있다.

식민지 시대 일제의 어촌에 대한 악랄한 수탈 정책은 농촌 수탈에 다를 바 없었다. 더욱이 영세한 어업 현실은 그 자체로 생계가 곤란한 것이었다. 선주와 하루살이 어부들의 착취 구조에 식민지적 조건은 이중적인 생존의 위기를 초래했으며, 결국 죽음과 같은 저주의 바다를 만들어버리고 만 것이다.

위의 시는 이러한 비극 발생의 근본적인 구조에 접근해 있지는 않다. 조금은 가족 공동체 내부의 혈연 지정에 시적 감정이 치우쳐 있음도 볼 수 있다. 하지만 이 작품은 선명한 상황 묘사 등을 통해 당대의 삶에 밀착해 있고, 비극이 만들어낸 공간의 동질성을 확인하는 의미에서 매우 소중한 작품으로 여겨진다. 결국 식민지 시대의 비극적 동시대성은 민족적 개념으로서의 승화를 의미하는 것이며, 비극적 공동체의 역동적 힘의 논리는 거기에서 비롯된 것이라 하겠다.

다음의 시편들은 식민지 조선의 변방과 북만주로 이주해간 유망민들을 소재로 한 작품들이다. 이들 작품에서 우리는 민족사의 삶의 파괴 과정을 보게 될 것이며, 아울러 동시대적 아픔과 민족이란 동질 구조 속에서 비극의 전면을 눈물로서 확인하게 될 것이다.

> 산새도 흥미 잃는 진잿빛 하늘 밑
> 만목일도(滿目一圖) 높고 낮은 산정이여 좁고 넓은 영복(嶺腹)이여
> 산정마다 영복마다 깎아 붙인 화전 · 화전 · 화전
> 화전가에 옹기종기 거리 없는 촌(村) · 촌……
>
> 봄 · 여름
> 보낼 곳 없는 시악씨의 애달픈 하소연이 장강을 흘러
> 칠백리 압록강 흐르고 흘러
> 이름 없는 연변(沿邊) 계곡
> 애꿎은 물방아만 목메게 울리고

(······)

감자 · 조귀리 · 각영의 잡곡 조석도
그 어느 위대한 절미정책(節米政策)임을 들은 바 없고
근로(勤勞) · 검의(儉衣) 국민적 미풍도
그 어느 현명한 두뇌의 하루 아침 장광설도 요구한 적
없고

—「북방도(北方圖)」 부분

"산정마다 영복마다 깍아 붙인 화전"에다 목숨을 걸고 살아가는 화전민들의·애달픈 삶을 극히 냉소적인 톤으로 읊고 있는 이 시는 일제의 농업 정책에 내몰린 식민지 백성들의 고난한 행군을 암시한다. 가혹한 식민지 수탈에 부쳐먹던 '소작'마저 걷어치우고 백두산이나 그 기슭으로 쫓겨간 식민지 시대 화전민의 적빈한 삶이 눈앞에 선연하다. 일본인 지주나 동척의 소작인, 또는 값싼 농업 노동자로 전락한 조선 농민이 마침내 집단적인 유이민이나 이른바 '작대걸인(作隊乞人)'의 모습으로 북만주나 시베리아 어느 광야를 헤매고 있는 모습은 단지 일개인의 비운만은 아니다. 일본은 군국주의를 위한 물적 기반의 대부분을 조선인의 가혹한 노동으로 형성한다. 그것은 일제의 물적 기반 구축이 곧 식민지 백성의 고난한 삶에 정비례한다는 것이다. 그러므로 조선 농민은 절명의 상태에서 결국 '흰 옷자락'의 다사로운 고향을 떠나 척박한 산밭을 일구며 '산 위에서 떨고' 있는 식민지 농민의 일그러진 삶의 모습에 이르고 만다. 이러한 민족과 민족 구성원 사이의 비극적 개연성은 그대로 식민지 시대 백성을 잃어버린 민족의 모습과 같은 것이었다.

위의 시는 일종의 '정치적 난민'인 화전민의 비극적 상황을 "근로 검의"나 "국민적 미풍"과 같은 반어를 통해 역설적으로 드러내고 있다. 시적 화자는 화전 지대라는 특수한 지대에 상황을 설정하고, "시악씨의 애달픈 하소연"도 절연된 적빈한 화전민 생활을 서정적으로 보여주고 있다. 그리고 후반부에서 하향식 '근검'에 강제되었던 식민지 상황을 응축해 보여주는데, 이는 화전민의 생활 그 자체가 '절검(節儉)'의 실천임을 생각할 때, 매우 역설적인 풍자이다. 화전민은 결코 시대와 민족의 외부에 존재하는 것이 아니다. 오히려 민족적 현실의 비극적 전형으로 형상화된 것이라 볼 수 있다. 비극적 관계는 개인의 비극적 경험을 둘러싼 한 사회의 맥락에서 주어진 것이다. 결국 화전민의 모습은 민족적인 것과 동시적인 것이며 민족과 관련된 삶의 파편들이다. 시의 전반부에서 보여주는 각각의 영상적 이미지들은 삶의 구체적인 원형들이다. 그러나 그것은 이미 파괴된 삶의 모습으로 파괴된 시대를 말하고 있다. 언뜻 정감 어린 장면 속에서 고통과 애환의 삶들이 극적으로 담겨져 있는 것이다. 삶 자체가 극적이었던 시대에서 생활의 극적인 표현을 통해 시대의 전형적 삶을 집중적으로 보여주고 있는 것이다.

　　가구야 말려느냐 가구야 말어
　　너는 너는 참 정말 가구야 말려느냐

　　이민이라 낼 아침 첫차에 실려
　　이역 천리 저 북만주 가구야 말려느냐

　　아 잡아보자 네 손길 이게 마지막이냐
　　이리도 살뜰한 널 내 어이 여히는가

　　야속하다 하늘도 물은 왜 그리 지워
　　너희네 부치든 논밭뙈기 다 빼낸다 말이냐

　　허드라도 행랑살이 내집 살림 저닥지 않다면
　　내 너를 보내랴만 꿈속엔들 보내랴만

　　아아 다없고 황막한 그 땅 네 얼마나 괴로우랴
　　철철 추위 혹독한 그 땅 네 얼마나 쓸쓸하랴

　　사시장장 가여운 네 생각 내 어찌 견디리

자나깨나 그리운 네 생각 내 어찌 배기리

—「북만주로 가는 월(月)이」 부분

이 시는 1930년대 이른바 '국책이민(國策移民)'이 조선 전역을 휩쓸고 있을 때, 물난리 까탈에 소작지를 빼앗기고 북만주로 떠나가는 '월이네'의 슬픈 삶의 내력을 생생하게 진술하고 있다. 황막한 북만주 벌판에서 추위에 떨고 있는 식민지의 어린 딸 '월이'는 이찬 시의 다른 여성들, '쏘냐'와 '옥순'과 이름 모를 국경 주점 여인의 또 다른 모습이다.

식민지 시기 지주의 고율 착취와 제국주의 식민 정책에 압도된 경제적 농민 생산의 궤멸은 조선 농민을 급속히 전락시켰다. 일제와 토착 지주의 수탈적 횡포, 그리고 불의의 천재지변 등으로 농민들의 생활은 더욱 악화되고 결국 이민을 떠나는 이농민이 속출하게 된다. 그리하여 선조들의 뼈가 묻혀 있는 그리운 고향을 떠나온 조선 농민들은 북만주나 시베리아, 또는 멕시코 등지에서 고향 땅에서 겪었던 것과 조금도 다를 바 없는 고통을 또다시 겪게 된다. 특히 만주 유이민의 생활은 중국인 지주의 수탈과 마적들의 난입, 중국 관헌의 압박 등으로 극히 비참한 상태였다. 이찬은 이러한 유이민의 삶을 북만주에서 만난 '쏘냐'의 비극적 삶을 그린 시「해후(邂逅)」나 마적떼의 습격에 긴장감 도는 북간도 어느 소촌을 묘사한「국경의 밤」에서 형상화하고 있다.

민중적 감수성의 밀도가 돋보이는 이들 작품에서 우리는 민족의 고난과 비극의 역사를 인간적 연대로 심화시켜간 이찬의 시정신을 확인하게 된다.

3.

우리 현대시에서 향토 서정은 한국적 정서의 일부를 보여준다는 점에서 의미하는 바가 크다. 그러므로 지금까지 향토 서정이라 하면 김영랑을 대표로 하는 남도 서정이 대부분을 차지하고 있는 상황에서 북방 토착민의 삶을 독특한 시어로 묘출해낸 백석과 '침울한 북방의 정서'를 남다르게 형상화시킨 이용악 등의 작품에서 나타나는 북국 정서는 우리의 주목을 끄는 것이다. 특히 백석은 식민지 시대에 모국어의 의미를 복원코자 했던 주체적 시정신을 평북 지방 방언으로 잘 드러낸 바 있다. 북방정서는 김소월과 백석이 보여준 평안도 정서와 한반도 최북단의 두만강 지역의 변방민의 삶을 표현한 이용악, 김동환의 시세계로 크게 대별된다. 우리에게 북방은 잃어버린 민족의 일부이며 그리움의 지역이다. 지금 우리가 이찬의 시를 통하여 북방 정서를 재복원하고자 하는 남다른 뜻은 반세기 동안을 아무런 변화 없이 지속되고 있는 분단 때문이다. 때문에 이찬의 시세계에 싱싱하게 나타나는 북방 지역의 독특한 정서는 현재의 말할 수 없이 위축되고 섬약해진 민족 정서를 강건하게 재구축하고 되살려 가는 일에 매우 유익한 자료가 된다고 확신한다.

이찬은 『별나라』 잡지 사건으로 삼년 간의 옥고를 치른 후 곧장 고향 북청에서 생활하게 된다. 이러한 고향 체험에서 그는 북국 지방의 토양과 북국민들의 삶의 전면을 생생히 보여주는 중요한 시적 형상화에 착수하게 된다. 당시 이찬의 이러한 활동은 오늘날 지역문학의 의미와 그 당당한 주체적 자세와 과제를 일깨워주기에 충분하다.

이찬의 시에 담긴 북방 정서는 침울한 북국의 정경 묘사와 유랑 체험을 통한 국경 지역의 삶의 애련을 담은 작품에서 찾을 수 있다. 그의 시세계는 북국의 차가운 대지 속에 민족 공동체를 희원하는 시인의 비감한 민족적 영감으로 일제 통치의 변두리에서 민족 언어를 통해 솟구쳐오른

민족시의 자리에 있는 것이다. 그러면 이찬의 시에서 북국 정서는 구체적
으로 어떻게 나타나는가. 그것은

　　① 북방의 풍경에서 방출되는 원색의 이미지
　　② 북방의 침울한 배경 속에 나타난 비극적 미감
　　③ 북방민의 끈질긴 생명력이 보여주는 민중성

등으로 나눌 수 있다. 우선 북방의 원색적 이미지와 연변 지역의 고적한
분위기를 가장 밀도 있게 다루고 있는 작품 「북국 전설」을 그 첫째로 들
수 있겠다.

　　기적도 얼어붙은 북국의 마을
　　남행차는 용케도 구울러 밤마다 지냈다

　　글먹이는 창구멍에 거듭 침 바르는
　　그 처녀의 심사는 무엇이겠느냐

　　휘연한 차창·차창
　　미쳐 그 속의 정경은 식별 못해도 좋았다

　　다만 그때마다 그는
　　아련한 남방의 한 개 걸녀(乞女)였어도 가(可)하였나니

　　기-인 긴 겨운
　　북국은 눈으로 밝고 눈으로만 어둡고

　　그리운 말방울 기억조차 멀어지는
　　그 세월과 함께
　　처녀는 언제까지 소녀가 아니었다

　　은근히 자랑삼던 머리채
　　내 생 처음 밉살스럽던 저녁이 있었나니

뭇강아지의 벌룩한 코도 도시 오늘을 예각(豫覺)치 못했도다

함박눈 나리는 동구 앞에 무덤이 두 개
어설픈 전설의 무덤이 두 개

순(順)아 그 한 개 작은 무덤의 이름은
그러나 전설도 모르더구나

—「북국전설」 전문

이 시는 북국을 유랑하는 시인의 천진한 시선을 통해 북국 마을의 정
취를 고스란히 보여준다. 차창으로 보이는 고적한 북국의 정취 아래 처
녀의 심사가 한껏 다정한 느낌을 준다. 북방은 "기적도 얼어붙"는 원시적
인 추위와 "눈으로 밝고 눈으로만 어두"운 원색의 색채감으로 가득하다.
그 속에서 정겨운 소녀의 이미지가 연변의 고적한 분위기와 함께 드러나
있다.

시인이 북방을 방황하면서 보여주는 북방의 이미지는 시 「북방도(北方
圖)」・「빙원(氷原)」의 우울한 정조나 침엽수림의 날카로운 이미지로도 나타
난다. 특히 「북방도」는 원시림과 눈바람이 빚어낸 강렬한 시각적 이미지와
청각적 이미지가 어우러진 북방의 정조가 잘 나타나 있다. '얼음', '눈', '침
엽수림'의 시각적 이미지와 '눈바람 소리'와 '그리운 말발굽'소리에서 느
껴지는 청각 이미지는 얼어붙은 듯한 북만주 대륙의 눈보라 속에서 말 달
려오는 독립군 용사들의 영상을 왈칵 느끼게 한다. 그리고 이러한 시작품
의 밑바닥에는 어딘가 비극적 색조가 깔려 있어 특별한 이채를 보여준다.
그것은 식민지 체제하에서의 한 지식인의 감금된 자기 시대를 대응해가는
과정에서 나타난 방황의 고뇌가 담겨 있기 때문이다. 시 「대안(對岸)의 일
야(一夜)」는 시대사의 파시즘적 체제에 완강히 거부하는 시인의 자기 극복
의 몸부림과 그 정열마저 허물어지는 과정이 북방의 원색적 이미지와 함
께 특이한 아픔으로 다가온다. 북방의 이미지는 위의 원색적 이미지에서

광활한 대륙의 황폐감으로 이어진다.

시인이 방랑 체험에서 보여주는 북국 정서의 황폐한 이미지와 그것의
현실적 의미를 시 「북방(北方)의 길」에서 알아보자.

영(嶺)이 영을 불러 밀어를 주고받는 곳
길이 눈꼴 틀려 비꼬기만 하고

차는 갓 시집 온 새악시같이
그 서슬에 옮겨놓는 자욱도 조심겨워……

북으로 칠백 리 나른한 여로에
시름은 조름인 양 살포시 안겨드노니

아하 가도가도 무건 눈두던 거들어주는 청신(淸新)한 풍경도 없고
가도가도 막막한 기슴 열이주는 호활(浩闊)한 전야(田野)도 없고

울고 싶다 이 울울히 '먹이 쫓는 북방의 길'이여
그러나 차륜(車輪)은 아무렇지도 않은 듯 제 의무를 반복하는구나
—「북방(北方)의 길」 전문

이 시는 생존 문제가 절박한 시인과 무심한 차의 운행이 대비되어 '북
방행'의 서글픈 여심(旅心)을 보여주고 있다. 유객(遊客)의 무거운 눈을 "거
들어주는 청신한 풍경"도 "막막한 가슴 열어주는 호활(浩闊)한 전야(田野)
도" 없는 북방의 삭막한 정경에서 비정한 세계의 일단을 보는 듯하다. 외
로운 시혼(詩魂)이 북방의 어느 영(嶺)을 넘으면서 바라본 풍경은 시인의
심경처럼 황폐한 것이다. 이러한 북국의 풍경은 연대한 대상과 목표를 잃
어버린 한 식민지 지식인의 단순한 '생존의 길'을 절망과 슬픔의 정조로
몰아간다. 절망과 슬픔의 정조는 시적 자아의 세계에 대한 동일화의 과정
에서 드러난 것으로 "먹이를 쫓는" 시인과 세계는 동시에 비극적 상황에
놓여 있음을 말한다. 그것은 식민지 시대에 지식인의 궁색한 생활을 토로

하는 자조적인 성격으로 치부될 것이 아니라 시적 자아가 식민지라는 시대적 압박 속에서 비정한 현실을 살아가는 모습으로 시인의 감금된 현실이 시적 서정에서 드러난 것으로 볼 수 있다.

우리가 여기서 주목할 것은 이 유랑 생활의 의미와 비극적 정조의 현실성의 문제이다. 위의 시가 철저한 비조(悲調)를 바탕으로 하고 있으면서도 감상의 토로에 빠지지 않는다는 것은 바로 이 유랑이 의식 단절의 현실에서 시인이 거쳐야 하는 필연적 모색의 과정이라는 점에 있다. 왜냐하면 유랑은 의식의 끝이 아니며 오히려 상반되는 욕망의 의지로부터 도출되는 것이기 때문이다. 따라서 부유(浮游)의 과정에서 만난 현실이 비록 피폐되고 결핍된 것일지라도 그것은 극복의 과제이며 현실 길항의 대상이 된다. 따라서 그러한 문학적 태도에서 비극적 상황은 객관적으로 인지되고 표현될 때 비현실적인 전망을 제시하는 혁명성보다 더욱 현실에 천착한 시적 리얼리티가 구현되는 것이다. 이것은 방랑하는 시적 화자를 통해 식민지 현실이 보다 구체적으로 드러남으로써 그 역사적 배경을 명확히 이해할 수 있게 됨을 의미한다. 여기서 북국의 서정은 비극적 상황을 보다 서정화 하는 기능을 함으로써 시 전체의 비극성을 더욱 강하게 환기시키고 있다.

둘째로, 변방에 흩어진 식민지 백성들의 삶을 북방의 침울한 정조 속에 보여주는 작품들로는 「결빙기(結氷期)」·「북방도」·「눈밤의 기억」·「눈나리는 보성(堡城)의 밤」·「국경의 밤」 등을 들 수 있다.

북국의 적설(積雪)과 삼엄한 국경지대를 묘사한 시 「결빙기」를 통해 우리는 북국의 침울한 정조와 그 비극적 삶들에 다가갈 수 있다.

끊이락 이으락 분분한 백설 속에
얄누장 팔백 리 얼음이 맺어
인마의 통행도 금명(今明)에 다가왔다

도도한 물결 소리

유장한 뗏노래와 함께 씻은 듯 사라지고
대륙의 침울한 하늘 밑에 강변은 적적
때로 북만의 거센나희 성난 듯 놀랜 듯 휩쓸어칠 뿐
(……)
연변의 농가 점점한 오막살이엔
수심 겨운 아낙네들의 수군거림 높아가고
가가호호 보채는 어린이 타일러 가로대
'그러믄 ○○당이 온단단'

(……)
이러구러 해가 기울어
연엄(延厓)·태백의 준령을 넘어 어둠이 깃들면
별 없는 대지에 경비등이 장사(長蛇)를 그리고
호궁(胡弓) 소리도 못 듣는 외로운 여창(旅窓)이
몇 번이나 쏘는 듯한 수하(誰何) 소리에 소스라쳐 경련한다

오호 진통을 앞둔 시악씨 맘같이
알누장안(岸) 팔백 리 불안한 지역이여

— 「결빙기」 부분

국경인 압록강을 배경으로 북만주 대륙의 침울한 적요(寂寥)와 삼엄한 국경 지역의 긴장감을 동시에 보여주는 이 시는 북국의 쓸쓸한 정조 속에 불안한 시대 상황을 자연스럽게 그리고 있다. 압록강은 두만강과 함께 한반도 최북단에 위치한 국경 지대로 식민지 시대 수많은 조선 민중의 간고한 삶의 상관물이며, 애통함의 강이기도 하다. 정든 고향과 사랑하는 부모를 떠나 바람 차고 인정 낯선 만주 벌판으로 들어가기 직전에 조선의 북녘 끝에서 만나는 두만강과 압록강은 바로 유태인의 '애통의 벽'에 상응하는 아픔의 지역이었다.

시 「결빙기」에서 만나는 압록강의 얼음과 침엽수림으로 뒤덮인 북만주의 겨울 눈바람은 눈과 얼음의 직조하는 압록강변의 독특한 이미지로 북국의 정경과 서정의 일면이다. 특히 이찬 시에서 늘 등장하는 생명의 모

습은 북만주의 냉한 속에서 오히려 따뜻하다. 눈과 바람만이 휘몰아치는 대륙의 한켠에서 끈질긴 생명력으로 살아가는 식민지 백성들의 불안과 외로움이 남다른 서정을 일으키고 있다. 이것은 이찬 시의 독특한 서정이며, 북국 정서의 일면이라 하겠다. 이러한 서정은 시 「눈밤의 기억」에서 비극적 상황이 눈물겨운 영상으로 나타나 비극적 파토스를 보여 비극의 극점을 보여준다.

국경의 조그만 마을 으슥한 주점
주점의 샐녘 호젓한 뒷방
끄므럭이는 소남포 으스름한 등빛 아래 연달아 넘는 잔을 들고 또 들고
즐거워야 할 남은 밤도 한숨으로 지새든 애처로운 기억의 그 여인이여

생이별한 그 년석은 꿈에 기두려워도 아홉살 난 중대가리 그 아이 생각
이렇게 눈 나리고 스산한 밤엔
의붓어미 등쌀에 웅크리고 덜덜 떨며 잠 못 드는 상싶어
잊으려도 잊으려도 미칠 듯싶다 미칠 듯싶다……

오 북국의 밤은 노을도 눈이 나리고
게다가 샛바람마저 이ㅡ잉 잉 휩쓸어치고……
(……)

　　　　　　　　　　　　　　　　　　—「눈밤의 기억」 부분

　이 시는 북방의 고적하며 침울한 배경 속에 한국 여성의 인생 역정이 집약된 대표적인 페미니즘 시로 고도의 비극적 아름다움을 시 전면에서 보여준다. 온갖 풍상을 겪었으리라 짐작되는 여인의 한 맺힌 사연과 북국의 눈 내리는 스산한 밤의 정취와 국경 지대 떠돌이들의 무언의 애환이 주점이라는 공간 속에서 합일되어 있다. 이찬은 자신이 나타내려고 했던 시적 대상으로서 여인과 어린 아들의 개인사적 내력을 간단한 묘사와 전개로 놀라우리만치 리얼하게 그려내고 있다. 또한 이찬 시에 선명히 나타나는 유랑민 의식의 일단이 북국의 서정적 이미지 속에서 나타나고 있어

시인이 가지고 있는 민중적 감수성의 밀도를 더욱 느끼게 된다. 시 「백두 령상부감도(白頭嶺上俯瞰圖)」는 민족의 영봉인 백두산 정상에서 식민지 백성들의 피폐한 삶을 비극적 어조로 보여주고 있다. 「북만주로 가는 월이」・「해후」 등은 이러한 비극적 미감을 북방 지역의 구석구석에서 보여주는 작품들이다.

셋째로, 북방 지역의 식민지 백성들의 끈질긴 생명력이 보여주는 민중적 저력으로서 「소묘, 북국 어항(北國漁港)」・「우후(雨後)」 등을 들 수 있다.

북국의 일어항(一漁港)
오 리 백사장

(……)

오 반짝이는 눈날늘은 무엇을 생각는고
이무 폐장 가까웠건만 올해도 겨우살이 못할 회겐가
일금 몇십 전 밤대거리에 오늘 밤도 잠 안 자고 뻐테볼 궁린가

(……)

이로부터 한 마장씩 떨어져 수일경(數日耕) 논・밭에 열지어 널린 가마스・가마스
그 위에 뭉테기 유박(油粕)・유박
그것을 곰뱅이로 까는 여공
오 울긋불긋 단장도 가애로운 십오・십육칠의 낭잔군이여

오가는 행인에 낯 부끄러운 듯 고개 숙이고
그래도 가슴속 서른 회포 못이기는 듯 연달아 종알대며
때로 목놓아 쌍쌍이 노래들 하는 애련한 가조(歌調)여
(……)

—「소묘・북국어항」 부분

이 시는 이찬이 민중의 생활사와 민족사에 관한 보다 확실하고도 구체적인 감각을 가지고 있음을 보여준다. 옛부터 많은 전쟁의 경험과 자연

조건의 험준함 등으로 강한 생활력이 요구되었던 북방 지역은 식민지 시기 이농민들의 유입으로 더욱 치열한 생활난의 현장이 되었다. 이러한 북방을 배경으로 모든 생산적 기반이 부서져 버린 시대에 강력한 생존에의 의지를 이찬은 당시 민중들의 노동 풍경을 통해 보여주고 있다. 그것은 가족 구조의 붕괴와 유망민으로 이어지는 삶의 전면적 전이 과정에서 생겨나는 생존에 대한 본능이라 할 수 있다. 북방의 어느 항구에서 눈물겨운 영상으로 그려진 북방 유이민들의 이러한 삶의 끈질긴 생명력은 강력한 민중적 감수성의 밀도를 더해주는 것이다. 시 「우후(雨後)」에 이르러서는 그 민중적 생명력이 경쾌한 리듬 속에 나타나 특이한 형태의 북방 정조를 느끼게 한다.

한편 이찬의 시에는 백석이나 이용악 등이 보여준 북방의 풍물이나 토착 방언을 별로 찾아볼 수 없다. 다만 '아바이' · '아니오겠슴메' · '난 어찌람메' · '우둥불' · '넌들창' 등에서 확인되는 기본적인 시어들만 몇몇 보일 뿐이다.

이찬의 시에는 오히려 인접 국가들의 다양한 언어를 사용하여 북방지역을 둘러싼 당대의 혼란한 정황을 보여주고 있다. 대표적인 시어로 '장꼬로' · '워드까' · '샹들리에' · '노스데키' · '페치카' 등이 있다.

그리고 이찬 시에 나타나는 한문투의 현학적이고 관념적인 시어 사용은 민감한 민족 감정을 단절, 추상화시킴으로써 합일적인 감정 동화를 확보하지 못하는 한계를 지니고 있기도 하다.

1930년대 후반으로 접어들면서, 이찬의 자조적 감정과 시대에 대한 절망은 결국 친일이란 극단의 상황으로 이어진다. 「어서 너의 키타를 들어」 · 「병정(兵丁)」 · 「전사(餞詞)」 등의 시와 「보내는 사람들」과 같은 희곡 작품에서 이찬의 친일성을 확인하는 것은 참으로 가슴 아픈 일이다. 이찬은 이 시기 쓰여진 대부분의 작품 속에서 일제의 태평양전쟁을 미화하고 있으며 징병에 대한 특별한 감격과 흥분을 보여주고 있다. 이와 같은 그의 반민족적 친일 행위는 비록 그의 문학이 민족문학의 지평 위에 있다

할지라도 결코 배제할 수 없는 얼룩임은 분명하다.

　다만 이 당시 이찬의 친일 행위가 반민족적인 것이긴 하지만 이후의 그의 문학 활동에 비추어 볼 때, 소위 내적 논리에 의한 친일이라 보기는 어렵다. 그는 내선일체의 황국화나 대공아 공영론에 입각한 특별한 논리를 전개한 적이 없고 이에 대한 직접적인 언급을 한 바가 없다. 서정주가 자신을 '가장 객관적인 관찰자'로서 당시의 세계정세를 파악한 결과, 일본 중심의 대동아 공영권을 강력하게 주장한 것이나,[1] 김용제의 적극적인 친일행위와 작품의 노골성에 비한다면 이찬의 그것은 친일의 질과 양에 있어 분명히 구별된다. 이는 단순한 정도의 차이를 넘어 변별의 시선을 확보하여 친일문학의 개념을 올바르게 찾자는 것이다. 그럼으로써 친일문학을 단순히 시대의 전반적 상황으로 돌리고 희석화 하려는 논리를 극복하자는 것이다.

　최근 민족문학작가회의와 민족문제연구소 공동 작업으로 제출된 친일문학인 42인에 대한 보도는 앞에서 말한 변별의 시선에 다소 문제가 있음을 보여주고 있다.

　첫째, 이찬의 작품과 그 외 작가들을 비교해 보면 작품의 양과 그 내용에 있어 친일에 대한 확연히 구분이 있다. 특히 김용제 등이 배제된 자리에 이찬의 이름이 실렸다는 것은 친일문학인 선정에 신뢰를 떨어뜨리는 부분이다. 김용제는 「내선일체의 가」와 같은 노골적인 친일시를 다수 창작한 것은 물론이며 「조선문화운동의 당면임무」와 같은 논설을 통해 내선일체와 대동아공영의 논리를 펼친 바 있는 대표적인 친일파시즘 문학인이라 할 수 있다. 그 외 김종한, 이광수 등도 다수의 친일시를 창작한 바가 있다. 이에 비해 이찬의 친일시는 그 양과 내용에서 현격한 구별을 보인다. 이 기회에 친일문학에 대한 보다 엄격한 정리와 섬세한 구별이 요구된다.

---

　1) 『서정주 문학전집』 3, 일지사, 1972, 238~239면.

둘째로는 친일문학인 선정 근거로 제시한 친일문학 작품목록(『실천문학』, 2002년 가을호) 중 이찬 부분이 일부 잘못 기록되었다는 점이다. 이찬의 친일문학 목록에 쓰여진 「어서 너의 키타를」은 「어느 너의 키타를 들어」가 원제목이며, 이는 논설이 아니라 시작품이다. 또한 목록에 있는 「잔사」 역시 원제가 「전사(餞詞)」이며 논설이 아니라 시작품이다. 이와 같은 작품 목록의 부정확성에 기초한 친일 문인 선정 작업은 그 자체에 문제적인 시각을 던질 수밖에 없다. 특히, 이러한 오류는 친일문학 연구작업이 가지는 특별한 의미를 희석시키고 결국 친일문학에 대한 본격적인 논의를 방해할 수도 있다.

이찬의 친일문학 행위는 민족문학사의 엄중함 위에서 다시 한번 정리되어야 할 필요가 있다. 이는 이찬의 친일에 면죄부를 주고자 하는 것이 결코 아니다. 오히려 친일문학을 일반화시키거나 추상화하는 논리를 깨고 친일문학의 내부로 본격적인 연구를 진행하기 위해서는 엄정한 판단의 기준과 이를 위한 정확한 기초 자료 작업이 요구된다는 말이다.

4.

감상적 습작기와 재일본 시기의 프로문학 운동, 그리고 카프 시대의 여러 계급시와 북방지역을 방랑하여 보여준 북방 시편들, 다시 모더니즘적인 내면화 경향과 친일시로 이어진 이찬의 시적 행보는 해방과 함께 이 시기 정치적 향방과 맞물려 새로운 방향으로 나아간다.

해방을 함남 혜산진에서 맞이한 이찬은 1945년 9월에 잠시 상경하여 예맹파(조선프로레타리아예술동맹)에 가입한다. 그러나 곧 북으로 돌아가 〈프로레타리아예술동맹〉 함남지역 위원으로 활동하면서, 북한에서의 본격적인 활동을 시작한다. 함남도 혜산군 인민위원회 부위원장, 함남인민일보사 편집국장을 거쳐, 1946년 3월에 창설된 〈북조선문학예술총동맹〉의 서기장이 되면서, 그는 북한 문학의 정치적 중심으로 자리하게 된다. 그리고 '조쏘 문화협회' 부위원장, '문화선전성' 군중문화국장 등을 역임하는 북한 문화행정 대표적인 관료로서 주요한 역할을 담당한다. 또한 이러한 정치적 활동 속에서도 그는 왕성한 작품활동을 보여줌으로써 북한 시문학을 실질적으로 주도하게 된다.

편자들은 그동안 이찬의 북한에서의 작품 활동을 추적한 끝에 그가 북한에서 펴낸 4권의 시집과 1권 추모시집 중 3권의 시집을 확보할 수 있었다. 그것은 1946년 『화원』, 1947년 『승리의 기록』·『쏘련시초』, 1958년 『리찬시선집』, 그리고 그의 사후에 그를 기념한 시선집 『태양의 노래』 중 『승리의 기록』·『리찬시선집』·『태양의 노래』 3권이다. 이외에도 『조선문학』 등의 잡지류, 신문, 공동시집에서 총 127편의 작품을 찾아낼 수 있었다. 그리고 시집 『화원』과 『쏘련시초』의 일부 작품들이 시선집에 재수록되어 있어 그의 문학적 면모를 확인하는데 도움이 되었다.

작품은 1945년 해방으로부터 1960년대 중·후반까지 주로 쓰여진 것으로 그의 북한 문단에서의 위상에 걸맞는 양과 내용을 담고 있다. 그러면 북한문학사에서 "수령형상문학의 새로운 단계를 열어" 놓은 시인이었던 이찬의 북한에서의 작품세계는 어떠하였는가. 이는 북한에서 이찬의 위상으로 볼 때, 결국 북한문학의 형성과정과 그 내면을 살피는 작업이라 할 것이다.

우선, 위의 세 시집들은 그 각각이 북한문학사에 관한 자료로서 매우 의미로운 것이다. 그 중에서도 『승리의 기록』은 이찬이 함흥에서 소량 한 정본으로 펴낸 시집 『화원』의 주요 작품을 함께 싣고 있는데, 1945년 해방 직후 북한의 모습과 그 문학적 형상화 과정을 직접 접할 수 있어 참으로 반가운 자료가 아닐 수 없다. 1945년 8월 15일 해방에서부터 북조선예술총동맹이 결성되는 1946년 3월 25일을 지나, 1947년 소련군이 철수하는 시기까지를 다루고 있는 이 시집은 말 그대로 해방 직후 시기에 대한 시의 기록이라 해도 과언이 아니다.

시집 『승리의 기록』은 1945년 8월 16일 시인이 해방을 맞은 바로 다음날, 북의 혜산진에서부터 그 감회와 상황을 작품화하고 있다.

> 두번다시 불러보지못할것만같었노라
> 祖國이여 네이름을
> (……)
> 코끼운 소의 삶이였었다
> 행길가 장승의 나날이였었다
>
> 아 까닭없이 뺨맞은날에도 한숨하나 있을수없든
> 인고의 반세긔여 너는 갔느냐!
> (……)
> 이역만리 머ㅡㄴ 해외에서 햇빛못보는 '비애의 성사'에서
> 춘풍추우 허다성상 오로지 너를위하야 피흘리고 너를위하야 매마튼
> 수많은 형제들게 무엇으로 사례하리!
>
> 아 태극긔ㅅ발이 하늘을 뒤덮고
> 독립 만세ㅅ소리 산천을 뒤흔들고
> (……)
> 아아 이환히 이감격위에
> 祖國이여 빛나는 네이름 영원히 빛나기위하여
> 어서 얹어다우 '인민공화'의 그 화려한 화려한 면류관을!
> ―一九四五·八·一六 於·혜산진

―「祖國이여」 부분

위 시는 1945년 8월 16일에 쓰여진 것으로 기록되어 있다. 해방된 다음날, 시인은 민족해방을 위해 이역만리에서 온몸으로 투쟁했던 이들을 위로하면서 해방된 조국이 분명 '인민공화'국이어야 함을 역설하고 있다. 곧 민족해방은 인민공화국 건설로 이어져야 하며, 그것이 조국의 미래를

약속하는 것이라 말한다. 이것은 민족해방은 곧 인민해방임을 분명히 하고 어떤 외세나 자본적 침입도 거부한다는 해방에 대한 첫 발화였던 것이다.

그리고 그것은 구 카프작가였던 그가 일제 말 친일시까지 썼던 과오로부터 벗어날 수 있는 가장 확실한 언어로써 자신의 입장을 분명히 밝히는 정치적 표현이기도 했다. 이것은 그에게 하나의 전환점이자 새로운 출발의 모토가 될 수 있었던 것이었다. 이후 누구보다도 빨리 인민공화국 건설을 역설한 그는 실제로 '인민공화국' 건설에 대한 다양한 시적 표현들을 보여준다.

이와 같이 인민공화국 건설을 주창한 이찬은 이후 남북한의 정치적 일정 속에서 남북한에 대한 각기 다른 시선을 제시한다. 그것은 1946년을 기점으로 남북이 독자적인 정치형태를 갖추고 나름의 노선을 걷게 되는 것과 관련된다. 즉 민족 전체의 통일된 인민공화국 건설이 아닌 '민주기지'로서 북한의 독자적인 인민위원회가 결성되었던 과정에서 이찬은 이미 '정치적 북한'을 선택했던 것이다. 이는 이 시기 한설야·이기영 등과 같은 민족문학가들이 제출한 전 민족을 하나로 하는 민족문학 건설의 기치와는 일정한 거리가 있는 것이다. 그것은 이후 북한문학사의 진행과정에서 이찬의 역할을 통해서도 충분히 확인할 수 있다. 그가 <북한문학예술총동맹>의 서기장에 피선되고 인민위원회 부위원장을 맡는 등 북한의 정치적 전위에 서게된 것도 이와 무관하지 않다.

이찬은 북한의 정치적 틀이 구체화 되기 전인 1945년 9월에 서울을 다녀가게 된다. 그는 이때 <조선프로레타리아예술동맹>에 가입하지만 곧 북으로 돌아가 버린다. 그가 이 때 피력한 서울에 대한 소감은 이 시기 그의 입장과 관련하여 의미롭다.

> 이제 진정 우리것인 鐘路네거리에서
> 그러나 우리 그女人은 누구를 맞어야하느냐

激浪 激浪 群衆의 激浪위에
不安 焦燥의 灰雲만 低廻하고

이 世紀의 盛饌과 寢室은 準備된지 오래이나
기다리는 그이는 오지않는다
(……)
오늘도 헛되히 저므는 거리를
갸바레ー・호노르르의 땐싱뮤ー직이 조롱하고

하마 앗질헌 삘딩 삘딩에선
여태 偉大(!)한 會議들이 續行될뿐
(……)

—「鐘路네거리에서」 부분

　이찬이 서울에 와서 본 것은 해방의 기쁨과 환희, 희망 같은 것이 아니
었다. 그는 종로 네 거리가 '불안'과 '초조'의 회색빛 암울함으로 가득차
있음을 보았다. 그리고 그 거리에는 인민들을 해방시켜 줄 어떠한 영웅적
존재도 없었다. 다만 카바레의 현란한 춤과 높이 솟은 빌딩, 이기적인 논
쟁 만이 해방된 서울을 가득 채우고 있었던 것이다. 이것이 이찬이 서울
에서 본 것들이다. 그리고 그는 곧 북한으로 돌아갔다.
　그리고 이 시기 북한은 상대적으로 토지개혁 및 사회주의 건설의 활력
이 넘치고 있었다. 그리고 인민의 영웅이 시대를 이끌어 가고 있었다. 시
「土地는 드듸여 農民에게」・「떨쳐나오라 祖國創業 무르녹는 大途로」・
「더욱 굳게 뭉치리 그대두뤼에」・「歡迎・金日成將軍」 등에서 이러한 북
한의 모습은 열정적으로 잘 표현되어 있다.
　이외에도 시집『승리의 기록』에는 소련군에 대한 환영과 스탈린에 대한
찬사 등 해방군으로서의 소련군에 대한 감사과 존경을 표하고 있다.
　그리고 이 시기 이찬 시의 특이한 점으로 인민들의 삶의 모습을 매우
생생하게 보여주고 있어, 그가 해방 전 북방지역에서 보여준 작품들의 품
격을 다시 만나는 감동을 받게 된다.

이와 같은 그의 문학적 경향은 이후 다른 여러 작품들에서도 잘 나타나고 있다. 『승리의 기록』을 제외한 『리찬시선집』과 『태양의 노래』 등에서 확보한 약 70여 편의 작품에서는 이와 같은 이찬의 북한에서의 시작활동에 대한 전모를 분명히 보여주고 있다. 이를 전체적으로 정리해 보면 아래와 같이 요약할 수 있겠다.

① 해방직후 북의 제도적 개혁과 관련된 삶의 전환
② 해방직후 북한의 민주기지론 노선의 구체적 형상화
③ 수령형상화와 관련된 시

1945년 10월 10일부터 13일까지 진행된 서북 5도 당 책임자 및 열성자대회에서 제기된 민주기지론은 북한문학의 형성과정에서 매우 중요한 대목이다. 민주기지론은 소련을 배경으로 한 북한이 남한이 비해 전반적으로 혁명을 건설하기에 유리한 조건임으로 우선 북한에서 민주기지를 건설하고 이를 기초로 하여 한반도 전체를 해방시키자는 논리이다.[2] 곧 먼저 북한의 민주개혁을 실시하자는 것이다. 이찬의 시는 이러한 해방 직후 북한의 사회주의적 혁명사업을 적극 찬양하면서 그 구체적인 과정을 시화(詩化)하였다. 토지개혁·인민경제·로동법령 등 북한의 여러 혁명적 사업은 삶의 전면적 변화를 가져오는 제도적 장치들이었다. 일제의 파시즘과 노동착취로부터 해방을 맞은 감격이 구체적인 제도의 개혁으로 이어지는 벅찬 상황을 당대 북의 시인들은 경험하고 있었던 것이다. 특히 농촌에서의 토지개혁은 가장 큰 관심을 끄는 것으로 당대 시인들은 이를 자신의 시적 대상으로 삼았다. 김우철의 「농촌위원회의 밤」, 김광섭의 「감자현물세」 등은 당시 농민들의 생활감정과 국가에 대한 감사의 마음을 표현하고 있다.

이찬의 시편들 중에서도 이러한 토지개혁과 제도 개혁과 관련된 작품들

---

2) 김재용, 「민주기지론과 북한문학의 시원」, 『분단구조와 북한문학』, 소명출판, 2000.5, 30~31면.

이 다수 등장한다. 토지개혁과 관련된 벅찬 감격을 보여주는 시 「새소식」
은 이러한 경향의 대표적인 작품이다.

이 소식 받아들고
층계를 오른다
이리도 이 층계가 높았던가
내 마음은 바쁘다

연필끝을 빨지 않아도 좋았다
치받쳐오르는 감동이 저절로 적는
감격의 불도가니, 감사의 선풍!
"토지는 드디어 밭갈이하는 농민들에게……"

뜨거워하는 눈두덩
내 살던 마을 마을
맨발로 얼음장우를 거닐던 그어린이들이
떠오른다
물길이에도 누덕치마를 돌려 앞을 가리던
그 아낙네들이 떠오른다

그 저녁 발버둥치며 술집으로 팔려가던
열여덟 순이의
핼쑥한 얼굴이 떠오른다

그 새벽 보따리 지고 북만주로 흘러가던
류순 박첨지의 하얀 머리털이 떠오른다
그 아침 낫자루 호미자루 틀어쥐고
놈들과 맞서던 숱한 얼굴이 떠오른다

(……)

꿈아닌 이 현실, 거짓 아닌 이 사실
진정 오늘을 난생처음 넘치는 웃음으로

맞을 농민들이여
이 기쁨 굳게 뭉쳐
그 고마운 인민조선 길이길이 지켜가자

—「새소식」 부분

　과거 일제하의 농촌과 토지개혁이 시작된 현재의 농촌이 교차하면서, 시는 희망과 기쁨으로 가득 차 있다. 30년대 유이민들의 삶을 비감하게 보여준 바 있는 시인에게 해방 후 토지개혁이 실시된 북의 농촌은, 그가 1929년에 '잃어버린 화원'이었으며, 북만주로 떠난 '월이'가 그토록 그리던 '꿈의 현실'이었던 것이다.

　토지개혁은 북조선임시인민위원회가 중심이 되어 진행된다. 이러한 인민위원회의 혁명적 개혁은 비단 농촌뿐 아니라 노동현장 곳곳에서 일어난다. 그것은 8시간 노동제 등을 통한 노동에 대한 인식의 전환이었다. 시인들은 이러한 노동 현실에도 주목한다. 작품으로는 이찬의 「그날아침」, 이정구의 「노동법령송」, 김북원의 「용광로 앞에서」 등을 들 수 있다.

　이와 같은 북한의 여러 제도의 혁명적 전환은 인민위원회가 주창하던 민주기지론에 대한 인식을 널리 확산시켰다. 그리고 이 민주기지론으로부터 북한문학의 독자적 출발이 이루어졌다는 것은 큰 의미가 있다. 해방 이후부터 1947년 3월 '고상한 리얼리즘'이 주창되기 이전까지 북한문학은 그 내부에서 일어난 다양한 제도적 개혁을 문학화 하면서 남한과 다른 독자적인 문학적 방향을 향하고 있었던 것이다.

　결국 토지개혁을 중심으로 한 삶의 변화가 실제로 일어난 해방 후 북의 모습은 시인들에게 깊은 인상과 미래에 대한 가능성으로 읽혀졌다. 또한 그것은 남한과의 변별과 독자적 행보를 낳는 기초로 작용하게 되었던 것으로 보인다.

　해방 직후, 북한 시문학의 또 다른 흐름은 소련과의 친선 등 국제주의 노선이었다. 이와 관련하여 소련과 북한의 관계를 크게 두 가지 측면에서 찾을 수 있다. 첫째는 소련을 일제의 압제로부터 해방시켜준 존재로 인식

한다는 것이고, 다른 하나는 선진적 근대로서의 소련에 대한 인식이었다.3) 이찬의 시는 이 중에서 전자의 성격을 강하게 보이면서 다소 추상적이며 감정적인 표현을 보여준다.

이찬은 시 「축연」에서 일제의 '항복조인'과 함께 민족 해방의 중요한 역할을 담당한 소련의 붉은군대를 감격적으로 환영하고 있다. 그리고 시집 『쏘련시초』를 통해 소련과의 친선을 구체적으로 그리고 있다. 특히, 시베리아의 초원과 흑해, 볼가 운하 등 구체적인 풍물을 배경으로 양국간의 유대와 친선을 특징적으로 보여준 작품들이 많다.

　　　　원동 변강 무연한 초원에도
　　　　전원은 무르녹아 해바라기 란만하고
　　　　이름모를 들꽃도 꽃마다 마음껏 피여
　　　　인민의 나라 드높은 향기 목메게 풍겨 든다

　　　　(……)

　　　　아, 굴욕과 인고로 뼈저리던 세월
　　　　쏘련 그대는 언제나 마음의 고향
　　　　날에 날마다 늘어만 가는 피비린 무덤 우에서도
　　　　한 줄기 그리운 '그대의 길'은 언제나 언제나 잊지 못했다
　　　　　　　　　　　　　　　　　　　　　　　　―「원동 초원에서」 부분

　　　　백사도 저마다 저를 빛내는 해맑은 해변을
　　　　아열의 향기 목메는
　　　　아름드리 파초여, 야자수여, 종려나무여,

　　　　(……)

　　　　여기는 인민은 누구나
　　　　말가니 피로를 씻고, 새 힘을 기르고,

---

3) 김재용, 『분단구조와 북한문학』, 소명출판, 2000.5, 169면.

594　이찬 시전집(李燦詩全集)

오, 자애로운 휴양의 터여,
한없이 따사로운 쏘련의 품이여,

—「흑해의 달밤」부분

다소 추상적이며 관념적인 위의 시작(詩作)들은 인민 해방의 상징이자 전형인 소련에 대한 송가(頌歌)의 성격이 강하다. 그러나 이러한 작품들은 이후 북한의 국제주의 사상과 관련하여 다양한 형태로 발표된다. 그 중에는 시 「조야」나 「레닌그라드 고아원」과 같은 작품들은 좀더 구체적인 상황과 내용을 확보하고 있어 이 경향의 시적 흐름을 잘 보여준다.

1946년에 발표된 시 「조야」는 소련의 여성영웅 '조야'의 정신과 혁명적 활동을 추모하며 기리는 작품이다. 여기서 확인할 수 있는 것처럼 이미 북한은 이데올로기적, 정치적 기준을 소련에 두고 연대와 친선을 창작의 주제를 설정하고 있는 것이다. '레닌그라드 고아원'에서 만난 한 고아의 사연을 담은 시 「레닌그라드 고아원」은 반파쇼, 반게르만의 기치와 인민들의 삶의 역사를 교차시키고 있다. 2차 대전 전쟁 중에 부모를 잃은 아이의 처지와 아이를 국가에서 직접 길러주고 있는 소련의 현실을 보면서 이찬은 다시 한번 스스로의 의지를 다지고 있다.

이러한 국제친선은 세월이 흐르면서 정치적·이데올로기적 연대를 넘어 생활상의 교류와 교감으로 이어진다. 1950년대 중·후반으로 접어들면서 이찬은 소련과의 연대의식을 인민들의 삶의 구체적인 모습 속에서도 찾아낸다.

어린아이가 있었다
모쓰크바—평양 국제 렬차에
방을 이웃하여
고수머리 노란 어린아이가

나이는 여섯일가, 일곱일가
잘 돼야 그만작 되염직한데.

오다가다 만나는 그 어디에서나
"드라스위쩨"(안녕하세요)

(……)

정거워 두 팔 벌리면
덥석 품속으로 안겨 드는 그
그때마다 너 어디 가느냐 물으면
언제나 은방울 같은 목소리로 "후 까레유"

아버지는 오래인 바다의 기술자,
조선 간 지 벌써 三 년 철인데,
보구퍼 보구퍼 오시라 해도
바빠 못 간다는 그를 만나러.

— 「후 까레유(조선으로)」 부분

　　단순한 친교를 넘어 삶의 공동체를 확인하는 대목이다. 다른 유사한 경향의 작품들이 소련에 대한 직접적인 찬가나 감정의 지나친 노출을 보이는 반면, 이 작품은 감정의 절제와 시적 긴장을 유지하면서 연대의 내적 교감을 보여주고 있다. 소련-평양 간 국제열차에서 만난 소련 아이는 조선으로 일떠난 아버지를 만나러 가고 있다. 시인은 정감어린 시선으로 아이를 바라보고 아이 또한 시인을 향한 예의나 태도가 애살스럽다. 이는 소련과 북한의 관계를 바라보는 시인의 시선이다. 국제열차로 연결된 지리적 연대 속에 삶의 내용을 교류하면서 서로에게 정마저 느끼는 차원의 연대성. 이것이 이찬이 갖는 소련과의 연대인식이었다.

　　이와 같은 소련과의 연대와 친선은 냉전체제가 심화되면서 반미의식이 고조될수록 소련에 대한 과장과 미화로 이어진다. 결국 국제사회주의는 추상적인 구호로 남아 새로운 국제연대의 창작적 활력으로 나아가지 못했다.

　　이찬 시에 대한 북한문학사의 대표적인 평가는 "수령형상문학의 새로운 단계를 열어 놓”⁴⁾았다는 것이다. 1946년에 이찬이 작사하고, 김원균이 작곡한 「김일성장군의 노래」는 수령형상문학의 첫 번째 꼽히는 작품이다. 한국전쟁기에 많이 불려진 '송가적 가요'로서 이 작품이 가지는 의미는 '노래'의 차원을 넘어선 것이었다.

소위 민주개혁이 북한 전역에서 진행되던 해방 직후, 토지개혁으로 대표되는 사회주의 정책은 북한 인민들에게는 해방의 구체적인 모습으로 이해되었다. 그리고 이러한 해방을 인민들에게 가져다 준 존재로서 김일성의 위상은 그 정치적 이해관계와 맞물려 문학의 새로운 주제로 등장하게 된다. 곧 고통스러운 일제로부터 인민을 해방시킨 항일 혁명 운동의 연장선 위에서 현실의 나은 삶으로 인민을 이끌어 주고 있다는 믿음은 김일성에 대한 숭배로 이어졌던 것이다. 또한 1967년 이후 주체 문학이 들어서는 데에 이러한 김일성에 대한 숭배는 결정적인 역할을 하게 된다.

이찬은 이와 같은 수령형상시를 해방 직후부터 1974년 자신의 죽음 전까지 계속해서 발표한다.

시 「김일성장군의 찬가」(1946.4) · 「밀림의 홰불」(1964) · 「수령님의 광망 일월과 함께」 · 「몸과 마음 다 바쳐 우리는 받들리」 등 다수의 작품이 창작되었는데, 작품의 내용은 김일성에 대한 일방적 숭배는 물론, '고난의 행군길'이나 '륜환선' 건설 장소 등 인민들의 생활 곳곳에서 의지와 신념의 절대적 존재로서 김일성을 등장시킨다.

이외에도 남한에 대한 시적 형상화나 산업화 과정의 여러 모습을 다룬 작품들, 외국기행에 관한 시들 또한 북한문학사에서 인정받고 있다.

이찬의 북한에서의 활동은 이찬 시세계에 있어 또 하나의 과정이다. 그것은 남한문학 북한문학의 구분선에서 보면, 경계의 문학 내지 적대적 문학으로 읽혀질 뿐이다. 그러나 한 개인의 삶의 총체와 동시대적 의미를 생각할 때, 우리의 문학은 구분보다 연속, 단절보다 생산과 창작의 시각

---

4) 오정애 · 리용서, 『조선문학사 · 10―해방 후편 평화적 건설시기』, 사회출판사, 1994, 60면.

에서 보아야 할 것이다. 그러므로 이찬은 분단 이전의 시인이자 통일 이후의 시인으로 다시 재해석되어야 하는 우리 시대의 문학인인 것이다.

이찬(李燦) 연보

1910년(1세)　　1월 15일 함남 북청에서 농사를 짓는 부친과 어머니 양일숙 사이에 태어남. 본명은 무종(務鍾). 경성 제2고보(경복고의 전신)의 학적부에 따르면 1924년 이전에 부친이 사망한 것으로 추정됨.

1918년(9세)　　북청 공립보통학교 입학.

1924년(15세)　　경성 제2고보 입학. 1929년 3월에 동교 졸업. 학적부에 의하면 1, 2학년까지는 '공부를 잘하고 역사에 관심이 많은 학생'이었으나, 3학년 때부터 '결석이 많고 의지가 동요되면서 사상적으로 관찰을 요하는 학생'으로 '문학에도 관심을 가진 불온한 사상의 소유자'로 기록되어 있음.

1927년(18세)　　11월 29일 조선일보 학생문예 공모에 시 「나팔」이 당선되어 등단.

1929년(20세)　　도일. 릿쿄(立教)대학을 거쳐 와세다대학 노문학과에 입학. 〈무산자사〉와 관계를 맺으면서 이미 동경에 있던 시인 임화를 만나 교제함.

1930년(21세)　　2월 말 귀국. 가정교사 등을 하면서 생활함.

1931년(22세)　　4월 25일 연희전문 입학. 9월 10일 제적. 성적증명서에 어떤 과목도 듣지 않은 것으로 기록되어 있어 등록만 하고 수강은 하지 않은 것으로 보임. 이해 5월에 동경으로 건너가 〈동지사(同志社)〉의 편집위원으로 신고송과 더불어 참여.

1932년(23세)　　2월 〈코프[KOPF] 조선협의회〉로 〈동지사〉가 발전적인 해소를 할 때 안막·박석정과 함께 해소 선언 기초위원으로 참가. 5월 귀국하여 송계월 등과 교류를 맺으면서 카프 중앙위원으로 선출, 11월 박동수가 기획한 『문학건설』 창간에 참여했다가 11월 19일 '별나라' 사건으로 신고송과 함께 일경에 체포됨.

1934년(25세)　　9월 4일 만기석방. 경찰의 압력으로 다음날 북청으로 귀향. 생계를 위해 관납상회와 북청문화주식회사(인쇄업) 및 양조장 등에서 일함.

1937년(28세)　　시집 『待望』을 중앙서관(中央書館)에서 상재.

1938년(29세)　　시집 『焚香』을 한성도서주식회사에서 펴냄. 모친 별세함.

1940년(31년)　　시집 『茫洋』을 박문서관(博文書館)에서 펴냄.

1945년(36세)　　해방과 더불어 잠시 상경하여 〈조선프로레타리아예술동맹〉에 가담하나 곧바로 북청으로 돌아감. 북에서 함남도 혜산군 인민위원회 부위원장, 〈프로레타리아예술동맹〉 함남지역 위원, 함남인민일보사 편집국장으로 활동.

1946년(37세)　　〈북조선문학예술총동맹〉 서기장에 피선. 이후 북에서 시집 『화원』(1946)·『승리의 기록』(1947)·『쏘련시초』(1947) 등 상재. 조쏘문화협회 부위원장, 문화선전성 군중문화국장 등을 역임함.

1958년(49세)　　『리찬시선집』이 조선작가동맹 출판부에서 1만 부 발행됨.

1974년(65세)　　『역사비평』(1991년 가을호)지에 의하면 이 해 1월 6일에 사망하여 현재 평양의 애국열사능에 묻힌 것으로 확인됨.

1981년　　북한에서 시인에게는 최고의 명칭인 '혁명시인' 칭호를 받음.

1982년　　북한에서 추모시선집 『태양의 노래』가 문예출판사에서 1만 부 간행됨.

시

발표연대	제목	발표지	비고
1927.11.29	나팔	『조선일보』	
1928.8	이러진 花園	『新詩壇』 1호	
〃	봄은 간다	〃	
1928.4	동모여	『조선시단』 2호	
1928.12	아침	『新詩壇』 5호	
1929.4	病床 痛情	『조선시단』 5호	
1929.12	아츰의 어느 시악씨에게	『조선시단』	
1929.12.6	황혼 빗긴 大關亭에서	『동아일보』	
1930.4	일꾼의 노래	『학지광』 29호	
〃	해질녁의 내 感情	〃	
1930.4.16	故鄕에 도라와서	『조선일보』	
1930.6	機械가든 사나히	『대중공본』	
1932.5.6	가구야 말려느냐	『조선일보』	
1932.10	謝過	『제일선』	
1932.11	안해의 죽엄을 듣고	『신여성』	
1932.11	잠 안오는 밤	제일선	
1932.11	지구야 말다니	『신계단』	
1935.4.30	陽 春 —御今六章	『조선일보』	시집 『野望』에 재수록
1935.5.19	綠陰芳草	『조선문학』 3권 6호	시집 『待望』에 재수록
1935.5	獨庸	『조선문단』 23호	
1935.6.12	月夜	『조선일보』	『조선문단』 24호 재수록
1935.6	歸鄕	『조선문단』 24호	
1935.10	國境 一折	『詩建設』 7호	
1935.10.22	厚峙嶺	『중앙일보』	
1935.11.4	北關 千里	『조선일보』	시집 『焚香』에 재수록
1936.2	一年	『신동아』 52호	〃
〃	國境의 밤	『조광』 4호	시집 『待望』에 재수록
1936.3	不安	『신동아』 53호	
1936.6	가라지의 설움	『조선문학』 7호	〃
〃	暴風後日譚	『중앙』	〃
1936.10	幽鬱	『조선문학』 10호	〃

발표연대	제목	발표지	비고
1936.11	바리우는 이 없는 停車場	『낭만』 1호	시집『待望』에 재수록
〃	漁火	〃	〃
〃	祈願	『詩建設』 1호	〃
1937.1	눈나리는 堡城의 밤	『조선문학』 11호	〃
1937.2	結氷期	『비판』	〃
〃	早春	『조선문학』 12호	첫발표 때의 제목은 「春郊」였으나, 시집『待望』에 재수록되면서 「早春」으로 바뀜
〃	阿片處	『風林』 3호	시집『待望』에 재수록
1937.5	苦衷	『風林』 5호	시집『焚香』에 재수록
1937.7.2	고달픈 旅路	『조선일보』	시집『待望』에 재수록
1937.11	出帆	시집『待望』	
〃	燈臺	〃	
〃	待望	〃	
〃	對岸의 一夜	〃	
〃	눈밤의 記憶	〃	
〃	雨後	〃	
〃	素描·北國 漁港	〃	
〃	渴望	〃	
〃	面會	〃	
〃	邂逅	〃	
〃	北滿州로 가는 月이	〃	
〃	滿期	〃	
〃	爐邊의 休日	〃	
1938.2.6	近吟 二題	『동아일보』	시집『焚香』에 「잃어지는 나」와 「鳴咽」로 분리 재수록
1938.4	茶房 엘리자	『조광』 30호	시집『분향』에 「Tearoom-Elise」로 재수록
1938.5	長夜	『비판』	시집『焚香』에 재수록
〃	自嘲	〃	
〃	苦惱의 奧道	〃	
〃	삶에의 警告	『中央時報』	
1938.6	追慕	『조선일보』	〃

발표연대	제목	발표지	비고
1938.7	憂愁	시집 『焚香』	漢城圖書株式會社 발행
〃	焚香	〃	
〃	墓碑	〃	
〃	한 개의 示唆	〃	
〃	포플라	〃	
〃	소꼽노리	〃	
〃	빠―상하이	〃	『조선문학』 15호에 재수록
〃	病室	〃	
〃	Tearoom · Elise	〃	
〃	希望	〃	
〃	밤車	〃	
〃	愛戀頌	〃	
〃	耽惑	〃	
〃	江	〃	
〃	녀름밤의 哀想	〃	
〃	자욱	〃	
〃	하늘과 山岳	〃	
〃	돌팔매	〃	
〃	그가짓 것	〃	
〃	眞情	〃	
〃	窓	〃	
〃	一年	〃	
〃	北方의 길	〃	
〃	春宵泣	〃	
〃	失題	〃	
〃	어느 墓碑銘	〃	
〃	使用中 · 렌토겐室	〃	
〃	憐憫	〃	
〃	女子는 굿센 것	〃	
〃	落花	〃	
〃	蒼茫	〃	
〃	그리운 地域	〃	
〃	白頭嶺上俯瞰圖	〃	
〃	떠나는 마을	〃	

발표연대	제목	발표지	비고
1938.7	古友	시집 『焚香』	
〃	쓰르램이	〃	
〃	손길의 嘆息	〃	
〃	설매	〃	
〃	酒色	〃	
〃	號哭	〃	
〃	産聲	〃	
〃	잃어지는 나	〃	
〃	嗚咽	〃	
〃	遺望	〃	
1938.11	虛謐	『조광』 37호	시집 『茫洋』에 재수록
1939.2	그대 오지 않으려느냐	『조광』 40호	〃
1939.7	北國 傳說	『조선문학』 16호	〃
1940.2	空洞	『인문평론』 5호	〃
1940.2	이 사람을 보아라	『시건설』 8호	〃
〃	北方圖	『조광』 52호	〃
1940.3	내가 만일 王子이라면	『조광』 53호	〃
1940.4	港夜	『조광』 54호	〃
1940.6	싼다루챠	『인문평론』 9호	〃
〃	沙漠	『조광』 56호	〃
〃	埠頭·午前 3時	시집 『茫洋』	
〃	寢室에의 길	〃	
〃	나도 웃고 싶단다 웃고 싶단다	〃	
〃	最後의 晚餐	〃	
〃	昏衢	〃	
1940.6	濃霧		
〃	휘장나린 메인·스트	〃	
〃	氷原	〃	
〃	茫洋	〃	
〃	終演	〃	
〃	冬節	〃	
〃	하르빈	〃	
〃	아드·바루웅	〃	
〃	The Rail	〃	

발표연대	제목	발표지	비고
1940.6	拍手	시집 『泛洋』	
〃	歲月과 나와		
〃	早春		시집 『待望』의 「早春」과는 제목이 같으나, 서로 다른 작품임
〃	나의 사람아 溫室의 門을		
〃	別後		
〃	바리움		
〃	終戀	『조광』 58호	
1940.8	日沒	『매일신보』	
1941.12	秋風抄	『조광』 74호	
1942.6	어서 너의 키타를 들어	『조광』 80호	
1943.3	그 女人	『조광』 89호	
〃	兵丁	『新時代』	
1944.2	頌·아리나레	『조광』 100호	
〃	山村 一景	『춘추』 36호	
1944.1.19	送 出陣學徒 1	『매일신보』	
1944.2	送 出陣學徒 2	『新時代』	
1945.2.14	餞詞	『조광』 102호	
1945.12	祝宴	『예술운동』 1호	『햇불』지에 재수록
1946.2	아오라지 나루	『우리문학』 1호	『승리의 기록』 재수록
1946.4	避難民 列車	『중앙신문』	

산문

발표연대	제목	발표지	비고
1930.4	동무에게 보내는 편지	『학지광』	서간
1934.3	藝術 時感	『形象』 2호	평론
1935.5.30~6.2	동무의 回想	『조선중앙일보』	수필
1936.7.16~21	할 곳 없는 하소연	『조선중앙일보』	수필
1936.11	對岸·阿片 3等妓	『조선문학』 11호	수필
1937.3	형식은 알맞지 않다	『풍림』	평론
1937.4.15~16	北關 點景	『조선일보』	수필
1937.8	失戀賦	『조선문학』 14호	수필
1938.1.21	着想·表現의 非平凡	『동아일보』	평론
1938.3.31	林和 詩集 『玄海難』을 읽고	『조선일보』	新刊評

발표연대	제목	발표지	비고
1938.8.30	待望의 詩集『산제비』를 읽고	『조선일보』	新刊評
1938.10	憂愁 깊은 北關의 秋日	『사해공론』	수필
1939.4.1	遠方의 벗에게	『조선문학』 17호	수필
1940.4.18	孤苦	『동아일보』	수필
1940.4.21	柔弱	〃	수필
1940.4.27	氣分	〃	수필
1941.1	逢 古友	『문장』 22호	수필
1943.5	처음 느낀 아버지로의 自覺	『조광』 91호	수필
1943.6~8	세월	『조광』 92~94호	희곡
1944.8	보내는 사람들	『신시대』	희곡
1944.10	이기는 마을	『춘추』 39호	희곡

북한 시

1946	悲歷의 終焉	시집『年刊朝鮮詩集』	
1947.4.25	玄海難	『문학예술』 창간호	
1947	흘러라 普通江 새歷史의 한복판을!	시집『승리의 기록』	
〃	大地의 讚歌	〃	
〃	勝利의 記錄	〃	
〃	떨쳐나오라 祖國創業 무르녹는 大途로!	〃	
〃	달밤	〃	
〃	果樹園	〃	
〃	또 하나 勝利의 마당으로!	〃	
〃	千萬의 感激	〃	
〃	우리는 人民의 服務者이다	〃	
〃	送·一九四六年!	〃	
〃	인민은 거기 머물지않는다	〃	
〃	더욱 굳게 뭉치리 그대 두뤼에!	〃	
〃	榮譽의 人民代表들게!	〃	
〃	三一頌	〃	
〃	勝利의 五·一節	〃	
〃	送·쏘聯代表團	〃	
〃	싸우는 南方에 더욱 굳센 손길을!	〃	
〃	우리는 이봄을 노래한다	〃	
〃	三千萬의 和唱	〃	
〃	鐘路네거리에서	〃	

발표연대	제목	발표지	비고
1947	八·一五	시집『승리의 기록』	
〃	어머니	〃	
〃	三月가까운거리에서	〃	
〃	窓을열면	〃	
〃	哀歌	〃	
〃	國制婦人記念日에	〃	
〃	붉은 兵士	〃	
〃	歡迎·金日成將軍	〃	
〃	建設의 五·一節	〃	
〃	土地는 드듸여 農民에게!	〃	
〃	어서 안기라 나의 파로-마!	〃	
〃	花園	〃	
〃	祖國이여	〃	
〃	歲月	〃	
〃	十日月七日!	〃	
〃	偉大한太陽	〃	
1956.2	불멸의 청춘	『조선문학』	
1957.6	모쓰크바에 대하여	〃	
1958.4	즐거운 노력		
1958	그는 갔으나, 오늘도 이 땅에	시집『전우에게 영광을』	
〃	리별은 눈앞에 다가 왔는데		
〃	후 까레유	시집『아침은 빛나라』	
〃	흘러라 보통강 노래처럼 그림처럼	『리찬시선집』	시「흘러라 보통강 새역사의 한복판을」을 개작한 시
〃	쏘베트 병사	〃	
〃	소묘 아리샤	〃	
〃	환송	〃	
〃	록음	〃	
〃	어느 고지에서	〃	
〃	어로공 금녀	〃	
〃	리별의 노래	〃	
〃	밝은 세월	〃	
〃	원동 초원에서	〃	
〃	흑해의 달밤	〃	

발표연대	제목	발표지	비고
1958	푸른 항구	『리찬시선집』	
〃	조야	〃	
〃	레닌그라드 고아원	〃	
〃	모쓰크바 병창에서	〃	
〃	기어이 가시려거던	〃	
〃	우크라이나의 초막에서	〃	
1959.5	그 노래	『조선문학』	
1959.12	후판의 노래	〃	
〃	행복	〃	
〃	기쁨	〃	
1959	힘	『청년문학』	
〃	경쟁	〃	
〃	그 어머니	〃	
1960.3	용해공의 노래	『조선문학』	
〃	자랑하노라 나의 조국	〃	
〃	배우고 또 배우리라	〃	
1960.8.15	진펄	시집 『8월의 태양』	
1962.4	그 발길 이르는 곳마다	『조선문학』	
1963.10	눈부신 해'살		
1964	한 전선에서	시집 『청춘송가』	
1966	생각	시집 『아름다운 강산』	『해방후서정시선집』 재수록
1966.1.7	길을 열자	『문학신문』	
1966.1	처녀투사	『조선문학』	
1966.7	배낭	〃	
1966.8.9	터지라 터지라	『문학신문』	
1966.10	하이퐁의 밤	『조선문학』	
1967.5~6	끝없는 대렬이 한 사람처럼	〃	
1967.2.21	서슬푸른 총창 틀어쥐고	『문학신문』	
1979	달과 딸과 어머니와	『해방후서정시선집』	
1982	김일성 장군의 노래	시집 『태양의 노래』	
1982	김일성장군 찬가	〃	1946.4 발표작(이하생략)
〃	밀림의 해불	〃	1964
〃	그 손길 이르는곳마다	〃	1964
〃	풍막의 등불	〃	1965

발표연대	제목	발표지	비고
1982	수령님 기어이 떠나시여라	시집 『태양의 노래』	1964
〃	우리는 수령님만 따르렵니다	〃	1973
〃	수령님의 광망 일월과 함께	〃	1952.4
〃	몸과 마음 다 바쳐 우리는 받들리	〃	1972
〃	어버이수령님이시여 부디 이 하루만이라도	〃	1971.4
〃	우리는 충직한 수령님의 전사	〃	1964
〃	아오미나루	〃	1945.9. 시 「아오라지나루」의 개작시
〃	창문을 열면	〃	1946
〃	새 소식	〃	1946
〃	우리는 이 봄을 노래한다	〃	1947
〃	그날아침	〃	1946
〃	달밤	〃	1946
〃	무심히 거닐지 말라, 보통강뚝을	〃	1967
〃	8·15부터	〃	1946. 시 「8·15」를 개작한 시
〃	록음	〃	1949
〃	어느 고지에서	〃	1951
〃	조국 만세	〃	1963
〃	더 자랑차게 휘날려라, 오각별 기치여	〃	1958
〃	첫잔	〃	1960
〃	맹세	〃	1964
〃	드리자, 다함없는 영광을!	〃	1958
〃	첫대답	〃	1959
〃	성장	〃	1960
〃	전변	〃	1960
〃	더없는 행복	〃	1959
〃	새 철길	〃	1964
〃	비단폭포 쏟아지네	〃	1972
〃	고향	〃	1962
〃	물의 노래	〃	1959
〃	두메산골	〃	1957
〃	수로천리	〃	1958
〃	못할일 있으랴	〃	1958

발표연대	제목	발표지	비고
1982	천지개벽	시집 『태양의 노래』	1958
〃	북청사과	〃	1964
〃	물지게	〃	1958
〃	어머니의 노래	〃	1960
〃	청춘	〃	1949
〃	밝아오는 남녘의 밤	〃	1965
〃	형제여 신심도 높이!	〃	1964
1982	아침	〃	북한에서 개작된 작품
〃	달밤	〃	〃
〃	백산령상에서	〃	〃
〃	눈 내리는 보성의 밤	〃	〃
〃	등대	〃	〃
〃	국경의 밤	〃	〃
〃	록음방초	〃	〃
〃	새바람 휩쓴 뒤	〃	〃
〃	강	〃	〃
〃	대망	〃	〃
〃	출범	〃	〃
〃	어화	〃	〃
〃	그대들을 보내고	〃	〃
〃	만기	〃	〃

북한 산문

발표연대	제목	발표지	비고
1962	강철공—신인들에 대한 생각	『청년문학』	
1971	혁명의 수도건설을 위한 첫발기	『인민들 속에서』	

참고문헌(가나다순)

고형진, 「표랑생활과 북방정서-이찬의 시세계」, 『현대시학』, 1991.

권 환, 「이찬시집 〈茫洋〉」, 『조선일보』, 1940.7.3.

김응교, 「李燦詩硏究」, 『1950년대 남북한 문학』, 평민사, 1991.

_____, 『사회적 상상력과 한국시』, 소명출판, 2002.

김재용, 『분단구조와 북한문학』, 소명출판, 2000.5.

김재홍, 『한국현대문학의 비극론』, 시와시학사, 1993.

박세영, 「이찬 시집 '待望'을 읽고」, 『동아일보』, 1937.12.16.

_____, 「이찬 제3시집 '茫洋' 독후감」, 『동아일보』, 1940.7.3.

박승희, 「李燦詩硏究」, 영남대 석사논문, 1993.12.

박아지, 「이찬 시집 '焚香'을 읽고」, 『동아일보』, 1938.9.1.

신범순, 「현실주의적 흐름과 비관적 낭만성-이찬론」, 『문학사상』, 1989.3.

윤곤강, 「'焚香'을 읽다」, 『조선일보』, 1938.9.5.

윤여탁, 「이찬 시의 현실인식과 변모과정에 관한 연구」, 『한국 현대리얼리즘 시인론』, 태학사, 1990.

이승복, 「이찬 시에 있어서 소외의식」, 『홍익어문』 9집, 1990.1.

이철주, 『북의 예술인』, 계몽사, 1966.

조능희, 「이찬론」, 연세대 석사논문, 1989.

홍문표, 「동무와 엘리제의 변주」, 『시문학』, 1989.9.

ㄱ

가대기 : 쟁기.

가두려워도 : 가두려해도.

가라지 : 거라지. 거지.

가렬한 : 몹시 심하고 세찬.

가마목 : 가마가 걸려있는 부뚜막이나 그 가까이.

가물타기 : 가뭄을 극복하기 위한 노력이나 그 행위.

가신방아 : 시 「나도 웃고싶단다 웃고싶단다」의 이 말은 '깨끗하게 씻긴 방아'의 의미.

가싯장 : 찬장의 함경도 방언.

가이없다 : 가없다.

간상배 : 간사한 방법으로 부정당한 이익을 보려는 장사아치의 무리.

갈가마귀 : 참매목 까마귀과에 속하는 새의 하나.

갈아드나는 : 많은 사람들이 바뀌면서 드나들고 있는 모습.

갈온 : '가려진'으로 추정됨. 이찬 시 「묘비」에서 사용된 독특한 표기법.

갓모 : 이찬 시 「묘비」에 나온 이 말은 '각 모서리'의 의미로 추정됨.

강철공 : 무쇠를 만들어 내는 노동자.

개정 장사 : 개장국 장사.

개호(鎧戶) : 건물이나 점포의 잠금 장치.

거드매 : 곡식 따위를 거두어 들이는 일. 거둠질.

거름씨 : 폼 잡으며 걷는 걸음걸이를 빗대는 말.

거머메워 : 휘잡아 무엇을 짊어지게 하여.

거적짝(거제기, 거젝이) : 거적대기.

거증 : 대부분.

거츠러이 : 거칠게. 허망하게.

걸검은 : 짙게 검은.

걸키여 : 걸게 하여.

겨녁 : 저녁.

겨을 : 겨울.

겻간방 : 곁방. 남의 집 한 부분을 빌어서 사는 방.

계월(桂月) : 조선 영조 때의 평양 명기.

고깔불 : 고깔 모양을 한 관솔불.

고누어져 : 고르게 되여. 가지런하게 하여.

고연(孤然) : 외롭기만한.

고이 : 남자의 여름 홑바지. 고의.

곤유(鯤油)공장 : 물고기 알이나 내장 등을 이용해 기름을 짜는 공장.

곰뱅이 : 흙덩이를 깨뜨리고 씨를 묻는 데 쓰는 농기구. 둥근 나무토막
　　　에 긴 자루를 맞추어 박은 것.

곽밥(밥곽) : 도시락.

광이 : 광주리.

괭이수염 : 고양이수염.

괴임과일내 : 이찬 시 「분향」에 표현된 이 말은 '차곡차곡 쌓아 올린
　　　제수용 과일에서 풍기는 내음'의 의미.

구감 : 귀감.

구니(拘泥) : 어떤 일에 얽매임.

구루마길 : 짐수레가 다니는 길.

국척(跼蹐) : 황송하여 몸을 굽히거나 땅이 꺼질까 걱정하여 조심조심
　　　발 을 떼어놓는 것을 일컬음.

굼굼겨워 : 심심하여.

굼틀치는데 : 꿈틀거리는데.

굽절지 : 절개를 굽히지.

귀일 : 귀리.

급 : 여러 권의 책과 종이를 깡뚱하게 꾸려 짊어지는, 지게처럼 생긴 제구.

기꺼운 : 은근히 맘속으로 기쁘게 여기는.

기니네 : 키닌. 키니네. 해열, 강장제 및 말라리아의 특효약으로 널리 쓰이는 하얀 결정체.

기다스카야가(街) : 러시아 변경의 거리.

기두리 : 돌쩌귀, 문장부 따위를 두루 일컫는 말. 지도리.

기변(磯邊) : 물가.

기우 : 이왕에.

기절 : 철. 계절.

길라잡이 : 길잡이.

까부수(시)다 : '때리거나 쳐서 산산이 부수다'라는 의미의 북한말.

꺼벅거리다 : 말없이 눈만 감았다 떴다 하다.

꼬리치마 : 일명 풀치마. 좌우 쪽에 선단을 대여 둘러 입게 된 치마.

꽁달담배 : 꽁초담배.

끄므럭이는 : 흐리고 침침한.

나 어린 : 나이 어린.

나대로 : 나혼자.

나래치다 : 활개치다.

나릿히 : 느릿하게.

나바라 : 프랑스와 에스파냐 국경에 걸친 피레네산맥 서부를 중심으로 하는 역사적인 지방 이름. 소설이자 오페라인 〈카르멘〉에 등장하는 돈 호세의 고향.

나찬 : 이찬 시 「여름밤의 애상」의 이 말은 '자랄만큼 자란'이란 의미로 추정됨.

나희 : 북풍(北風).

난들거리다 : 멀리 떨어져 아련히 흔들리는 모습.

난인(蘭印) : 난령인도(蘭領印度). 말레이시아 군도 및 뉴기니 섬 가운데 네덜란드령 부분의 총칭.

날치는 : 날뛰는.

남대천(南大川) : 강원도 평강군의 북동부에서 발원하여 함경남도 안변군 을 거쳐 동해로 흘러 들어가는 하천.

남포 : 남포등. 석유를 넣어 불을 켜는 등.

낫극 : 낫을 사용한 모양.

낭하 : 복도.

널들창 : 널빤지로 된, 들어올려 여는 창.

네마지 : 이찬 시 「三一頌」에 나오는 이 말은 시의 흐름상 '너를 맞이하는'이란 의미로 해석됨.

년석 : 녀석.

노나릿한 : 노긋하고 나릿하다. 나른하고 느슨한 모양이나 분위기.

노존작 : 갈대를 엮어서 만든 삿자리처럼 반듯하게 지은 농사일.

누덕치마 : 누더기가 다된 치마.

늠열(凜列) : 추위가 살을 에일 듯 아주 대단한 추위.

다-날난 : 이찬 시 「人民은 거기 머믈지않는다」에 나온 이 단어는 '다 낡은'의 의미로 추정됨.

다못 : 다만.

다봐라시치 : 따바라쉬, 친구, 동무.

다우치자 : 다그치자.

담배가가 : 담배집마다.

당고 : 댄스.

대아지 : 돼지.

더덕잡고 : 더덕더덕 엉겨 붙은 상태.

데룽거리다 : 대롱거리다. 물건이 매달려서 가볍게 흔들리는 모양.

데마 : 데마고기. 선동정치, 허위선전 또는 인신공격 따위의 뜻.

도구 : 도구(渡口). 나루.

도구는 : 돋우는. 힘을 부추기는.

도요시마엥(豊島園) : 일본 도쿄에 있는 유원지.

독또르 웨라 쎄르게예브나 : '닥터 베라 세르게예브나'. 러시아 이름의 일본식 발음.

돈부리메시 : 얼마라고 붙인 돈의 단위. 척도

동·호세 : 돈 호세. 비제의 오페라 <카르멘>에 등장하는 비극의 남자 주인공.

동정수 : 중국 난청(南城) 북부에 있는 중국 제일의 민물호수.

두던 : 두두룩하게 솟아 있는 땅. 둔덕.

두두룩한 : 가득히 많은 모양.

두리 : 둘레.

두리 : 둘레.

두벌농시 : 이모작 농시.

둥아리 : 둥우리. 기둥과 간산 등을 나무로 하고 새끼로 얽어 만들어 병아리 같은 것을 기르는 데 쓰는 제구.

뒤어썼다 : 푹 덮어쓰다.

드팀없이 : 빈틈없이.

들보 : 간과 간 사이의 두 기둥을 건너질러서 도리와는 'ㅅ'자꼴, 마룻대와는 '十'자꼴을 이루는 나무.

따바리 : 따발총.

따바리쉬 : 동무, 친구를 의미하는 러시아어.

뗏노래 : 떼를 타고가며 부르는 노래. 떼는 물위에 띄워 운반할 목적으로 원목이나 대 따위를, 길이가 길고 일정하게 엮은 물건이다.

뚜지다 : 파뒤집다.

랭상모(판) : 일정한 구획을 막아 태양의 열로 온도를 유지시켜 심는 벼나 모판.

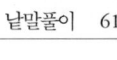

량태머리 : 가랑머리. 두 가랑이 지게 땋아 늘인 머리.

레구홍 : 레그혼. 서양 돼지의 일종.

레루 : 레일.

렌트겐실 : 방사선실. 뢴트겐실.

로동적위대 : 1959년 1월 14일 창설된 북한의 민병 군조직.

로씨야 : 러시아.

륜환선 : 한 바퀴 돌아서 떠난 자리로 다시 오게 만든 선로.

리론논물 : 이찬의 시 「독소(獨嘯)」에 나오는 이 말은 '이로운 눈물'의
　　　　　 의미로 추정됨.

ㅁ

마가리 : 오막살이.

마슬 : 마실, 마을.

마음끝 : 마음껏.

마장 : 주로 5리나 10리가 못되는 거리를 말할 때에 '이(里)'대신으로
　　　　 쓰는 단위.

마코 : 담배의 일종.

만방주시중 : 이찬 시 「送·쏘聯代表團」에 나오는 이 말은 '세계 만방
　　　　　　 이 주시하는 가운데'란 의미.

말가니 : 깨끗하게.

말끄러미 : 눈을 똑바로 뜨고 오도카니 한 곳만 바라보는 모양.

말루(누) : 이찬 시 전반에서 보이는 이 말은 극적인 감정을 표현하는
　　　　　 '어떻게 그렇듯'의 의미 로 주로 쓰임.

매바삐 : 정신없이 바쁜.

맷전 : 탄전(炭田).

메두던 : 산언덕배기. 산의 비탈진 곳.

메인·스트 : 도시의 중앙 도로.

몌별(袂別) : 안타깝게 작별함.

모래불 : 모래톱. 강이나 바다를 끼고 모래가 쌓여 있는, 넓고 큰 벌판.

모지라지도록 : 물건의 끝이 닳아서 없어지도록.

목내이(木乃伊) : 미이라.

몰리 : 몰래.

무랍 : 물에 만 밥.

무삼 : 무슨.

무시로 : 일정한 때가 없이.

무어주신 : '물어주신'의 오식으로 추정됨.

뭃어저오는 : 이찬의 시 「축연」에 나오는 이 독특한 표현은 시의 흐름 상 '무너질 듯한 느낌을 주는'이란 의미로 추정됨.

물갈이 : 논에 물을 실어 두고 가는 일.

미도리 : 미조(美鳥). 1920~1930년경 많이 쓰인 장식적인 글귀.

미루벌 : 꽤 너른 밋밋하고 빈번한 벌판. 이찬의 시 「수령님 기어이 떠 나시여라」의 이 말은 북한의 특정한 지역을 지칭하는 것으로 추정됨.

미짜 : 어린 아이에서 많이 붙이는 러시아식 애칭.

민머리 : 옛날에 탕건을 쓰지 못하였다는 뜻으로 씌여진 것인데 시 「녹 음방초」에서는 가꾸지 않는 머리 모양새를 의미함.

바꾸샤 : 바크샤. 서양 돼지의 일종.

바디소리 : 직물을 짜는 바디라는 기계에서 나는 소리.

바랄라이까 : 러시아의 민속악기, 기타류.

바이야느 : 러시아의 민속악기.

바자굽 : 싸리·수숫대로 만든 평평한 자리.

반수차(頒水車) : 물을 뿌리며 가는 차.

밤내 : 밤새도록.

밤대거리 : 주로 광산에서 밤과 낮으로 교대하여 일을 하는 경우, 밤에

일하는 대거리.

방싯이 : 입을 예쁘게 벌리며 소리없이 가볍게 슬쩍 웃는 모양.

백랍 : 밀랍을 햇볕에 표백 시킨 물질. 창백함을 상징함.

벌방 : 넓은 벌판으로 이루어진 지대.

베―부멘트 : 도로. 페이브먼트

베제 : 입맞춤. baiser.

베트르그라드 : 뻬쩨르그라드와 함께 사용된 상트 페테르부르크의 옛이름.

벤또 : 도시락의 일본말.

벼잿겟 : 베갯잇. 베개를 덧씌워 시치는 헝겊.

보'묵 : 종이, 헝겊, 실 등의 잔 부스러기.

보국대 : 근로 보국대. 1941년 일본이 '국민근로보국령'을 발효하여 조
    선인을 강제로 끌고 가 만든 근로 보국대.

보잡이 : 소를 부리며 논밭을 가는 사람.

보통강 : 대동강.

복잭이는 : 복작거리는.

볼쉐위크당 : 볼세비키당.

봄갗인 : 봄의 피부와 같은.

봉고풀 : 제비꽃.

봉발(蓬髮) : 봉두난발. 쑥대강이 같이 헙수룩하게 흐트러진 머리털.

봉산나무리벌 : 봉산평야와 재령평야. 황남 봉산군과 재령군 일대의 평야.

봉산나무리벌 : 황해북도 봉산에 있는 넓은 평야 지대. 재령평야 또는
    극성(棘城)평야라고도 한다. 봉산나무리벌은 원래 멸악(滅惡)·구
    월(九月)산맥 및 황주(黃州)준평원 사이의 함몰부, 즉 고재령만(古
    載寧灣)이 황해안 일대의 융기와 재령강 및 지류인 서흥강(西興
    江)·은파천(銀波川)·서강(西江) 등에 의한 퇴적으로 육지가 된
    전형적인 충적평야.

부녀절 : 국제 부녀절. 사회주의 국가권에서 매년 3월 8일 여성들의 단
    합과 투쟁을 기념하여 제정한 날.

북새풍 : 북풍. 하늬바람.

불리듯 : 바람을 받아서 날리어지듯

불소나기 : 몹시 내리퍼붓는 소나기. 마구 덮씌워 쏟아지는 불꽃이나 불길, 탄알 같은 것을 비겨 이르는 북한말

불아가리 : 불을 뿜어내는 아가리. 불길이나 탄알, 포탄 등을 뿜어내는 모양을 비켜 이르는 북한말.

붓잿기어 : 부대끼어.

붓지지 : 붙어 있지.

비구(扉口) : 입구. 문.

비스러지는 : 이찬시 「아내의 죽음을 듣고」에 나오는 이 말은 '바스러지는' 의 오식인 듯 함. '바스러지는'의 뜻은 잘게 부수어지는.

비항(鄙巷) : 궁벽한 거리.

빗가다 : 빗나가다.

뻬쩨르그라드 : 러시아 혁명의 도시인 상트 페테르부르크의 옛이름.

뽈곽 : 허름한 도시락.

삐루가(街) : 술집이 있는 거리.

사래 : 이랑.

사모왈 : 주전자. 러시아말 '사모바르'의 축약된 말.

사무상모 : 이찬 시 「잃어지는 나」에 나오는 이 말은 '사무보는 책상 모서리'의 의미로 추정됨

사뻴 : 군인이나 경관이 허리에 차던 서양식의 칼. 양검.

사보―르 : 사원.

사양한 : 부드러운.

사품치는 : 마음이 세차게 부딪쳐 움직이다.

산비랑 : 가파른 산비탈.

삼추 : 긴 세월.

상양한 : 느긋하게 노닒.

새로 : 시간을 나타내는 뜻으로 '오전'이나 '오후'의 뜻.

새열기 : 연어과에 속하는 민물고기. 송어와 비슷하게 생겼으나 조금 작음.

샐녘 : 날이 샐 무렵.

샛바람 : 뱃사람들이 '동풍'을 일컫는 말.

생사람 : 아무 관계도 없는 공연한 사람.

샤샤 : 러시아에서 흔히 불리는 여자들의 애칭.

석비레길 : 푸석돌이 많이 섞인 흙길.

설겁은 : 살갑은. 느낌 같은 것이 가볍고 부드러운.

설녀놓고간 : 이찬 시 「독소」에 있는 이 말은 '설레게 해 놓고 간'의 의
    미인 듯.

설녀놓다 : 아기를 들어서게 하다.

설대 : '담배설대'의 준말. 물부리와 담배통 사이에 맞추는, 가느다란 대통.

설은 듯 : 서러운 듯.

세글자혹도 혹혹이 : 이찬의 시 「어머니」의 이 구절은 '세글자 혹시도
    희미하게'의 의미로 읽혀짐.

세모래 : 잘고 고운 모래.

세비야 : 에스파냐 남서부 안달루시아 지방 세비야 주의 주도 『세빌랴
    의 이발사』, 『카르멘』 등의 무대이기도 하다.

세쓰뜨라 : 여자 형제, 여성 동무.

세포회의 : 초보적인 단체에 해당되는 조직에서 하는 회의.

소기치며 : 소고치며.

소연(騷然)한 : 떠들썩한.

소프트 : 소프트 모자. 천으로 만든 부드러운 중절모자.

솔문 : 경축이나 환영의 뜻을 나타내기 위하여 청솔을 입혀서 세운 문.

솟치다 : 물건 등을 높이 올리다.

수하(誰何) 소리 : 누구냐고 외치며 묻는 소리.

순신드리 : 순간인들.

숭가리 : 송화강. 백두산 천지에서 발원하여 북으로 흘러 눈강(嫩江)과 합류하여 아무르(Amur)강으로 빠지는 강.

숭굴숭굴한 : 수더분하고 덕성스럽게 생긴 모양.

숭허물 : 흉허물.

슈바 : 털외투.

스데키 : 지팡이. 스틱.

스미다 천변(川邊) : 일본 도쿄를 관통하여 도쿄 만(灣)으로 흐르는 강변.

스피릿·알콜 : 에틸 알콜. 주정(酒精).

습벅이다 : 눈까풀을 움직여 눈을 감았다가 뜨는 모양.

시－즈 : 시트.

시마이 : 끝내기의 일본말.

시시로 : 시시각각으로. 자꾸자꾸 시간이 가는 대로.

신뻬이 : 신참. 신병.

실솔(蟋蟀) : 귀뚜라미.

실예론 : 실루엣과 같은.

십유대(十油臺) : 고기 기름을 짜내는 기계의 기둥.

싼타루치아 : 성녀 루치아. 이탈리아의 대표적 민요 나폴리는 성녀 루치아를 수호신으로 삼고 있다.

씨즈 : 치즈.

아구니 : 아귀.

아드·바루웅 : 애드벌룬.

아라사 : '러시아'의 취음.

아리나레 : 압강(鴨江). 압록강.

아바이 : 중년 이상의 남자를 존대하여 친근하게 부르는 말.

아바이 : 중년 이상의 남자를 존대하여 친근하게 부르는 북한말.

아수하다 : 아쉽다.

구리에 갈색의 작은 얼룩무늬가 있다. 압록강, 두만강, 장진강 따위에서만 사 는 우리나라 특산 물고기다.

잔교(棧橋) : 선창다리. 부두에서 선박에 걸쳐 놓아서 화물을 싣고 부리거나 사람이 오르내리기에 편하도록 물 위에 부설한 구조물.

잔쳇집 : 잔칫집.

장명등 : 처마 끝에 달거나 마당에 기둥을 세우고 꽂아 놓아 불을 켜는 등.

재끼자 : 일을 착착 진행시켜 나가자.

재넘소새 : 재 넘어 그늘진 어느 골짜기.

재바른 : 조금 재빠른.

장글반 : 정글.

저당 : 볼모로 잡힘. 남에게 저당을 잡혔다 할 때의 의미.

정명(町名) : 본 이름.

정해(貞海) : 조선조 평양 기생.

제선공 : 철광석에서 선철 뽑는 일을 하는 노동자.

제죽 : 보리 · 조 따위의 곡식을 찧어낸 껍질, 즉 겨로 만든 죽.

조마하니 : 마음이 초조하고 불안한.

조이 : 볏과에 달린 한해살이풀. 오곡의 하나인 조의 함경도 방언.

조즈꿀고 : 쪼그려 꿇고.

조프리며 : 눈 등을 조그맣게 뜨고 무언가를 집중하는 모습.

주렴 : 구슬을 꿰어 만든 발.

주른이 : 줄줄이. 연달아 계속해서.

주포(酒鋪) : 술집.

즌펄 : 진펄.

증어부(烝魚釜) : 고기를 찌는 가마솥.

진'일 : 밥 짓는 일, 빨래하는 일, 등 손에 물을 묻혀서 하는 일.

진대나무 : 밀림 속에 오래되어 저절로 쓰러진 통나무.

진잿빛 : 짙은 잿빛.

짜재기 : 이찬 시 「불멸의 청춘」에 나오는 말로 '나무 등이 빽빽이 들

어선 골짜기'란 의미로 추정됨.

짜잭이(짜재기) : 자갈돌.

짝패 : 짝을 이룬 패.

짱꼬로 : 일제 때 중국사람을 경멸하여 일컫던 말.

쪽(한)잠 : 짧은 틈을 타서 불편하게 자는 잠.

쬐악돌 : 조약돌.

쭈쿠리고 : 몹시 쭈그리고 있는 모양.

찌 : 특별한 표시를 하기 위해 글을 써서 붙이는 종이 쪽.

차단 : 차가운.

차대구리 : 차의 앞쪽.

창연(蒼然)하다 : 어렴풋하다.

창천(蒼天) : 푸른 하늘.

채질하다 : '채찍질하다'의 준말.

처장(凄蒼) : 푸르름으로 가득한.

처창(凄蒼) : 쓸쓸하고 푸른기가 도는 창백한 모습.

철차려서 : 철들어서.

청소한 : 깨끗하고 단정한.

초가마구리 : 짚이나 새 따위로 이엉을 만들어 쌓은 곳.

초양(初陽) : 아침해.

추녀 : 처마 네 귀에 걸리는 네모지고 길고 끝이 번쩍 들린 큰 서까래.
또는 그 부분의 처마.

츠아 : 짜아르. 러시아 황제를 일컫는 말.

측뿌리 : 곁뿌리. 자꾸 생겨나는 걱정거리의 의미.

치구(馳驅) : 말을 타고 달림.

치차 : 톱니바퀴.

칠연(漆煙) : 검은 연기.

풍탈한 : 바람을 이겨낸.

하바네라 : 19세기 후반 유럽 특히 에스파냐에서 유행했던 노래와 춤. 오페라 〈카르멘〉의 제1막.

하이퐁 : 베트남 북북에 있는 도시.

한뎅이 : 한덩어리.

한들거리다 : 가볍게 요리조리 자꾸 흔들리다.

한바다 : 육지에서 멀리 떨어진 넓은 바다. 난바다.

한치마 : 넓은 치마

함초롬히 : 담뿍 젖거나 서리어 있는 모양이 차분한 상태.

해들리는 : 해주는.

해란강 : 국경지대인 두만강에 인접한 중국 용정시를 가로지르는 강. 일송정과 함께 노래 선구자로 유명한 곳.

해어린 : 새로 난 아주 어린.

해잡버 : 기운없이 핼쑥한.

행가칮 : 행커치프 손수건.

행길가 : 큰 길가.

허비는 : 칼, 손톱 등의 날카로운 끝으로 긁어파다.

허한밴 : 허한(虛汗), 식은땀이 밴.

호곡(號哭) : 소리를 내어 슬피 우는 울음.

호궁(胡弓) : 동양의 대표적인 활악기. 길고 가느다란 자루가 달린 울림통에 2~4줄을 매어, 말총으로 맨 활로 켠다.

호주 : 배갈.

호지(胡地) : 오랑캐가 사는 땅.

혼구(昏衢) : 어둑컴컴한 저녁거리.

홈쪽이 : 홀쪽히.

황·얼굼 : 이찬 시 「백두령상부감도」에 나오는 이 말은 '곡식들이 완전히 얼어버린 상태'를 의미하는 것으로 추측됨.

황철 : 황철나무. 버드나뭇과에 딸린 갈잎큰키나무. 중부 이북지방의
　　　냇가에 자란다.

후둔한 : 두껍고 단단하게 생긴 모양.

후주근한 : 후줄근한.

후치령(厚峙嶺) : 함경북도 북청군과 풍산군 사이에 있는 재.

후판 : 선박제조용으로 사용되는 넓고 두꺼운 대형철판.

휘연한 : 훤한.

횟두루 : 무엇이나 닥치는 대로 쓰일 만하게. 휘뚜루.

흐늑이다 : 가늘고 긴 나뭇가지 따위가 힘없이 늘어져 부드럽게 흔들리다.

흥견나히 : 흥겹게.